厚德博學
經濟匡時

匡时 法学系列

保险法教程

丁凤楚 著

上海财经大学出版社
SHANGHAI UNIVERSITY OF FINANCE & ECONOMICS PRESS

上海学术·经济学出版中心

图书在版编目(CIP)数据

保险法教程 / 丁凤楚著. -- 上海：上海财经大学出版社, 2025. 2. -- (匡时). -- ISBN 978-7-5642-4574-0

Ⅰ.D922.284

中国国家版本馆 CIP 数据核字第 20258PG113 号

策划编辑：陈　佶
责任编辑：石兴凤
封面设计：张克瑶

保险法教程

著　作　者：丁凤楚　著
出版发行：上海财经大学出版社有限公司
地　　　址：上海市中山北一路 369 号(邮编 200083)
网　　　址：http://www.sufep.com
经　　　销：全国新华书店
印刷装订：上海华业装潢印刷厂有限公司
开　　　本：787mm×1092mm　1/16
印　　　张：16(插页:2)
字　　　数：313 千字
版　　　次：2025 年 2 月第 1 版
印　　　次：2025 年 8 月第 2 次印刷
定　　　价：58.00 元

目 录

序言 / 1

第一编　保险法绪论

第一章　保险与保险法概述 / 3
第一节　保险概述 / 3
第二节　保险法概述 / 11

第二章　保险法的基本原则 / 14
第一节　保险利益原则 / 14
第二节　保险合同的最大诚信原则 / 20
第三节　财产保险中的损失补偿原则 / 36
第四节　保险理赔中的近因原则 / 38
第五节　保险业法的几个特有原则 / 41

第二编　保险合同法

第三章　保险合同总论 / 47
第一节　保险合同概述 / 47
第二节　保险合同的主体与客体 / 50
第三节　保险合同的订立与生效 / 64
第四节　保险合同的条款 / 80
第五节　保险合同的书面凭证 / 91
第六节　保险合同的效力变动 / 96

第七节　保险合同的履行　/ 111

第四章　财产保险合同　/ 124
第一节　财产保险合同概述　/ 124
第二节　财产损失保险合同　/ 135
第三节　责任保险合同　/ 146
第四节　保证保险合同　/ 152
第五节　信用保险合同　/ 156
第六节　再保险合同　/ 160

第五章　人身保险合同　/ 169
第一节　人身保险合同概述　/ 169
第二节　人寿保险合同　/ 183
第三节　意外伤害保险合同　/ 187
第四节　健康保险合同　/ 193

第三编　保险业法

第六章　保险组织制度　/ 201
第一节　保险组织的形式　/ 201
第二节　保险组织的设立　/ 204
第三节　保险组织的变更　/ 208
第四节　保险组织的终止　/ 210

第七章　保险中介制度　/ 214
第一节　保险中介制度概述　/ 214
第二节　保险代理人　/ 215
第三节　保险经纪人　/ 221
第四节　保险公估人　/ 223

第八章　保险经营规则　/ 227
第一节　保险经营规则　/ 227

第二节　保险经营风险防范规则　/ 229

第九章　保险业的监督管理　/ 238
第一节　保险业监督管理概述　/ 238
第二节　保险监管的体制　/ 240
第三节　保险监管的主要内容　/ 242

参考文献　/ 247

序　言

自1999年发表第一篇有关道路交通事故责任方面的专业论文以来，笔者就开始对侵权责任法及其配套的责任保险法产生了浓厚的研究兴趣，在研究生期间已发表了保险法、侵权责任法等专业论文十多篇；研究生毕业后，放弃了从政和从商的机会，直接到高校担任保险法学方面的专业教师。在此后26年的保险法理论研究与实践中，恰逢我国保险法的研究蒸蒸日上，理论成果和司法判例不断推陈出新，我国《保险法》及其司法解释也不断完善。有鉴于此，笔者着手创作一本系统、全面而深入浅出地反映保险法最新的立法动态和理论成果的书籍。

与已经面世的保险法著作不同，本书的特点在于：

(1) 力求专业。本书融合了笔者发表于《政治与法律》《保险研究》《社会科学研究》等专业学术期刊上近二十篇保险法文章中的成果，以及笔者出版的《保险法案例评析》《保险中介制度》《机动车交通事故侵权责任强制保险制度》和《保险法——理论、实务、案例》四本专著的有关成果，并重点依据第四本专著重新进行修改、补充和完善。

(2) 力求透彻。许多保险法的术语、规则或理论看似简单，但是一旦将它们运用到实践中，往往会令人感到无所适从，这主要是由于保险和保险法知识的复杂性、专业性和实践性都很强。为此，本书对许多复杂而专业的保险法的问题进行了深入而细致的分析。全书中带有"需要说明的是……""值得注意的是……"的段落文字不下30余处，力求透彻地分析保险法的术语和理论。诸如，最大诚信原则演绎出来的种种制度，保险利益在财产保险合同与人身保险合同中的种种表现形式与发展趋势，责任保险人的直接请求权的性质、内容、分类、行使方式、行使限制等实用而疑难的问题，本书均详尽地加以解释、分析、论述。

(3) 力求易懂。本书尽可能地用平实和浅显的语言来阐述专业化的保险法规则和术语，力求让读者比较容易地理解其旨趣和准确地把握其真意。为此，本书中还穿插了许多保险法的典型案例，以使读者能比较容易地领悟相关问题。同时，鉴于保险法的学习要以民商法的知识作背景，本书在适当位置穿插了一些合同法、物权法等民商法知识，以便让读者对相关的背景知识有所了解，从而更好地理解保险法的知识。

(4) 力求实用。"法律是关于生活的实用学科"，因此，在本书的创作过程中，除对保险法的知识进行体系化的重新梳理,对保险法的理论进行透彻分析、对保险法的前沿问题进行全新的探讨之外,还对人们在实践操作中经常会遇到的重要、微妙而又棘手的热点或难点问题进行详细的阐述。

(5)力求全面。本书兼收并蓄前人的众多优秀成果,对保险法学的理论体系进行了全面而系统的梳理,力求让读者能够对保险法有全面而清晰的认识。本书的全面性主要体现在如下方面:一是对保险法的基本原则重新进行全面定位,增加了保险业特有的基本原则;二是对保险合同的主体重新进行全面定位,增加了责任保险的受害第三人作为保险合同的关系人;三是对保险合同的书面形式重新进行全面定位,增加了批单和批注作为保险合同的书面形式;四是在责任保险中适当增加了责任保险人对受害第三人的义务的介绍;等等。

当然,由于学识、精力与时间的限制,本书还存在着缺漏和错误,欢迎广大读者和有关专家、学者批评指正,以便作者在今后的教学和研究中加以改进。谢谢!

上海财经大学法学院　丁凤楚
2025 年 1 月 11 日

第一篇

保险法绪论

第一篇

附錄行銷術

第一章 保险与保险法概述

内容提要

保险是通过保险机构转移、分散被保险人的可保危险的一种经济制度,同时它也会产生一定的道德危险,因此,必须通过保险法律制度来保障其经济功能的发挥,并且防范和控制其负面作用的发生。保险法有广义与狭义、形式与实质、公法与私法之分。本书所研究的保险法仅限于商业保险法,包括保险合同法和保险业法以及一定的特别法。世界上保险法起源于近代的欧洲,形成了两大法系。我国保险立法始于清末,在民国时期有了一定的发展。新中国的保险法经历了初创、停滞、恢复和发展四个阶段,现已粗具规模,日渐成熟,并形成了完整的法律体系。

第一节 保险概述

一、保险法上的危险

保险是一种处理、分散和转移特定危险的经济制度,如果没有客观存在的危险,就没有保险制度存在的必要。因此,要正确理解保险,就必须首先从什么是危险说起。

(一)保险法上的危险

1. 保险法上的危险的概念

保险法上的危险,又称"风险"(risk),是指一种客观的意外事故导致损失发生的不确定性的未来状态,具有四个本质特征:客观性、损失性、不确定性及未来性。

2. 保险法上的危险的分类

保险法上的危险有两种:一是"可保危险"。所谓可保危险,是指能够被保险人承保的危险,或可向保险人转移的危险。只有符合保险业的特定要求,并不违反法律的强制性规定的危险才是"可保危险"。二是"道德危险"。它是指因投保人与保险人订立了保险合同而可能给被保险人或合同之外的第三人的生命、健康或财物招致的人为的意外损害的危险,这是保险法所禁止和需要重点防范的危险。这两种危险是研究保险法时不得不面对的问题,但保险法对它们的态度截然不同。

(二)保险法上的危险之一:可保危险

保险人按照保险合同的约定向投保的单位或个人收取约定的保险费,进而建立保险基金,在某些被保险人实际遭受到保险合同约定的保险事故造成的损害时,对其予以补偿或给付,实现分散危险、分摊损失、经济补偿的职能。但是,并不是所有的危险,保险人都愿意承保的,保险人只接受可保危险。保险人承保的危险是有条件的,具体而言,构成可保危险的危险须具有以下条件:

1. 可保危险须为纯粹危险

所谓纯粹危险,又称非投机风险,即仅有损失机会而无获利机会的危险。例如,洪水、火灾、交通事故等,只可能引起生命财产的损失,不会给人从中获益的机会;而投机风险既有损失的可能,又存在获利的机会,如证券、债券、私募股权投资的风险,因此,投机风险不在保险人承保之列。

2. 可保危险须为偶然危险

所谓偶然危险,是指保险人承保的危险必须具有不确定性。而这种不确定性包括:(1)危险的发生与否具有不确定性,如航空意外险、医疗意外险、医疗事故责任保险等承保的危险都是不确定会不会发生的,肯定不会发生或肯定会发生的危险不是可保危险。(2)危险发生的具体时间具有不确定性,某些特定事故虽属肯定发生,但究竟何时发生,很难预料。如人的生、老、病、死,虽是自然规律,但人何时生病、何时死亡,谁都无法预知,因此,人的死亡、伤残和疾病均可构成保险危险。[①](3)危险发生的具体后果具有不确定性,如台风所导致的灾害及损失程度是无法确定的,故也是保险危险。

3. 可保危险须为尚未发生的危险

"尚未发生"的含义包括:(1)可保危险须是目前尚未发生的危险,而不包括发生过的危险,例如,当事人不能在事故发生之后再投保;(2)危险的发生是当事人预先不知道的,被保险人或投保人预知的风险带有必然性,不属于可保危险,例如,某些投保人已经确知自己患上某种重大疾病,仍然带病投保包含有该类重大疾病的健康保险,这就不属于可保危险。

4. 可保危险须是非故意危险

"非故意"的含义包括:危险的发生或其所致的损失非源自投保人或被保险人的故意行为,如被保险人的自杀、投保人故意杀害被保险人等,但当事人以外的第三人所故意造成的危险,则不受限制。另外,由保险标的物本身所造成的危险,如保险标的物的自然损耗和本质缺陷等,也不属保险危险。

---

① 应该注意的是,危险发生的时间不能确定,是针对将来而言的,过去或现在已发生的危险,不属于保险危险。

5.可保危险须是有重大损失可能性的危险

所谓"无损失,无保险",若危险发生所致损失轻微,则无须通过保险来分散风险和分摊损失,可用其他简便的方法来处理危险。

6.可保危险须是大量的同类标的均有遭受损失可能的危险

这是保险经营的大数法则的要求,保险人是以营利为目的的企业法人,因此,保险人承保的可保危险必须具有使大量同类型的标的均遭受损失的可能性,这样的危险才能保证保险机构根据经验统计计算出这类危险发生的概率,进而科学地厘定合理的保险费率,以吸引可能遭受到该类风险的单位或个人来投保;否则,保险人就无法吸引到足够多的客户来投保,危险也不可能在全社会范围内分散。

保险可承保的危险,种类繁多,但大体上可以归纳为三类:(1)人身危险(personal risks)。人身危险大多指死亡危险,此外,还包括人的残废、伤害、疾病、丧失劳动能力、失业等。[①] (2)财产危险(property risks),即指财产因意外事故而遭受直接或间接损害的可能性。所谓直接损害,即直接由危险事故所造成的现有财产的减少,如火灾所致房屋的毁损;所谓间接损害,系指虽非直接由危险事故所造成的损失,但本应增加的财产因危险发生而未增加,如营业中断所致利润减少。(3)法律责任危险(liability risks),即指对他人的财产、人身实施不法侵害,依法由行为人承担民事赔偿责任的危险。所有这些危险必须是在签订保险合同之后发生,若订约时危险已经发生,即危险已经确定,所订契约则应为无效。

(三)保险法上的危险之二:道德危险

保险本应用来分散和转移风险,并给受到事故损害的人提供经济补偿。但从保险的实施情况来看,恶意造成保险事故,企图骗取保险金者也大有人在,这反而使事故增多,形成道德风险。所谓道德危险,通常是指由投保人、被保险人或受益人为获取保险金而故意作为或不作为,导致损失发生或扩大的可能性。道德危险包括积极的道德危险和消极的道德危险,即投保人、被保险人或者受益人为获取保险金而故意促使危险发生的行为或企图。如人寿保险的投保人或受益人明知其行为对被保险人的危害结果而希望追求其发生。消极的道德危险,又称为心理危险,指投保人或被保险人因有保险而怠于保护或疏于施救被保险人或标的物,从而导致承保危险的发生或扩大。如被保险人房屋失火,任其延烧,被保险房屋不加安全防护设备等。

道德危险系因当事人明知而为或未尽到合理的注意义务,具有道德上的可谴责性,也阻碍了保险业的健康发展,因此,保险法必须对道德危险加以防范和控制,表现在如下方面:

---

① 有的学者称之为"经济死亡"(economic death)。

1. 故意行为所致的危险，保险人不负保险给付义务

保险法设有相关规则，明确规定因故意行为所致的危险，保险人不负给付义务，以控制道德危险。《中华人民共和国保险法》（以下简称《保险法》）第 27 条第 2 款规定："投保人、被保险人或受益人故意制造保险事故的，保险人有权解除保险合同，不承担赔偿或者给付保险金的责任。"该法第 43 条第 1 款前半段规定："投保人、受益人故意造成被保险人死亡、伤残或者疾病的，保险人不承担给付保险金的责任。"该条第 2 款规定："受益人故意造成被保险人死亡或者伤残的，或者故意杀害被保险人未遂的，丧失受益权。"该法第 44 条第 1 款规定："以被保险人死亡为给付保险金条件的合同，自合同成立或者合同效力恢复之日起两年内，被保险人自杀的，保险人不承担给付保险金的责任，但被保险人自杀时为无民事行为能力人的除外。"该法第 45 条规定："因被保险人故意犯罪或者抗拒依法采取的刑事强制措施导致其伤残或者死亡的，保险人不承担给付保险金的责任。投保人已交足两年以上保险费的，保险人应当按照合同约定退还保险单的现金价值。"

2. 保险法使投保人或被保险人负有一定的义务以控制危险

保险法规定了被保险人在保险事故发生前的防险义务。我国《保险法》第 51 条第 1、2 款规定："被保险人应当遵守国家有关消防、安全、生产操作、劳动保护等方面的规定，维护保险标的的安全。投保人、被保险人未按照约定履行其对保险标的的安全应尽责任的，保险人有权要求增加保险费或者解除合同。"

3. 保险法赋予保险人对保险标的危险的防控权

保险法赋予保险人对保险标的安全状况勘查和防控的权利。我国《保险法》第 51 条第 4 款规定："保险人为维护保险标的的安全，经被保险人同意，可以采取安全预防措施。"

二、保险的概念、要素及与近似概念的比较

（一）保险的概念和要素

1. 保险的概念

从社会学角度来看，保险是由可能遭受到同类危险的多数人共同筹资，对实际蒙受了意外损失的不幸者进行损失补偿的相互救助的社会制度。

从经济学角度来看，保险是由保险机构聚集众多个参保者的相对较少的保费，形成一个共同的基金，为每个参保者提供了经济保障和风险管理的一种经济制度。

从保险法学角度来看，保险是一种合同之债或是因合同而产生债权的法律行为。我国《保险法》第 2 条规定："本法所称保险，是指投保人根据合同约定，向保险人支付保险费，保险人对于合同约定的可能发生的事故因其发生所造成的财产损失承担赔偿

保险金责任,或者当被保险人死亡、伤残、疾病或者达到合同约定的年龄、期限时承担给付保险金责任的商业保险行为。"

综上所述,保险是广大投保人通过与保险人订立有效的保险合同的债权法律行为,将未来其可能遭受的经济损失转移并分散给具有同类危险的人乃至整个社会,从而形成分散危险、弥补损失、互助共济和促进社会安定的一种经济法律制度。

2. 保险的要素

保险要素,又称保险的构成要件,是指保险这一法律关系得以成立的基本且必要的条件。构成保险必须具备以下要素:

(1)必须以特定的可保危险为对象。危险的存在,是构成保险的第一要件。但是,正如前文所述,并非任何危险都可构成可保的危险,只有可保危险才是保险的对象。

(2)必须以多数人的互助共济为基础。保险的这种多数人的互助共济,通常有两种形态:一种是多数人的直接集合。一般由可能遭受特定类型的危险事故的多数人,共同为达到保险的目的而构成的团体,主要指相互保险(mutual insurance)。另一种是多数人的间接集合。即由第三者(保险人)作为保险经营的主体,由可能遭受特定类型危险事故的每个人事先向其缴纳一定金额的保险费,在危险事故发生后,即由其负损失赔偿或给付保险金的责任,无形中成为多数人集合的中心。所有参加保险的人表面上彼此不相关联,甚至相互也不了解,但通过保险这种媒介,他们之间实际上也建立了互助共济关系,即投保人共同交纳保险费,建立保险补偿基金,共同取得保险保障。一般的商业保险都为此种形态。本书主要讨论的正是这种商业保险。

(3)必须以对危险事故所致损失进行补偿为目的。保险的机能在于进行损失补偿,但这种补偿不是恢复已被毁损、灭失的原物,也不是赔偿实物,通常是通过支付货币的方式来实现的。因此,危险事故所导致的损失,必须是在经济上能够计算价值的;否则,保险的赔偿将无法实现。

(二)保险与近似概念的比较

要想明确保险的确切含义,就要了解它与近似概念的区别。

1. 保险不是储蓄(saving)

保险和储蓄都是将现在收入的一部分储存起来以备将来需要的预防性措施,尤其在生存保险和混合保险的生存部分中,与储蓄功能可以混同,但保险并不是储蓄,这是因为:

(1)储蓄是储户单独的、个别性的自助行为,不需要复杂的统计学知识和风险管理技术;而保险的目的是应付个别的重大的意外事故,因此,保险须采用概率论的方法计算保险费率,以集合多数人的现在的"小钱"来负担少数人将来的"大灾"。

(2)银行和每个储户之间是一种一对一的对等关系,每个储户在银行的存款与银行为储户支付的存款和利息之间是完全对应的,其金额应以每个储户的存款的具体范围为限;而被保险人和保险人之间的给付和反给付,不是建立在个别的一对一的均等关系之上,而是建立在保险人与整个被保险人群体之间的对应关系之上。所以,保险事故发生后,被保险人或受益人从保险人处领取的保险金往往远远高于投保人当初交纳的保险费。

(3)储蓄遵循"存取自由"的原则,存款人可以随时提存,程序上比较简单,实体要求也不复杂;而保险有着严格的承保与理赔的程序要件和实体要件,保险合同在主体、客体、内容及订立、生效和履行等方面要严格遵守民法典、保险法的强制性规定,有时还要接受保险监管部门的审核和监督。

2. 保险不是慈善救济(charity)

保险和救济都是人类群体共同抗御严重的意外事故所采用的互助性补救措施。但是保险和救济有本质的不同:

(1)救济是他人对受害者提供的无偿的援助行为,不需要受害人自己在事前出资形成一种共同基金;保险则必须依靠参加保险的成员自身按一定的比例交纳相对较少的资金(保险费)来建立共同基金(保险责任基金),再通过保险责任基金来分担和补偿被保险人的个别损失,因此保险是一种有偿的互助行为。

(2)救济是一种单方行为,救济方没有对受灾者实施救济的法定义务,受灾者对他人也没有请求救济的权利;保险则是一种合同法律行为,只要在保险期限内发生保险事故或给被保险人造成损失,保险方就须履行约定的合同义务,被保险人或受益人就有权根据合同的规定请求保险人给付保险金,即使保险金的来源中有第三者交付的保险费,该项权利仍受到保障。

(3)救济的对象、数量和形式由完全救济者在发生灾害事故之后自由决定;保险保障的对象只能是保险合同中约定的人,保障的数额也受到被保险人的实际损失或保险合同事先约定的金额的限制。

3. 保险不是保证(warranty)

保险和保证都是一种契约关系,也都是对未来偶然事件所致损失的补救方法,但仍有较大区别。

(1)保证虽然也是一种契约,但它只是从属于主契约,即债权人与债务人所订立的契约的一种从契约,它的存在须以主契约的存在为前提。保证人只有在债务人不履行或不能履行义务时,才代替债务人履行债务;保险则是保险人和被保险人之间的一种独立契约,只要保险关系成立,被保险人就须履行缴纳保险费义务,保险人的义务须待发生保险事故造成被保险人损失时才予履行。

(2)保证的成立往往是个人主观上的信任和保证人自愿的结果;保险的成立虽然

绝大多数是被保险人的自愿，但也有少数是出于强制（如机动车第三者责任保险），而且要以精确的数理为基础。

(3)保证人代偿债务是为他人履行义务，因而享有先诉抗辩权、求偿权和代位权；而保险人依约赔偿损失或给付保险金，是履行自己应尽的义务，原则上于赔偿后再无求偿权等其他权利可言，除非财产保险中保险事故的发生是第三者的责任所致。

4. 保险不是赌博(gambling)

保险与赌博都是射幸(aleatory)行为，都属于以小博大，且带有偶然性，在给付者和反给付者之间都不需要建立一对一的等价有偿关系，但两者在本质上是不同的：

(1)赌博的行为是变确定（原有的一定金额的赌本）为不确定（或输或赢），从而制造了危险和不测，成为危害社会安定的渊薮；保险则通过转移和分散危险，达到互助共济，从而间接保障社会安定。

(2)赌博是违反公共道德的不法行为，因而受到绝大多数国家和地区的法律所禁止；而保险因具有社会互助性质，因而受到各个国家和地区的法律的承认和保护。

(3)赌博行为的对象可以是任何物，且赌注的大小与赌徒赢钱多少没有固定的比例；而保险则是以保险利益为前提的，投保人必须对保险标的有法律上认可的特定利害关系才能投保，保险费与保险金之间有一定的比例关系，以控制保险中可能产生的类似于赌博行为的道德风险。

三、保险的作用

保险的作用分为积极作用和消极作用两个方面。

(一)保险的积极作用

1. 分散危险的作用

为了确保经济生活的安定、分散危险，保险将集中在某一单位或个人身上的因偶发的灾害事故或人身事件所致经济的损失，通过收取保费的办法平均分散给所有被保险人，这就是保险的分散危险作用。通过该作用的作用，危险不仅在空间上达到充分分散，而且在时间上亦可达到充分分散。

2. 补偿损失的作用

保险将集中起来的保险费用于补偿被保险人因合同约定的保险事故或人身事件所致经济损失，保险所具有的这种补偿能力就是保险的补偿损失作用。

3. 积蓄资金的作用

现代保险以保险费的形式预提分摊金并把它积蓄下来，达到时间上分散危险的作用，这是保险积蓄保险基金的作用。

4. 管理危险的作用

现代保险企业为了避免灾害事故和偶然事件的发生，通过采取各种措施和科学的危险管理手段来抑制参保单位的承保危险的发生、蔓延和损失的扩大。我国《保险法》第51条规定，被保险人应当遵守国家有关消防、安全、生产操作、劳动保护等方面的规定，维护保险标的的安全。保险人可以按照合同约定对保险标的的安全状况进行检查，及时向投保人、被保险人提出消除不安全因素和隐患的书面建议。投保人、被保险人未按照约定履行其对保险标的的安全应尽责任的，保险人有权要求增加保险费或者解除合同。保险人为维护保险标的的安全，经被保险人同意，可以采取安全预防措施。

（二）保险的消极作用

保险在为个人、企业和社会带来许多积极作用的同时，也不可避免地产生一些消极作用。对这些消极作用应有正确的认识，并采取各种措施将其控制在最低限度。

保险的消极作用在保险人方面主要有两个表现：一是保险可能诱发赌博行为和道德风险。一些胆大妄为之徒可能借合法的保险之名，行非法的敛财之实。因此，各国保险法无不对保险组织的设立、变更、解散等严加限制，对保险经营活动和保险资金的运用强化监管，对各种违规行为课以相应的法律责任，以消除此弊。二是因保险人组织经营不当，而危及社会的稳定。保险公司一旦经营失败，破产倒闭，势必对个人、企业和社会造成重大的损害，引发一系列不良的连锁反应。因此，对保险这种技术性强的行业，必须重视保险精算师和各类保险专业人员、管理人员，因为他们是保险公司经营安全和经营效率的人才保证；必须建立与健全保险专业人员的激励和约束机制，不断改进经营方法，尽量减少经营风险，切实提高经营业绩。

在投保人、被保险人或受益人方面，保险的消极作用也主要有两个表现：一是诱发投保人、被保险人或受益人的保险欺诈行为，产生严重的道德风险。如投保人故意隐瞒保险标的上的重要事项，骗取保险人承保；被保险人、受益人故意制造保险事故，谋财害命，或虚构保险事故，夸大事故损失，诈取保险金；自恃有保险保障，而疏于危险的防范，导致危险频发；等等。为防范保险领域的道德风险，保险法确立了最大诚信原则、保险利益原则、损失补偿原则、近因原则、保险与防灾减损相结合的原则，规定了保险承保、保险理赔、受益权丧失等具体规则。二是产生逆向选择问题。由于保险市场是一个不完全的市场，信息的不对称性导致危险概率较高的人参加了保险，而危险概率较低的人则退出了保险，如此反复进行多次后，保险人若不提高保险费率，保险的宗旨则将无法实现，最后不得不停办该险种。为规制危险的逆向选择，现代保险公司可以借助危险分类技术和科学的承保技术，设计不同的保险费率，满足不同人群的保险需求，最大限度地追求保险费负担的公平、合理。

第二节 保险法概述

一、保险法的概念

根据立法的实际状况,各国的保险法都有形式意义和实质意义之分。形式意义的保险法,系指以保险法命名的、专门性规范文件,如我国 2015 年 6 月 30 日公布的《中华人民共和国保险法》。实质意义的保险法,泛指一国的法律体系中所有的有关调整保险关系的法律规范的通称,即只要法律规范调整的保险关系,不论其是否存在于以保险法命名的法律法规中。例如,各国的《海商法》《刑法》等法律法规甚至一些习惯、判例中都有有关保险关系的法律规范,它们也是实质意义上的保险法的重要组成部分。

本书侧重介绍形式意义的保险法,也适当兼顾一些极为重要的实质意义的保险法,比如,我国《海商法》中的一些关于海上保险的专门性法律规范;再比如,国务院制定并颁布的专门性的保险法律法规:《机动车交通事故责任强制保险条例》(2008 年颁布)、《农业保险条例》(2012 年颁布)以及由中国保险业监管机构通过并公布的《保险公司管理规定》《保险代理机构管理规定》《保险经纪机构管理规定》《保险保障基金管理办法》等部门规章。

故若无特别说明,本书在下面所称的保险法,均指形式意义上广义的保险法。

二、保险法的立法体例

保险法的立法体例,是指国家制定保险法时采用的内部结构和外在形式,以及由此体现出来的与一国其他相关法律的衔接和在一国法律制度体系中的地位问题。

(一)保险法的内部结构

传统保险法纯为私法性质,其形式上仅为单一的保险合同法;但现代保险法在内容上已突破了传统保险私法的单一构造。从世界范围来看,虽然世界大多数国家在保险立法上是通过保险合同法和保险业法这两大支柱来构筑保险法的内容体系的,但在立法体例上有两种不同的模式:一是分别立法,即保险合同法和保险业法是两个单独的法律,如英国、日本等;二是将两种内容合并在一个法典中,统称保险法,如美国纽约州及菲律宾等国家或地区。我国自改革开放以来保险立法最初是采取了保险合同法和保险业法分立体例,先后颁行了《财产保险合同条例》和《保险企业管理暂行条例》两个单行法规。1995 年颁行的《保险法》,即采用合并立法体例,共 8 章 158 条,包括总则、保险合同、保险公司、保险经营规则、保险代理人和保险经纪人、保险业的监督管理、法律责任和附则。从法律规范的功能上看,它集行为法与组织法于一体,融保险合同法、保险组织法、保险行为法、保险业监督法为一体,融保险私法与保险公法为一体。这是对传统保险立法体例的变革和完善,其意义在于求得保险法的结构完整而便于实施。

(二)保险法的外在形式

保险法的外在形式,是指保险法的表现形式和由此反映出来在该国整个法律(尤其是在民商事法律)制度中的地位。世界各国均十分重视保险立法,但由于对保险法的法律属性的认识不同,因此对保险法的地位很难形成统一的定论。

各国关于保险法的法律地位,大致可以分为以下三种类型:

(1)将保险法作为民法(债编)的一章,主要有意大利及东欧各国等;

(2)将保险法列入商法典中,主要有法国、比利时、西班牙、日本等;

(3)制定单行保险法律,主要有德国、瑞士、丹麦、挪威、瑞典、英国及中国等。

采用第一种类型的国家,一般来说,都是采取民商法合一制度的国家,其保险法作为民法的内在组成部分,与整个民法之间是特别法和普通法的关系,也就是说,凡保险法无规定者,适用民法。采用第二种类型的国家,一般来说,都是采取民商法分别立法的国家,而保险法因具有明显的商业法性质,与公司法、票据法、海商法等一起纳入商法典中,被视为商事法的一种。但是,由于这些国家的商法与民法的关系,也是特别法与普通法的关系,所以,保险法与整个民法之间的关系仍然是特别法与普通法的关系,也就是说,凡保险法无规定者,适用商法通则,商法通则无规定的,还是要适用民法。采用第三种类型的国家,虽然没有直接将保险法纳入民法或商法中,但是在理论和实质上还是将保险法作为民商法的特别法来对待。

在我国,保险法虽然单独立法,但是法学理论界往往将它归入商法体系中,它是从属于民商法范畴的特殊法律规范。它是规范保险活动、保护保险活动当事人的合法权益、加强对保险业的监督管理、促进保险事业健康发展的重要手段,是我国经济法治建设不可分割的重要组成部分。

三、保险法的内容

从上述保险法的调整对象不难看出,形式意义上的广义保险法内容主要包括如下三个部分:

(一)保险合同法

保险合同法又称保险契约法,是保险法的核心内容,通常狭义上的保险法仅指保险合同法。各国对保险合同法的规定繁简不一,但其内容大体都包括三个方面:一是关于保险合同的一般规定,包括保险合同的定义及其基本分类,保险合同的主体和客体,保险合同的基本原则,保险合同的订立、履行及解释,保险合同的变更、解除和终止;二是关于财产保险合同的规定;三是关于人身保险合同的规定。我国虽然没有制定出独立形式的保险合同法,但是 1995 年颁行并于 2002 年、2009 年和 2014 年修订过的《中华人民共和国保险法》第二章构成我国保险合同法的内容。

(二)保险业法

保险业法又称"保险事业法"或"保险事业监督法",是国家对保险业进行管理和监督的一种行政法规,以防范由私人经营的保险企业因投机破产而使广大投保人蒙受损失,从而影响社会稳定。从各国保险业法的规定来看,一般包括以下几方面内容:保险业组织形式;保险业的设立条件、程序;保险业财务核算;保险业的业务范围;保险业的资金运用;保险业的破产和清算;保险条款和保险费率;保险企业章程和偿付能力;保险代理人、保险经纪人、保险公估人的地位;保险业监管;等等。我国《保险法》第三章、第四章、第五章、第六章均属于对保险业的法律规定。

(三)保险特别法

保险特别法是规定和调整某一险种的专门保险法律关系的法律和法规。例如,《中华人民共和国海商法》中的海上保险,是专门规范海上保险的保险法律规范;此外,旅客保险法、人寿保险法、公众责任保险法、交通事故责任强制保险条例和农业保险条例等,均是专门规定各种具体保险法律关系的。在立法中,这些保险特别法通常必须遵守前述的保险合同法和保险业法的基本原则和主要规则,但规定更为具体、更为细致,是各种专门性的保险经营活动的直接法律依据。[1]

本章关键词

危险　　可保危险　　道德风险　　保险　　保险法　　立法体例　　保险合同法　　保险业法　　保险特别法

思考题

1. 简要分析保险法学意义上的危险的含义、特点和主要分类。
2. 简述保险法学意义上的保险的含义和构成要素。
3. 为什么说保险不是储蓄、赌博、救济等概念?
4. 如何正确理解保险的积极作用和消极作用?
5. 简要分析保险法的概念、立法体例和内容。

---

[1] 孙积禄:《保险法论》,中国法制出版社 1997 年版,第 28 页。

第二章 保险法的基本原则

内容提要

在从事保险活动、订立和履行各类保险合同及对保险业进行监管的过程中,必须遵循一些根本性的准则,即保险法的一系列基本原则,这些基本原则有:保险利益原则、保险合同的最大诚信原则、财产保险中的损失补偿原则、保险理赔中的近因原则,以及保险业特有的境内投保原则、保险专营原则和公平竞争原则。只有深刻而全面地领会这些原则及其下属的具体规则,才能正确地指导保险活动,处理保险纠纷,加深对保险法的精神实质的理解,增强保险法律意识。

第一节 保险利益原则

一、保险利益原则的含义与特征

(一)保险利益的含义

保险利益(insurance interest),又称可保利益,是指"投保人对保险标的具有的法律上承认的利益"[①],即投保人或被保险人对保险标的所具有的法律上认可的利害关系,由保险合同予以保障,会因保险标的完好无损而受益、因保险标的发生保险事故而受损,并由保险人予以补偿。

保险利益是保险合同的客体,不同于保险权益。保险权益又称保险合同的权益,是指保单所有人根据保险合同约定所享有的合同利益或权益。被保险人或受益人在保险事故发生时所享有的请求保险人给付保险金的权利、投保人或保单所有人退保时所享有的请求保险人退还保险费或返还保单现金价值的权利等,都属于保险权益。保险利益是保险权益的前提和基础,没有保险利益,就没有保险权益。保险权益则是保险利益的反应和保险合同的后果。保险权益可以等于或小于保险利益,但不能大于保险利益。保险权益的大小不仅取决于保险利益的数量,而且取决于保险合同的约定。

---

① 《保险法》第12条第3款。

(二)保险利益的特征

1. 保险利益具有适法性

保险利益是指作为保险合同客体的并且为保险合同所保障的利益应当是适法的利益,而不能是法律所否定的利益,不能违反法律的强制性规定或社会公共利益,不能是已经被法律明确否定的利益或违反公序良俗的利益。保险利益的适法性主要表现在:保险标的存在的合法性、投保人或被保险人与保险标的的关系的合法性。我国《保险法》第12条第6款规定:"保险利益是指投保人或者被保险人对保险标的具有的法律上承认的利益。"而所谓法律上承认的利益,既可以是法律明确规定的各种权利,又可以是法律虽无明文规定,但并不否认的各种利益。著名学者C.B.埃利奥特曾对保险利益做过这样的总结:"那些能够投保的利益既不能是非法的,也不能是不道德的利益。"[1]

2. 保险利益具有确定性

投保人或被保险人对保险标的所具有的利益,须已经确定或现在尚未确定但将来可以确定。现在不能确定,将来也无法确定的利益,不能成为保险利益。现在已经确定的利益为现有利益,各种有形财产保险通常是对现有利益的保险。现在不能确定,但将来可以确定的利益,是期待利益。个人可以对其预期收入所具有的利益投保,但在任何情况下,对利润或收益的预期必须基于某种被保险人在损失发生时确实具有的利益,如果被保险人仅仅期望会对某项财产具有利益则是不够的。责任保险是对被保险人未来可能承担的民事赔偿责任这一期待利益的保险保障。

3. 保险利益具有经济性

保险的目的在于以保险赔付的方式填补被保险人所遭受的经济上的损失,或满足被保险人经济上的需求。因此,保险利益须为经济上的利益,并以金钱能够计算者为限,至于其为现有利益抑或期待利益、积极利益抑或消极利益,均无不可。但无法以金钱衡量的非经济性的利益,如宗教上、道德上、情感上的利益,精神上、肉体上的痛苦,因其无法用金钱加以补偿,所以不能成为保险利益。我国《最高人民法院关于审理保险纠纷案件若干问题的解释》第1条规定:"《保险法》第12条所称保险利益,即可保利益,应当是可以确定的经济利益。"

4. 保险利益具有公益性

保险法要求投保人一方对保险标的具有保险利益,并非为了维护保险人的利益,而是为了维护整个社会的公共利益和公序良俗而设。因此,我国《保险法》第12条规定:"投保人对保险标的应当具有保险利益。投保人对保险标的不具有保险利益的,保

---

[1] 所罗门·许布纳、小肯尼思·布莱克、伯纳德·韦布:《财产和责任保险》,陈欣,等译,中国人民大学出版社2002年版,第47页。

险合同无效。"投保人、被保险人、保险人均不得放弃法律对保险利益的要求,这些规定是为了使保险合同与赌博区分开来,防范保险业的道德风险,从而使保险对社会经济和稳定的促进作用得以真正发挥。

(三)保险利益的种类

根据保险利益存在的保险标的不同,保险利益可以分为积极的财产上的利益、法律责任上的利益及人身上的利益。

1. 财产上的利益

财产上的利益是指投保人或被保险人对其投保的某项财产具有法律上承认的经济利益。它既可以是投保人或被保险人对其投保的某项财产享有的某种现有利益,也可以是投保人或被保险人对其投保的某项财产享有的比较确定的期待利益。财产上的利益又可以分为积极的财产上的利益和消极的财产上的利益。

(1)积极的财产上的利益,是指投保人或被保险人对其投保的财产所享有的利益在投保时就已经存在。除责任保险之外的绝大多数的财产保险所涉及的保险利益都属于积极的财产上的利益,也就是说,普通的财产保险的投保人或被保险人为保障其现有的某项财产或利益不会因为意外遭受损失而投保,这种积极的财产上的利益是为法律所承认的,故而,该保险合同因符合保险利益原则而有效。

(2)消极的财产上的利益,又称"法律责任上的利益",是指财产保险中的责任保险的投保人或被保险人对其未来可能承担的民事损害赔偿责任进行投保也是法律所允许的,此时,我们说该责任保险的投保人或被保险人对其投保的某项责任保险的标的具有法律上承认的"消极的财产上的利益"。与普通的财产保险上的保险利益属于"积极的财产上的利益"不同,法律责任上的利益在投保时并不现实存在,因此,它属于一种消极的期待利益,即投保人或被保险人因担心其投保的某项民事法律责任的发生使自己遭受一定的经济损失,从而投保各种责任保险加以防范,所以说,责任保险上的保险利益只能算作投保人或被保险人的消极意义上的财产利益,即期待某项民事赔偿责任不发生从而期待其财产不因此而减少。

2. 人身上的利益

人身上的利益是投保人或被保险人对被保险人的身体健康和寿命所享有的法律上承认的经济利益。它可以通过参加各种人身保险加以保障。

二、保险利益的功能

(一)避免赌博行为

保险利益原则要求投保人或被保险人对其投保的保险标的具有合法的利害关系,一个人不能对其缺乏合法利益的保险标的投保任何保险。如果一个人对其投保的保险标的除了领取保险金的利益,别无其他任何合法利益,那么他对该保险标的就没有保险利益。没有保险利益的保险合同是无效的合同,其本质上无异于赌博行为。投保人或被保险人对保险标的须具有保险利益,是保险合同区别于赌博行为的本质特征之一。保险和赌博虽然都是以小博大的射幸行为,但由于保险利益的特殊要求,保险与赌博分道扬镳,成为风险转移的合法行为,备受法律的呵护和政府的鼓励,而赌博却沦为制造风险的非法行为,遭遇道德的谴责和社会的诟病。

(二)减少道德风险

有了保险利益原则,就可以防止道德危险,维护社会的安定和善良风俗;否则,一些不法的投保人为了谋取不当利益,极有可能会人为地造成财产损失,甚至谋害他人生命。18 世纪,英国保险法因无保险利益的限制,一旦报纸上登载某名人得病,即有不少人以他为被保险人投保死亡保险。为此经常诱发道德危险,故意制造事端以谋取保险金的现象时有发生,给社会造成了很大的不安定。虽然投保人或被保险人对保险标的应具有保险利益的要求,不可能将其道德风险降低为零,但无疑在一定程度上减少了道德风险。投保人或被保险人对保险标的的安危所具有的利害关系,减少了其故意毁损保险标的的诱惑,降低了其故意制造保险事故的危险,使其不致因为参加保险而过分疏于对保险标的的风险防范,因为他通常不能从这种事故中获取更大的利益,除非夸大或虚构事故造成的损失。

(三)限制损失补偿

保险利益是保险人所补偿损失的最高限度。被保险人所主张的赔偿金额,不得超过其保险利益的金额或价值。如果不坚持保险利益原则,投保人或被保险人可能会获得与其所受损失不相称的高额赔偿,从而损害保险人的合法利益。虽然,实际上,无论是人寿保险还是财产保险都具有受损失补偿原则强烈影响的迹象,只不过人寿保险所受影响的程度稍逊于财产保险而已。

三、保险利益的主体问题

保险利益应属于何人,投保人、被保险人、受益人是否应对保险标的具有保险利益,保险立法与保险理论对此一直存在着争议。

(一)投保人是否应具有保险利益的问题

在保险立法与保险理论上,投保人应具有保险利益几乎成为一种通说。我国《保险法》第 12 条明文规定:"投保人对保险标的应当具有保险利益。投保人对保险标的不具有保险利益的,保险合同无效。"我们认为,当投保人同时又是被保险人时,投保人应具有保险利益和被保险人应具有保险利益并无本质的差别,仅仅是表述不同而已。当投保人与被保险人并非同一人时,与其说投保人应具有保险利益,毋宁说被保险人应具有保险利益,更有理论与实践意义。法律上要求某人对保险标的具有保险利益的主要功能在于避免赌博行为、减少道德风险、限制赔偿程度,当投保人与被保险人并非同一人时,投保人不可能仅仅凭借其投保人的地位或身份就完全取得保险合同的权益。虽然投保人可以享有退保时的保单权益,但领取保险金的权利在财产保险中则属于被保险人,在人身保险中则属于被保险人或受益人,均非投保人。因此,要求投保人具有保险利益,不仅无助于实现保险利益原则的功能,而且阻止投保人为他人利益而投保的助人行为,有碍交易的灵活性,伤害了人们的感情。

(二)被保险人应否具有保险利益的问题

我国台湾地区《保险法》第17条规定:"要保人或被保险人,对于保险标的无保险利益者,保险契约失其效力。"我国大陆现行《保险法》对此未作规定。保险学术界也存在争议,主要有肯定说、否定说、转移说和折衷说四种观点[1]:(1)肯定说认为,被保险人对保险标的应具有保险利益;(2)否定说认为,被保险人对于保险标的不需具有保险利益,仅投保人具有保险利益为已足,因为投保人而非被保险人,是保险契约的当事人。人寿保险契约之被保险人死亡时,其真正遭受经济上之损害者,并非被保险人,而系与被保险人在经济生活上有利害关系之人。唯有此等人,始为享有赔偿请求权之人。(3)转移说认为,投保人须有保险利益,倘投保人失去保险利益,则被保险人须具有保险利益。(4)折衷说认为,在财产保险中,被保险人对保险标的须具有保险利益。在人身保险中,仅投保人于订立保险契约时,对保险标的具有保险利益为已足。

我们认为,在财产保险中,被保险人系因保险事故发生而遭受损害之人,被保险人对保险标的应具有保险利益,投保人则不必有保险利益。在人身保险中,如果非要坚持保险利益原则,则被保险人应具有保险利益,投保人则同样不必具有保险利益。

(三)受益人是否应具有保险利益的问题

对此主要有否定说和肯定说两种观点[2]:(1)否定说认为,保险利益是指要保人与保险标的的利害关系,受益人无须对被保险人之生命或财产具有保险利益,受益人的道德风险可以通过被保险人指定权和受益权丧失规范加以防范。(2)肯定说认为,投保人兼被保险人并兼受益人之情形,受益人当然具有保险利益;如投保人以他人为被保险人,而指定第三人为受益人者,该受益人原则上也应对被保险人之生命或财产具有保险利益,其理由是为了避免道德危险。

我们认为,受益人应仅存在于人身保险领域,在财产保险领域,即使有受益人概念之适用,也不应要求其具有保险利益,被保险人具有保险利益为已足。在人身保险领

---

[1] 梁宇贤:《保险法新论》,中国人民大学出版社2004年版,第76—77页。
[2] 梁宇贤:《保险法新论》,中国人民大学出版社2004年版,第77—78页。

域,如果非要坚持保险利益原则,则不妨认为受益人应具有保险利益,但这并不意味着被保险人可以没有保险利益。

综上所述,我们认为,在财产保险领域,被保险人应具有保险利益,投保人或受益人无须具有保险利益;在人身保险领域,如果非要坚持保险利益说,则被保险人和受益人应具有保险利益。但无论是财产保险还是人身保险,投保人都不必具有保险利益,除非投保人兼具被保险人或受益人的身份。

四、保险利益存在的时间问题

关于保险利益存在的时间问题,学术界曾经对此众说纷纭,实践中也给人们造成不少困扰。有人认为,无论财产保险或人身保险,投保人或被保险人对于保险标的之保险利益,不仅于订约时须存在,而且保险事故发生时也须存在,保险契约方能维持其效力,但人寿保险则于被保险人无反对之情形下始能适用此项规定。还有人认为,为避免道德危险计,不论财产保险或人身保险,订约时都必须有保险利益。①

对于此问题,我国修订后的《保险法》第12条第1、2款已经明确规定:"人身保险的投保人在保险合同订立时对被保险人应当具有保险利益。财产保险的被保险人在保险事故发生时对保险标的应当具有保险利益。"我国《保险法》之所以这样规定,原因如下:

对于财产保险合同而言,保险利益于保险事故发生时必须存在,投保时有无保险利益并不重要。这是由于每一个财产保险的具体赔偿数额并不是在订立保险合同时明确约定好的,而是在发生保险事故时根据标的物的实际损失情况核算出来的,而且该保险标的物的实际损失额又必须限制在被保险人的保险利益范围之内,所以财产保险合同一般要求在合同事故发生时必须存在保险利益。否则,被保险人一方就谈不上有实际损失,保险人也无法根据被保险人的可保利益的实际损失额来计算应该赔付的保险金。正如我国台湾地区著名的保险法专家桂裕先生所言:"财产上的保险利益,必于损失发生之际为存在,但不必于订约之际亦存在。财产保险,旨在补偿损失,若无保险利益,何来损失?故纵在订约之际为有利益,而于事故发生时其利益已不存在者,即无实际损失之可言。反之,即使在订约之际,保险利益虽不存在或尚未归属于被保险人,但于事故发生时,已归属于其者,其丧失亦即为其实际之损失。若必限于订约时利益之归属者,必致保险业务呆滞,故法律规定,受益人虽不确定者,亦得订立有效之保险契约,若其契约上之权益终可确定者,虽由他人代为保险,或以无记名式保险单为之者,亦非为法律所不许,但于损失之际,其利益必属于契约上有权利之人,是为定则。"②

---

① 梁宇贤:《保险法新论》,中国人民大学出版社2004年版,第80页。
② 桂裕:《保险法论》,台湾三民书局1981年版,第63—64页。

而对于大多数人身保险合同，尤其是对于人寿保险而言，其保险利益于投保时必须存在，保险事故发生时有无保险利益已经不再重要。这一原则是英国《1774年人寿保险法》首创的，后来被各国保险立法所继受。这主要因为人身保险合同绝大多数具有定额给付性质，而且该给付的金额在订立人寿保险合同时就已经明确规定，而不像财产保险的给付金额要等到保险事故发生时才按照合同约定的办法进行具体核算，因此，人身保险的投保人或受益人只要在订立保险合同时具有保险利益，就可以要求保险人支付保险金，而不必在保险事故发生时还须再次证明自己因被保险人的死亡而导致保险利益上的损失。"人身上的保险利益必于订约之际为存在，但不必于事故发生之际仍存在。在人寿保险中，投保人对被保险人必于订约之际为有保险利益，若自始无此利益者，即自始为无效，但若初曾有之，而后已消灭者，苟无恶意，仍不失效。"[1]

至于作为保险合同的客体的保险利益的具体表现形式以及保险利益转让与消灭等问题，本书将在后面的保险合同的主体与客体一节中专门加以阐述，这里就不再赘述。

第二节　保险合同的最大诚信原则

一、最大诚信原则概述

诚实信用是现代市场经济正常运行的基本条件之一。诚实信用原则，起源于罗马法，后被大陆法系国家的民法广泛继受，成为现代各国民法的基本原则之一。所谓诚实信用，是指任何一方当事人对他方不得隐瞒欺诈，都须善意地、全面地履行自己的义务。应当说，民法诚实信用原则是一个高度抽象的概念，它要求民事主体在真实、守信的基础上从事商品活动，达到平衡各方当事人之间的利益以及当事人的个体利益与社会整体利益的效果。其实，诚实信用原则是道德的法律化的结果，因此，它在民商法体系中处于统领所有法律规范的"一般条款"的地位，被称为"帝王法则"。[2] 我国《民法典》第 4 条规定："民事主体从事民事活动，应当遵循诚信原则，秉持诚实，恪守承诺。"

率先规定最大诚信原则的保险法是英国的《1906 年海上保险法》。该法第 17 条规定："海上保险契约是建立在最大信守诚实的基础上成立的契约，如果任何一方不遵守最大诚信，他方得宣告契约无效。"我国《保险法》第 5 条也明确规定："保险活动当事人行使权利、履行义务应当遵循诚实信用原则。"故保险合同又被称为最大诚实信用合同（contract of the utmost good faith）。

---

[1] 桂裕：《保险法论》，台湾三民书局 1981 年版，第 63—64 页。
[2] 史尚宽：《民法总论》，台湾正大印书馆 1980 年版，第 300 页。

有关保险合同的最大诚信原则不仅适用于保险合同中投保人一方的投保人、被保险人等,而且适用于保险人一方的保险人或保险辅助人。对于投保人一方来说,最大诚信原则要求他们遵循如实告知义务、危险增加通知义务、保险合同中的保证条款等规则和基本要求;对于保险人一方来说,最大诚信原则要求他们遵循保险条款的说明和醒示义务、弃权和失权等基本规则。

二、如实告知

(一)如实告知义务的概念和性质

所谓如实告知义务,是指投保人、被保险人在订立保险合同时应向保险人或保险代理人披露与保险标的有关的、影响保险人决定是否承保或者提高保险费率的信息。

如实告知义务在性质上属于先契约义务、法定义务,而非契约义务、约定义务。在保险实务中,虽然保单通常规定投保人告知的内容构成契约的一部分,但这并不意味着告知义务是保险合同约定的义务。

(二)如实告知义务的理论依据

关于如实告知义务的理论依据,学术界曾经展开过争论,先后有诚信合同说、合同要素说、瑕疵担保说、危险测定说[1],本书赞同危险测定说。这是因为现代保险本质上是一种危险分散技术,以危险能够测定为前提。如果没有投保人的诚实协助,保险人则通常无法做出恰当的核保决定;即使能够做出决定,也须付出很高的成本。因此,基于保险核保技术的要求,只有投保人将保险标的上的危险状况如实告知保险人,保险人才能据此决定是否承保以及以何种保险费率承保。

(三)如实告知义务的主体和履行时点

投保人,又称要保人,是保险合同的当事人之一,也是告知义务的主体,我国《保险法》第16条规定了投保人是告知义务的主体。而受益人仅是保险合同的关系人,并不参与保险合同的缔约过程,因此,不可能也不应当成为告知义务的主体。不过,投保人一旦违反告知义务,对受益人会产生同样的不利后果。至于被保险人,则有可能是告知义务的主体:当被保险人与投保人为同一主体时,当然是告知义务的主体。当二者为不同的主体时,被保险人如果有行为能力,也应是告知义务人;被保险人如果没有行为能力,则不应是告知义务人。

根据我国《保险法》第16条的规定,如实告知义务应当在保险合同订立时,即告知义务人应在保险合同成立之前履行该义务,而在保险合同成立之后则无权要求告知义务人再履行该义务。实践中,一般是在投保人向保险人或保险代理人提出投保申请的

---

[1] 张秀全:《保险法学》,郑州大学出版社2005年版,第22—23页。

时候,要履行如实告知的义务,而在保险合同成立之后,不得要求投保人再履行如实告知义务,当然合同另有约定的除外。这说明投保人的如实告知义务在法律性质上是一种先合同义务,属于缔约义务而非履约义务。[①]

应当注意的是,由于如实告知义务的目的在于帮助保险人获得决定是否承保以及决定保险费率高低的充分信息,因此,投保人对投保申请提出后保险人承保前保险标的上的危险状况恶化了,此时仍负有及时告知的义务。此外,在人身保险合同申请复效时,虽然复效后的人身保险合同本质上属于原合同的延续,但投保人仍负有如实告知义务,被保险人的年龄和健康状况也必须符合保险人承保的要求。保险实务中通常要求投保人填写复效申请书,并提供被保险人的健康声明书或保险人认可的医疗机构出具的体检报告书。而在保险合同续约时,一般情况下,由于保险合同的续约在法律意义上为订立一个新的契约,所以投保人应负如实告知义务。但是,如果保险合同的续约是基于原合同的自动续约条款发生,或者因为双方当事人在合同期间届满前约定展期,则投保人不负告知义务。

(四)如实告知的内容、形式和方法

1. 如实告知的内容

如实告知义务的内容,从理论上说应限于与保险标的上的危险状况有关的重要事实。对于何谓"重要事实",基本上都采用了与1906年英国的《海上保险法》第18条基本相同的标准,即凡是能够影响一个正常的、谨慎的保险人决定是否承保或提高保险费率或增设特别条款的事实,都是投保人、被保险人应当告知的重要事实。

2. 如实告知的形式

在保险实务和保险立法上,对于告知义务的形式经历了一个从无限告知主义到有限告知主义的演变过程。所谓无限告知主义,又称自动申告主义,是指凡是事实上与保险标的有关的重要事项,不论保险人是否询问,告知义务主体都应向保险人告知。这种做法极易为保险人所利用来作为其拒赔的抗辩事由。事实上,在早期的保险实务中就经常有一些保险人在保险事故发生后,非常轻易地在保险理赔中找到投保人的陈述与保险标的实际危险状况不符的事实,并以此为由拒绝赔付,从而使投保人参加保险的目的落空。而这种现象的存在和蔓延最终影响到整个保险业的业务普及和增长,保险业行会不得不改变这种做法,采取有限告知主义。有限告知主义,又称询问告知主义,是指保险人就应当告知的重要事实向投保人或被保险人进行询问,投保人或被保险人仅就这些询问负有向保险人如实陈述的义务。这种做法一方面使告知义务的

[①] 保险合同作为一种特殊的专门合同,其规定的如实告知义务虽然十分重要,但它本质上是一种先合同义务,是当事人在缔约时必须遵守的义务,而不是在合同成立后必须遵守的履约义务。它与普通的民商事合同大不相同,普通的民商事合同规定的主要义务基本上都是履约义务而非缔约义务。

范围得以明确划定,解决了因告知范围模糊不清所导致的商业风险;另一方面,投保人、被保险人仅负有限的告知义务,与其实际的认知能力和水平相适应,有利于保护投保人、被保险人的合法权益,促进了保险业的发展。有限告知主义已经为各国保险立法和保险实务所接受,并成为保险业普遍遵循的规则。我国《保险法》第16条第1款规定,告知义务的形式采用询问告知主义。

3. 如实告知的方法

在现代保险实务中,投保人、被保险人告知义务履行的方法可以是书面的,也可以是口头的,但通常是书面的。由于保单和险种的不同,保险人在投保单或健康告知书中询问的问题也不同,但往往列举少则几十个,多达上百个大小不同的问题。投保人、被保险人通过填写投保单或健康告知书等形式,履行其如实告知义务。

(五)如实告知义务的违反及其后果

我国《保险法》第16条规定:"投保人故意或者因重大过失未履行前款规定的如实告知义务,足以影响保险人决定是否同意承保或者提高保险费率的,保险人有权解除合同。投保人故意不履行如实告知义务的,保险人对于合同解除前发生的保险事故,不承担赔偿或者给付保险金的责任,并不退还保险费。投保人因重大过失未履行如实告知义务,对保险事故的发生有严重影响的,保险人对于合同解除前发生的保险事故,不承担赔偿或者给付保险金的责任,但应当退还保险费。"由此可见,如实告知义务的违反,足以构成保险人解除合同的依据,具体分析如下:

1. 违反如实告知义务的情形

投保人一方违反如实告知义务的情形主要有两种:一种是投保人故意不履行如实告知义务,其表现形式可以是隐瞒事实、虚假说明、伪造事实等;另一种是过失未履行如实告知义务,如因疏忽或错误的认识而遗漏或作错误的、不完全的陈述等。

2. 违反如实告知义务的判断标准

要同时具备以下方面要件才能判定投保人一方违反了如实告知义务:

第一,投保人主观上应当存在故意或重大过失。投保人故意违反如实告知义务是指投保人明知保险标的和被保险人的有关情况而不告知或虚伪告知保险人的行为。故意违反如实告知义务,可以是作为,也可以是不作为。投保人重大过失违反如实告知义务是指投保人对保险标的和被保险人的情况应当知道,因其不注意或疏忽而没有知道,以致未能告知保险人的不作为。

第二,投保人违反如实告知义务在客观上足以影响保险人决定是否同意承保或提高保险费率。

第三,对于下列事项,除非保险人特别询问,投保人没有如实告知的义务:(1)保险风险的降低;(2)保险人已经知道或者在通常的业务活动中应当知道的;(3)经保险人申明不需要告知的;(4)投保人按默示或明示担保条款不需要告知的。

3. 投保人一方违反如实告知义务的法律后果

对于投保人一方违反如实告知义务的法律后果,目前世界上主要有合同无效主义和合同解除主义两种。我国采取了合同解除主义,即保险人得单方面解除双方之间业已成立或生效的保险合同,但应以适当的方式通知投保人。这里面又可以区分为两种情形:

(1)对于投保人故意不履行如实告知义务的,保险人在解除合同的同时,对合同解除前发生的保险事故,不承担赔偿或给付责任,并不退还保险费。而且,需要说明的是,这里并不要求未如实告知的事项与保险事故的发生有联系,即使未告知的事项对保险事故的发生没有严重影响,保险人也不承担责任。

(2)对于投保人重大过失不履行如实告知义务的,保险人在解除合同的同时,对合同解除前发生的保险事故,不承担赔偿或给付责任,但可以退还保险费。在这里有一个前提是未告知的事项对保险事故的发生有严重的影响,否则,保险人对于保险合同解除前发生的保险事故应当承担保险责任。

4. 投保人违反告知义务时保险人行使其解约权的限制

若允许保险人无限期地行使解约权,则可能导致保险人在缔约之际已知有违反告知义务的情形但仍然收取保险费,当保险事故发生时则主张解除保险合同,拒绝承担保险责任的不公平情形。保险法固然应当防范投保人的道德风险,但同时也应避免保险人的恶意投机的道德风险。因此,我国修订后的保险立法借鉴外国保险法的经验,对保险人解约权的行使期限加以限制。《保险法》第16条第3款规定:"保险人的解约权自其知道或应当知道之日起30日内不行使而消灭,但自保险合同成立之日起超过2年的,保险人不得解除合同;发生保险事故的,保险人应当承担赔偿或者给付保险金的责任。"

三、危险增加通知

(一)危险增加通知的含义和性质

1. 危险增加通知义务的含义

危险增加通知是指在保险合同成立后,当保险标的上的危险状况或危险程度明显超过当事人双方订立合同时的预期时,投保人或被保险人有义务及时通知保险人。危险的增加可以是主观的危险增加,如因投保人或被保险人的行为所致的危险增加,也可以是客观的危险增加,如因第三人的行为或自然力所致的危险增加,但无论如何,危险的增加都必须明显超过当事人订立合同时的预期,且持续一定的时间,而非转瞬即逝的短暂现象。我国《保险法》第52条规定:"在合同有效期内,保险标的的危险程度显著增加的,被保险人应当按照合同约定及时通知保险人,保险人可以按照合同约定增加保险费或者解除合同。保险人解除合同的,应当将已收取的保险费,按照合同约定扣除自保险责任开始之日起至合同解除之日止应收的部分后,退还投保人。""被保险人未履行前款规定的通知义务的,因保险标的的危险程度显著增加而发生的保险事故,保险人不承担赔偿保险金的责任。"

2. 危险增加通知义务的性质

危险增加通知义务是合同法的情势变更原则在保险法领域的具体体现,从某种意义上说,它实际上是投保人如实告知义务在合同成立后的延续。

尽管如此,但危险增加通知义务仍有别于投保人的如实告知义务。首先,如实告知义务是先契约义务,危险增加通知义务则是契约成立后的义务。其次,如实告知义务针对的是保险合同订立时保险标的上的危险状况,危险增加通知义务针对的则是保险合同成立后保险标的上明显增加的危险状况。最后,如实告知义务违反的后果是保险人得解除合同、拒绝赔付甚至不退还保费,而危险增加通知义务违反的后果则是保险人得终止合同,并对合同终止前因保险标的危险程度的增加而发生的保险事故拒绝承担保险责任。

危险增加通知义务与保险事故发生后的出险通知义务也不同。危险的增加与危险的发生是两个完全不同的概念,危险的增加意味着保险标的上的危险状况明显超过了当事人双方订立合同时的预期,保险人应当据此收取更高的保费,才能衡平当事人之间的利益。它既非当事人订立合同时所预期的危险的临近,也非危险的发生。因此,危险增加通知义务是在危险明显超过当事人预期时的一项附带义务,而保险事故发生后的出险通知义务则是在当事人所预期的危险成为现实时所负有的一项义务,是保险索赔的首要程序。

需要说明的是:与危险增加通知义务相反,当保险标的上的危险程度明显减少时,投保人、被保险人应有权请求减少保险费。对此我国《保险法》第53条规定:"据以确定保险费率的有关情况发生变化,保险标的危险程度明显减少的。除合同另有约定外,保险人应当降低保险费,并按日计算退还相应的保险费。"

(二)危险增加通知义务的履行时间和方式

危险增加的事实出现后,如果保险合同对通知的时间有约定的,投保人、被保险人应在合同约定的期间内通知保险人;合同对此无约定的,则应在人们通常认为合理的时间内通知保险人。通知的方式可以是口头的,也可以是书面或其他的方式,但合同有约定的,应依照合同约定的方式。

(三)违反危险增加通知义务的法律后果

我国《保险法》第52条第2款规定:"在合同有效期内,保险标的危险程度显著增加的,被保险人应当按照合同约定及时通知保险人,保险人有权要求增加保险费或者解除合同。"对这一法律后果,有两点需要加以说明:一是投保人、被保险人通知保险人后,保险人有权按照合理的标准要求增加保险费。二是只有在投保人拒绝增加保险费的时候,保险人才有权终止合同。[①]

四、保证

(一)保证的含义和性质

1. 保证的含义

构成最大诚信原则的基本内容的保证是指保险合同中投保人或被保险人就某些特别事项对保险人所做出的为一定行为或不为一定行为的许诺,或者担保某种事实状况存在或不存在。我国《保险法》对保证条款虽然未作明确规定,但根据第20条的规定,投保人和被保险人在第18条规定的保险合同事项外可以就与保险有关的其他事项作出约定,而这里所谓的其他事项当然应包括保证事项。如果说《保险法》第18条规定的是保险合同的基本条款,那么《保险法》第20条规定的则是包括保证条款在内的特约条款。在我国保险实务中,无论是财产保险合同,还是人身保险合同,都不乏保证条款等特约条款。保证的功能主要有两个:一是确保投保人、被保险人从事或继续从事那些有助于风险控制的良好活动。二是确保投保人、被保险人不从事那些超出当事人预期风险或增大保险危险的活动。通过保证条款,保险人将其承保的风险控制在与其所收取的保险费相当的程度内。

2. 保证的性质

保险合同中的保证不同于一般商品买卖合同中的保证。在一般的商品买卖合同中,保证往往是附随义务,违反了保证的法律后果是违约方要承担损害赔偿责任,而不能终止合同;但违反保险合同中保证的法律后果是保险人可以终止保险合同,但无权要求损害赔偿。

保险合同中的投保人一方的保证义务也不同于如实告知义务。虽然如实告知义务与保证都是对投保人一方的要求,但如实告知是法定的先合同义务,告知并不构成保险合同的主要内容,因为保险合同一旦成立,投保人或被保险人的如实告知义务即告终止。告知可以是口头的,也可以是列于投保单或告知书上的,其目的在于协助保险人"了解风险",投保人告知的事项须为重要事项,即必须对保险人承保与否或提高保险费率有影响的事项,才是投保人应当告知的事项;而保证条款则是保险合同中的约定条款,投保人、被保险人根据该条款所负的义务为约定义务,保证事项必须于保

[①] 《保险法》第52条第1款规定了投保人拒绝增加保险费时,保险人得"解除合同"。我们认为,当投保人违反如实告知义务时,保险人可解除合同,此时合同解除使得保险合同具有溯及合同成立时消灭的效力;而危险增加时的合同解除则仅仅有"危险增加"发生之后才嗣后消灭保险合同的效力,因此用"终止合同"这一概念更为科学。

合同中规定。保证条款的目的在于方便保险人"控制风险",究竟何种事项可以被约定为保证事项,法律并无强制性的规定。从控制风险的实际需要出发,只要经过投保人和保险人双方协商一致,一些人们认为并不重要的事项也可能成为保证事项,这与如实告知义务的内容必须是重要事项有着明显的区别。

(二)保证的分类

根据保证事项约定的方式,我们可以将其分为明示保证和默示保证。

1. 明示保证(express warranty)

投保人或被保险人在保险单或其附件中,对于某一特定事项明确表示担保其真实性,即谓明示保证,也称之为特约条款或保证条款。明示保证又有确认保证和承诺保证之分。确认保证(affirmative warranty),是指投保人对过去或现在某一项特定事项存在或不存在的保证。如信用保险的被保险人保证其参加保险之前没有诈骗、盗窃、抢劫等财产犯罪的前科;健康保险的被保险人保证其加入保险之前确实注射过预防某种疾病的疫苗;火灾保险的被保险人约定其投保的房屋内未储藏燃油等易燃易爆的物品;承诺保证(promissory warranty),是指投保人、被保险人对将来某一特定事项的作为或不作为的保证,如意外伤害的投保人保证其在保险期间内不从事探险、跳伞等危险运动;盗窃保险中约定保险期间内防盗警报系统处于正常工作状态等。

一项保证究竟是确认保证还是承诺保证,保险合同对其性质有明确约定的,依其约定;保险合同约定不明的,则通常从有利于投保人、被保险人的利益立场出发,推定为确认保证。如投保人担保在其建筑物内不准吸烟,但以后证明其财产被焚是因吸烟而发生,保险人仍应负赔偿责任。因为投保人仅说明订立合同的当时,故其保证应属确认性质。如欲使其保证为承诺保证,则必须以条款方式明确记载于保险单之中。美国法院曾对此确立了一项普遍遵守的原则,即"除非当事人明确规定是承诺保证,否则应推定为确认保证,俾有利于投保人。"在 Smith V. Mechanics and Iraders Fire Ins. Co. 一案中,投保人就其所有的二层楼建筑物投保火险,投保时说明该项建筑物是用于纺纱、染色及储藏棉纱,并经保险人约定为保证。火灾发生时,投保人已停止使用,保险人以其违背保证拒绝赔偿。法院认为投保人是就投保当时标的(建筑物)的使用情况进行保证,而非就该建筑物今后继续为同一使用而进行承诺保证,保险人若欲确保投保人于投保后不变更标的的使用方式,应于保单上载明。

2. 默示保证(implied warranty)

投保人或被保险人对于某一特定事项虽未明确表示担保其真实性,但该事项的真实存在是保险人决定承保的依据,并成为保险合同内容之一的,即默示保证。默示保证与明示保证具有同等的法律效力,主要限于海上保险方面。海上保险的默示保证,通常包括下列三项:一是保证有适航能力(seaworthiness),即船主为其船舶投保水险时,保险船舶的构造、设备、驾驶管理人员等均须合乎安全标准,并具有适当的能力。二是保证不绕航(no deviation),即被保险人保证其船舶行于经常与习惯的航道中,除非因躲避暴风雨或救助他人等,才可改变其航道。三是保证航程具有合法性(legality),即被保险人保证其船舶不用来从事非法经营或载运违禁药品等。这些保证,虽然未在保险单中明确规定,但是按保险合同的性质、保险法的规定或保险活动的惯例,作为保险人承保的根据,并成为保险合同的内容的,应当真实存在的某种事项或投保人、被保险人必须履行某些事项。

（三）违反保证的法律后果

投保人、被保险人违反保证时会产生何种法律后果,我国《保险法》未作规定,但根据《保险法》的一般原理和保险实务的通常做法,可分为以下几种情形：

(1)投保人、被保险人违反确认保证事项的,保险人有权解除保险合同,合同解除的效力溯及保险合同成立之日。已经收取的保险费是否退还,则取决于投保人、被保险人是故意还是过失违反确认保证。原则上投保人、被保险人故意违反保证条款的,保险人不退还保险费;过失违反保证条款的,应退还保险费。对保险合同解除前已经发生的保险事故,保险人不承担保险责任。

(2)投保人、被保险人违反承诺保证条款的,保险人有权终止保险合同,保险合同终止的效力只应溯及投保人、被保险人违反承诺保证之日,合同终止前已经收取的到期保险费,保险人不必退还,但未到期的预收保险费应当退还。对保险合同终止前已经发生的保险事故,保险人应当承担保险责任。

(3)投保人、被保险人违反默示保证的也可根据其违反的是过去事项的保证、现在事项的保证或将来事项的保证,产生相应的法律后果。

需要说明的是,因客观情况的变化(情势变更)使投保人、被保险人无法履行保证事项,或因法律、法令的修改使投保人、被保险人不能履行保证事项,或履行保证会违法时,应当免除投保人、被保险人的保证义务,保险人不得以投保人、被保险人违反保证事项为由解除或终止合同。此外,投保人、被保险人虽然违反保证事项,但保险人对此知道或应当知道而放弃相应权利的,亦不得再于保险事故发生后解除或终止合同。

五、醒示与醒意

（一）醒示

1. 醒示的含义

醒示与醒意都是与告知相对应的概念。告知是投保人、被保险人的法定义务,醒示与醒意则是保险人的法定义务。所谓醒示,是指合同订立时保险人负有的向投保人说明保险条款的义务。我国《保险法》第17条明确规定:"订立保险合同,采用保险人提供的格式条款的,保险人向投保人提供的投保单应当附格式条款,保险人应当向投保人说明合同的内容。"保险法之所以规定保险人负有醒示义务,一方面是因为保险合同是格式合同,其条款通常由保险人单方面事先拟定,投保人投保时通常只能消极地接受;另一方面是因为保险合同的条款具有很强的技术性和专业性,保户很难全面、准确地理解其含义。而通过保险人的说明,则可以最大限度地在投保人与保险人之间达成合意,既有利于合同的订立和履行,又有利于防止不必要的误会和无谓的纠纷。

2. 醒示的性质

与告知义务一样,醒示义务本质上是一项先契约义务。该义务既可通过保险公司内部的保险业务员来履行,又可借助保险公司外部的保险代理人来履行。其履行的时间为保险合同成立前,即保险合同订立的过程中。至于保险人说明到何种程度才能被认为尽到说明义务,法律并无规定。我们认为,保险人的醒示义务只是一般的说明义务,其说明程度应按照保险行业的惯例加以衡量,不应要求过严或过高,不能期望通过保险人的说明即可使投保人对保险条款完全理解,只能期望投保人借此能够对保险条款有一个基本正确的认识,而不致产生误解。事实上,即使保险业务员或保险代理人甚至保险专家,都不可能对保单上的所有条款有绝对准确和完全正确的理解。值得注意的是,醒示义务履行的举证责任应由保险人承担。

3. 违反醒示义务的后果

关于违反醒示义务的法律后果,《保险法》没有规定。我们认为,可以按照合同法上的缔约过失责任规则进行处理,使保险人承担返还保费、赔偿损失等缔约过失责任。

(二)醒意

1. 醒意的含义与作用

我国《保险法》第17条第2款规定:"对保险合同中免除保险人责任的条款,保险人在订立合同时应当在投保单、保险单或者其他保险凭证上作出足以引起投保人注意的提示,并对该条款的内容以书面或者口头形式向投保人作出明确说明;未作提示或者明确说明的,该条款不产生效力。"保险人对保险合同中免责条款的这一明确说明义务,学理上称之为醒意义务。

保险合同为附合合同与最大诚信合同,与投保人的如实告知义务相对应,保险人负有醒意义务。二者均为诚信原则的应有之义,缺少任何一项,投保人与保险人之间就难谓真正的合意。保险人的醒意义务规范扩展了我国合同无效制度的外延,衡平了投保人与保险人双方的利益,体现了现代商法保护弱者的基本原则,保障了投保人对保险合同条款的知悉权和保险险种的选择权,有助于防范保险欺诈和销售误导行为,维护保险秩序。

2. 醒意的范围与时间

保险合同的免责条款,根据不同标准可分为不同种类。

依免责条款在保险合同条款中规定的方式不同,可分为抗辩条款和除外责任条款。抗辩条款系因投保人、被保险人未履行保险合同中的某项附随义务,保险人可以此为由拒赔,它一般以分散的方式规定。如机动车辆保险条款中规定,保险事故发生前投保人未依约缴纳保费,保险人对保费缴纳前发生的保险事故有权拒赔。除外责任条款是指为避免投保人的误会而在保险合同中专门列明的与保险责任相似但保险人不承保的危险,在保险合同条款中一般设专章或专节加以规定。此为狭义的免责条款,如机动车辆保险条款中的自燃危险免责条款。

免责条款依其是因袭法律规定或系当事人另行约定,可分为法定免责条款和约定免责条款。保险合同中规定的免责条款如系《保险法》《海商法》及其他法律规定的延伸者,为法定免责条款。如机动车辆保险条款中规定的被保险人及其驾驶人员的故意行为所致损失和费用,保险人不负赔偿责任,是承袭《保险法》第 27 条第 2 款的规定。约定免责条款一般系保险人为控制承保风险而订入保险合同的。如机动车辆自燃危险,及两轮摩托车、轻便摩托车停放期间翻倒所致损失,保险人不负责任,均为约定免责条款。

醒意的范围,即醒意义务应当适用的范围。法定免责条款系法律对保险合同当事人所直接作出的行为规范,具有普遍的约束力。对法律的无知,不能作为否定法定免责条款效力的借口。因此,法定免责条款无论是否被保险合同条款所引用,投保人均不得违反,也不得援引保险法的醒意义务,以保险人未明确说明为由,主张其无效。我们认为,保险人的醒意义务应仅适用于约定的、狭义的免责条款。至于约定的抗辩条款,适用醒示义务似乎更为公平、合理。

保险人可以通过保险业务员或保险代理人履行醒意的义务。醒意义务应当在保险合同成立前履行,即在保险合同订立的过程中履行。订立保险合同时,保险人未说明的,为醒意义务的违反。

3. 醒意的标准及方式

保险人的醒意义务标准有主观标准和客观标准。主观标准以保险人的主观认识即自我感觉为判断标准,显然此标准非《保险法》第 18 条之立法本意,不应采纳。客观标准以相对人对免责条款的理解为标准。此标准又可分为个别标准和一般标准。个别标准以具体保险合同中特定投保人对保险人所作说明可以理解为标准。一般标准则根据通常情况下具有一般知识的人,在我国可为接受过初中以上教育的人,对保险人所作说明能够理解为标准。我们认为,保险人醒意义务应采用一般客观标准。根据此标准,保险人有义务将免责条款向投保人作完整、客观、真实的解释。保险人醒意义务不仅是提醒投保人阅读有关免责条款,而且是对免责条款内容、术语、目的及适用等方面予以具体的解释。

保险人醒意的方式可以是书面说明、口头说明、播放视听制品说明等。保险人应不断提高业务水平,增强证据意识,注意积累、保存和醒意义务履行的有关证据,维护自己的合法权益,防止因举证不能而扩大经营风险。但保险人仅仅在保险单上附有完整的保险条款,在投保单中以书面形式提示"投保人应仔细阅读除外责任、被保险人义务等有关内容",则不能认为其已履行了醒意义务。投保人在投保单和保险单上签字盖章,按照约定缴纳保险费等,也只能成为保险合同成立的证据,而不能证明保险人履行了醒意义务。

4. 违反醒意义务的后果

保险人违反醒意义务的,按照我国《保险法》第17条第2款的规定,仅仅导致保险合同约定的免责条款无效,并不导致整个保险合同失去效力,即保险人不得援用保险合同中有关的免责条款而拒绝承担保险责任。

六、弃权与禁止反言

保险人可以以投保人、被保险人的欺诈、隐瞒、错误、不如实告知义务、违反保证条款等为由解除、终止保险合同或拒绝承担保险责任。但是,为了防止保险人滥用上述权利,平衡保险人和被保险人双方的权益、实现法的公平正义的价值目标和最大诚信的基本原则,法律规定在某些情况下保险人也可能会丧失他本来可以主张的解除权、终止权或拒赔权等抗辩性权利。这主要有弃权和禁止反言。

(一)弃权

1. 弃权的含义与分类

民法上的弃权是指有意识地放弃一项已知的权利。在保险法上,弃权是指保险已知其有解约权和终止权、拒赔权等合同权利,但他明示或默示地放弃这些权利。

保险法上的弃权,根据其是否需要提供相应的对价,可分为无对价的弃权和有对价的弃权。无对价的弃权是指不需要提供任何对价就可以具有法律约束力的弃权。例如,被保险人在规定的期限届满后才发出的损失通知或提供损失证明,而保险人对此未提出异议就予以赔付,则保险人就放弃了自己拒绝赔付的权利。

而有对价的弃权,又称承诺弃权,是指投保人或被保险人须支付对价,保险人才肯放弃权利。例如,火险保险单通常要求承保的房屋无人居住或无人使用不能超过一定期间;否则,保险人可以终止合同。投保人可以在保险合同生效后要求保险人放弃因此而终止保险单的权利,保险人则可要求投保人因此而增加保费。此时,增加的保费就是保险人弃权的对价。

2. 弃权的构成要件

一般而论,保险人的弃权的构成应当同时具备以下要件:

(1)保险人知悉或应当知悉投保人、被保险人存在违反义务或条件的事实。只有当投保人或被保险人存在违反法定义务、保单条件或其他违约的事实时，保险人才能据此主张解除合同、终止合同或拒绝赔付。因此，如果投保人、被保险人不存在违反义务或条件的情形，则保险人无相应的权利，更不可能去放弃这些权利。

(2)保险人须有弃权的意思表示。保险人弃权的意思表示可以是明示的，如书面或口头通知放弃一项已知的权利；也可以是默示的，如从保险人的行为中推知其弃权的意思。保险人一旦知悉投保人、被保险人违反义务或条件的情况，就必须立即采取适当的行动。不采取行动或采取错误的行动，都可能被看成保险人的弃权。

(3)必须是保险人可以放弃的权利。保险人可以放弃自己在保单上享有的权利，如放弃要求"被保险人在约定的期限内发出损失通知"的权利；放弃"被保险人不完成体检保单不生效"的权利；等等。但并非保单上的任何权利保险人均可放弃，保险人不能放弃那些保护公共利益或贯彻公共政策的权利，如保险法有关保险利益的规定、人身保险须经被保险人及其监护人书面同意的规定、受益人故意杀害被保险人应当丧失受益权的规定等。

保险人只能放弃其权利而不能放弃其未承担的义务。弃权规则仅适用于保单承保的危险，不适用于保单未承保的危险或保单中的除外危险。没有风险的对价，就没有保险人的赔付责任。投保人对于未承保的危险和除外危险未付出任何对价，本来就不是保险人承保的责任，当然也不是保险人的权利，因此，不存在放弃的问题。弃权规则适用的目的是维护被保险人应有的权益，而不是扩大保险人承保的危险。

3.弃权的法律后果

保险人弃权一旦构成，就在保险人与投保人、被保险人或受益人之间产生一定的法律后果。根据弃权的不同情形，其法律后果大致有以下几种：

(1)合同解除权的放弃。投保人有违反义务或条件的情形，保险人知悉或应当知悉，本可主张解除合同，但以明示或默示的方式放弃了解除合同的权利，则当保险事故发生时，保险人就不得再以投保人违反义务或条件为由主张解除合同，拒绝赔付。

(2)合同终止权的放弃。投保人有违反义务或条件的情形，保险人知悉或应当知悉，本可主张终止合同，但以明示或默示的方式放弃了终止合同的权利，则当保险事故发生时，保险人就不得再以投保人违反义务或条件为由主张终止合同，拒绝赔付。

(3)拒绝赔付权的放弃。投保人有违反义务或条件的情形，保险人知悉或应当知悉，本可拒绝赔付，但以明示或默示的方式放弃了拒绝赔付的权利，则保险人不得再以投保人违反义务或条件为由拒绝赔付或赔付后请求被保险人或受益人返还其所受领的给付。

(二)禁止反言

1.禁止反言的含义和分类

(1)禁止反言的含义。

禁止反言,又称失权或禁止抗辩,是指一个人向另一个人作了某种承诺,为了保护善意信赖该承诺的人的利益,法律禁止承诺人反悔,即承诺人失去了反悔或抗辩的权利。禁止反言是一个来源于英美法上的衡平法的概念,其目的不是惩罚欺诈或错误,而是在合同双方之间公平、合理地分担损失。保险法中的禁止反言是指保险人就某种事实向投保人、被保险人作了错误的陈述,并为投保人或被保险人合理地信赖,以至于如果允许保险人不受其陈述的约束将损害投保人或被保险人的权益时,保险人只能接受其所陈述的事实的约束,失去反悔的权利。

(2)禁止反言的分类。

根据英美法的实践,禁止反言可分为并行禁止反言和公平禁止反言。[1]

①并行禁止反言是指诉讼双方当事人通过诉讼所取得的对一问题的裁决将对于其后涉及本质相同的两方之间的诉讼具有法定约束力,也就是说,对这个后续诉讼中的问题的裁决事实上已经在先前的诉讼中做出,那么,相同的问题不需要审判两次。并行禁止反言是建立在这样一种理论上的,即如果已经存在着对一个问题完全的和最终的判决,就不应该允许双方对相同的问题再进行诉讼。保险人常常使用这一规则,在第一个诉讼胜诉之后,以并行禁止反言为理由对抗其他原告的诉讼。例如,在公共汽车事故中,几个乘客分别对同一个司机提起诉讼,在一般情况下,一旦该司机对其中一个乘客被判无过失,则在其他乘客的后续诉讼中不能重新审判这一问题。

②公平禁止反言是指如果一方以某种方式主张权利或采取某种立场,他受这一最初立场的约束,并且不能在以后遇到本质相同的问题时采取相反的立场。例如,一个保险人以某种方式解释保单条款,并且胜诉,那么在日后相同的条件下,他不能以另一种方式解释保单条款以解除自己应承担的保险责任。以涉及石棉的责任保险诉讼为例,保险人在第一个诉讼中主张受害人的症状引发保单项下的责任,即如果症状出现于保单期间,保险人就负赔偿责任;症状出现于保险期间之前或之后,保险人均不负赔偿责任。显然,保险人的这种主张是因为受害人的症状出现于保单终止之后,保险人不打算承担赔偿责任。假定保险人在这个案子中胜诉,可后来他在另外一个诉讼中主张他的保单项下的责任是由受害人最初接触石棉引发的,这就是说最初暴露于石棉环境中是发生在保单期间,保险人就负赔偿责任,发生在此之前或之后则不负赔偿责任。在这个案子中,最初接触石棉发生在保单出具之前很久,而症状则出现在保单期间,保险人在后一案子中的主张显然也是想逃避责任。根据公平禁止反言规则,保险人以一种方式主张其保单项下责任的产生并胜诉,使他失去了日后为避免承担保单项下的责

---

[1] 陈欣:《保险法》,北京大学出版社2000年版,第91—92页。

任而对责任产生相反的方式作出解释的权利。

2. 禁止反言与弃权的区别[①]

在英美等国的保险法中,禁止反言又称"失权",与弃权有着相同的法律后果,都导致保险人无法使用本应有的抗辩理由拒绝承担保险责任。二者的主要区别在于:

(1)性质和基础不同。

弃权本质上是合同行为,其基础是双方之间的协议,而禁止反言本质上属于侵权的范畴,其基础是一项错误的陈述。

(2)目的和效果不同。

弃权使放弃权利一方的意图产生效力,而禁止反言被强制执行则使禁止反言一方的不公平意图无效。

(3)适用的原则不同。

弃权受口头证据原则的约束,但禁止反言不受此原则的约束。口头证据原则不是关于证据的原则,而是关于合同解释的原则。根据口头证据原则,一旦最终书面合同达成,此前全部口头或书面洽谈和协议被认为完全融入书面合同之中,最终书面合同是双方当事人的合意的最终和完整的陈述。弃权本质上是合同行为,所以要受口头证据原则的约束。因此,一项弃权不能由书面保险合同或保单订立之前或订立时的口头证据予以证明。以保单生效之前或生效之时的保险人词语或行为主张成立的弃权协议,一俟保险合同成立即告消灭。因此,法庭不接受这种使弃权成立的口头证据。口头证据原则不适用于禁止反言。因为禁止反言是产生于英美法中衡平法上的一种救济方式,是合同之外附属于合同的,禁止反言的基础是不公平的行为。任何可以产生禁止反言的词语或行为都可以为口头证据所证明,无论它们是发生在正式合同订立之前还是订立之后。

3. 禁止反言的构成要件与法律后果

(1)保险人禁止反言应当同时具备以下构成要件:

第一,保险人或其代理人曾就保险合同的有关重要事项对投保人或被保险人为错误或虚假的陈述。

第二,投保人或被保险人对保险人的该项陈述产生了合理和善意的信赖。换言之,保险人或保险代理人的虚假说明误导投保人或被保险人。所谓善意和合理的信赖,是指因投保人或被保险人不知道或因其认识能力不可能知道保险人或保险代理人的陈述是错误或虚假的,而实施某种如果其知道就不可能实施的行为。如果投保人或被保险人存在恶意,或与保险代理人恶意串通,欺诈保险人,则不能构成禁止反言。正

[①] 陈欣:《保险法》,北京大学出版社 2000 年版,第 92—93 页。

如英美法谚所云,"请求衡平救济者,须善意无辜"。

第三,如果保险人的该项陈述不具有法律约束力,将会给投保人或被保险人造成损害。在保险实务中,如果保险人的错误或虚假陈述不具有法律拘束力,往往使善良无辜的投保人或被保险人参加保险的目的落空,有违其投保的初衷,在投保人、被保险人与保险人之间产生利益分配的明显不公。

(2)禁止反言的法律后果。

一旦具备禁止反言的构成要件,投保人、被保险人或受益人即可主张禁止反言,其法律后果在于,保险人不得以被保险人一方的陈述错误或虚假为由,主张保险合同解除、无效或拒绝对被保险人或受益人的赔付请求。

4. 适用禁止反言的情形

通常保险人有下列情形之一的,可产生禁止抗辩的法律后果。

(1)保险代理人代替投保人填写投保申请书时,为使投保申请容易为保险人接受,故意将不实的事项填入投保申请书或隐瞒某些重要事项,投保人对此并不知情,或虽有疑问,但经保险代理人错误解释后而善意信赖。

(2)保险人或其代理人对投保申请书或保单条款作错误的解释或虚假的说明,使投保人信以为真的,则保险事故发生后,保险人不得以其解释错误或说明虚假进行抗辩,拒绝赔付。如投保人欲将其在承保土地上搭建的用以烤制烟叶的房屋投保房屋保险,保险代理人明知该房为生产用房而非住宅用房,不能投保住宅保险,但仍对投保人解释只要该房是投保人自己的房屋即可参加房屋保险。保险人按照住宅保险收取保险费,签发保险单。在保险期间内,承保房屋出险,被保险人请求赔付,根据禁止反言规则,保险人不得以该房为非住宅用房,不符合承保条件,而退还保费,拒绝赔付。

(3)保险人或其代理人对被保险人的身份或职业进行错误的分类,但被保险人不知道或未经被保险人同意的。如投保人甲为其儿子乙投保人身意外伤害保险时,向保险代理人如实告知乙在某体育学校足球队任队长,课余为甲推销商品。保险代理人错误地将乙分类为推销员,甲对此并不知情。在保险期间内,乙参加足球比赛时右脚严重骨折,则保险人在收到乙的索赔请求后,不得以对被保险人身份或职业分类错误为由进行抗辩,拒绝赔付或推诿责任。

(4)保险人或其代理人表示已按照投保人或被保险人的请求为某一行为,但事实上未实施,并为投保人或被保险人合理信赖的。例如,被保险人将保险单送交保险人批注,保险人返还保单时表示已经批注,但实际上并未批注,投保人或被保险人对此未加留意,在保险事故发生后才发现保险人未批注。此时,保险人不得以保险单未经批注为由,对被保险人的索赔请求进行抗辩。再如,投保人向保险人的代理人请求将标准火险保单中房屋空置时间扩展至180天。保险代理人通知投保人说他已经取得了所要求的附加保障,而事实并非如此,保单中并不包含投保人所要求的附注条款,保险代理人也无权免除保单中的保证。但是无辜的投保人相信了保险代理人的错误陈述,保险代理人的这种表示造成了保险人的禁止反言。损失发生后,保险人不得以被保险人违反该项保证为由对其索赔请求进行抗辩。

第三节 财产保险中的损失补偿原则

一、损失补偿原则的含义与意义

(一)损失补偿原则的含义

损失补偿原则又称为损害填补原则,它是财产保险合同特有的原则,是指在财产保险合同的发生约定的保险事故时,保险人应当按照合同约定对保险事故给被保险人造成的实际损失给予补偿,以实现投保人投保的目的和保险的经济补偿职能。

损失补偿原则是财产保险的一项基本原则,意味着"无损害,即无补偿",保险补偿额受到实际损害程度、保险金额和保险利益等限制。各国保险法普遍确立了财产保险合同的损失补偿原则,我国《保险法》也不例外。有关财产保险合同的保险标的的价值、超额保险、重复保险、保险利益、保险人代位求偿权等规定直接体现了这一原则。

(二)损失补偿原则的意义

(1)满足投保人、被保险人的合法利益。发生保险事故的被保险人借助于保险人的经济补偿,得以弥补损失、恢复生产、稳定生活,实现了参加保险的初衷。

(2)防范投保人、被保险人的道德风险和赌博行为。只有受到实际损害的被保险人才能获得保险补偿,如果一个被保险人没有遭受实际的损害,则不能得到任何补偿。同样,一个人也不能从保险中获得大于损失的利益。保险法和保险合同对重复保险、超额保险进行相应的规范,防范投保人、被保险人的道德风险和赌博行为。

(3)促进保费负担的公平合理,保持保险经营的稳定。通过保险金额的约定,既可限定保险人的赔付金额,又能公平、合理地计算保险费,有助于减少保险人的经营风险,维持保险经营的稳定。

二、损失补偿的范围

损失补偿的范围主要包括实际损失、施救费用和其他费用。

(一)实际损失

实际损失是指保险事故发生时,保险标的所遭受的实际经济损失。在财产保险中,保险人的最高赔付金额以保险金额为限。实际损失数额小于保险金额的,保险人按照实际损失数额赔付。实际损失数额的计算,一般以损失发生时受损财产的实际现金价值为准;当事人另有约定的,按照当事人的约定计算实际损失数额。

(二)施救费用

施救费用是指保险事故发生后被保险人为防止损失或减少保险标的的损失所支付的必要的、合理的费用和有关诉讼支出。我国《保险法》第57条第2款规定:"保险事故发生后,被保险人为防止或者减少保险标的的损失所支付的必要的、合理的费用,由保险人承担;保险人所承担的费用数额在保险标的损失赔偿金额以外另行计算,最高不超过保险金额的数额。"

(三)其他费用

其他费用是指施救费用之外的保险人或者被保险人为查明保险事故的性质、确定保险标的的损失所支付的检验、估价、出售等费用。我国《保险法》第64条规定:"保险人、被保险人为了查明和确定保险事故的性质、原因和保险标的的损失程度所支付的必要的、合理的费用,由保险人承担。"第66条规定:"责任保险的被保险人因给第三者造成损害的保险事故而被提起仲裁或者诉讼的,除合同另有约定外,由被保险人支付的仲裁或者诉讼费用以及其他必要的、合理的费用,由保险人承担。"该项费用应与实际损失、施救费用分别计算,只要是合理的、必要的,均应由保险人承担。

三、损失补偿的方式

损失补偿的方式通常由保险合同的当事人在财产保险合同中约定。在保险实务中,保险人主要采用以下四种补偿方式:

(一)现金赔付

现金赔付是保险实务中采用最多的损失补偿方式。对责任保险、信用保险、保证保险等无形财产保险和人身意外伤害保险、疾病保险等人身保险[①],保险人采用现金赔付的方式补偿被保险人、受益人的损害。现金赔付的特点在于,能够方便、及时地补偿因保险事故发生所造成的损害,损失补偿额计算准确、给付简便、效率较高。

(二)修理

在某些有形财产保险业务,如机动车辆损失保险中,当保险标的发生部分损失或部分零部件损坏时,经当事人双方协商确定修理项目、方式和费用后,保险人可以委托有关维修商对受损的保险标的物进行修理,被保险人也可在定损金额范围内自行选择维修商修理,有关费用则由保险人负担。这种补偿方式具有比较经济的特点,但比较

---

① 一般认为,人身意外伤害保险、疾病保险等保险不同于一般的人身保险,它们实际上具有财产保险合同的性质和特点,因此,也适用损失补偿原则。

烦琐。如果管理不善或控制不严,则会诱发被保险人和维修商的道德风险。

(三) 更换

在某些有形财产保险业务中,如玻璃保险、汽车保险中,当保险标的物因保险事故的发生而遭受损害时,保险人可以采用替代、更换的方式,对受损的保险标的物部分或全部予以更换。采用这种方式时,保险人通常会考虑保险标的物的使用年限,进行相应的折旧,享有一定的折扣。其特点是比较经济,但会因此而产生一定的管理费用。

(四) 重置

重置是指对被保险人因保险事故的发生而受损的保险标的物,由保险人负责重新购置与原物等价的物,以恢复被保险人的原有财产状态。这种方式主要用于不动产保险和一些普通财产保险。采用重置方式时,保险人虽然可以考虑原标的物的自然损耗和使用折旧,享有一定的折扣,但保险实务中一般不扣减这部分金额。由于重置方式要求被保险人重新购置的物与原标的物基本相同,重置费用又不受保险金额的限制,一方面极大地限制了其适用的范围和场合,另一方面,保险人可能面临更大的违约风险,因此,保险人并不乐于采用这种补偿方式。在我国机动车辆损失保险实务中,一些保险公司承保时按照新车购置价确定保险金额,采用不定值保险方式,出险时无论承保车辆是全损还是部分损失,均扣除折旧,并根据出险时承保车辆的实际价值确定和支付赔付额。这种做法实际上否定了重置条款,对被保险人明显不公,常常引起保户不满,导致保险纠纷。

第四节 保险理赔中的近因原则

一、近因原则的含义

保险理赔中的近因是指只有在保险事故的发生和被保险人的损失结果的形成与保险人承担的风险有直接的因果关系的情况下,保险人才对损失承担责任。简言之,近因是指承保风险是保险事故发生和损失造成的直接原因。保险法上的"近因"不是"时间上最近",而是"效果上最近",即对保险事故的发生起决定性作用的原因;反之,对保险事故发生起间接、次要作用的是远因。

二、近因原则的意义

在保险理赔过程中,被保险人或受益人最关心的是能否向保险人请求给付保险金,保险人最关心的也是自己是否应该承担给付保险金的责任。因为保险事故的发生,并不是保险人承担责任的充分条件,保险人应不应该承担给付保险金,还要看导致保险事故发生的原因是否属于保险人承担的风险范围,即该承保风险与保险事故发生有无因果关系。近因原则作为保险理赔时确定损失原因与损失结果之间关系的基本准则,对保险人、被保险人和受益人都具有重要的意义:一方面,这一原则可使得保险人仅负责赔偿承保危险作为近因所造成的保险标的的损失,对于承保危险作为远因所造成的保险标的的损失不承担赔偿责任,从而避免了被保险人或受益人为谋取不当利益而提出不合理的索赔;另一方面,被保险人或受益人可以防止保险人以损失原因是远因为借口,解除保单项下的责任,逃避其应承担的赔付责任。

三、近因的认定

(一)近因的一般认定

在保险法上,近因不是时空上最接近于损失的原因,而是效果上最接近于损失的原因。近因是指导致承保损失的有效的、支配性的、决定性的原因。除非存在着这种原因,否则,损失根本不可能或几乎不可能发生。损失是原因的必然结果或自然延续,而原因则是损失的先决条件。但是,如果这个条件或原因仅仅是增加了损失的程度或扩大了损失的范围,则该条件或原因不能构成近因。

判断一项损失是否属于承保损失,比较容易。判断一项损失是否为承保危险所引起,在一因一果和一因多果的情况下也比较容易。如果这一原因属于承保危险,保险人则应当承担赔付责任。如果这一原因属于除外危险或不属于承保危险,则保险人不承担赔付责任。在多因一果和多因多果的情况下,原因与结果的联系具有复杂性,此时两个以上的原因可能连续发挥作用、间断发挥作用或同时发挥作用,如何确定承保损失的近因,变得异常复杂。人们常常将因果联系比作链状,但更形象、更准确地说,因果关系不是链状的,而是网状的。在因果关系的网状结构的每一点上,各种因素已经并正在交织在一起,且从每一交汇点呈放射状无限延伸出去。在各种因素的汇集处,需要我们根据事实确定汇集在这一点上的哪个或哪些因素是近因、哪个或哪些因素是远因。

在近现代保险实践的早期,人们对近因的认定一般采取远因排除规则,简单地排除与承保损失空间上距离过远和时间上间隔过久的原因,剩余的原因即为近因。由于这一规则并未真正抓住近因的核心,因此后来逐渐演变为直接认定近因的规则,即以效果上的远近而非时空上的远近作为认定近因的一般标准。如果是由于多种原因导致保险标的的损失,就应当从多种致损原因中确认处于支配地位、具有决定性作用的原因是近因。一般来说,近因认定的方法可归纳为逆向法和顺向法两种。逆向法是指从损失开始,逆着事件链的方向,在事件链的每一个环节都自问一句:"为什么事件会发生?"只要事件链不中断,就能一直追溯到最初的事件——近因。顺向法是指从最初的事件开始,顺着事件链的方向,在事件链的每一个环节都认真思考一下:"合乎逻辑地发展下一个事件可能是什么?"如果答案把我们从第一个事件依次引向下一个事件,直至最后的事件,那么第一个事件就是损失的近因。如果在这一过程的某一阶段上,链上的两个环节之间没有明显的联系,事件链就会中断,损失的近因就不是第一个事件,而是另外的事件。

(二)近因的具体认定

当单一原因导致承保损失时,这一原因就是近因。保险人是否应承担赔付责任取决于这一原因是否属于承保危险。因此,只有当同时存在多个致损原因,损失可能归咎于其中一个或数个原因时,通常才需要适用近因原则。

(1)多个原因连续发生。多个原因连续发生,后因是前因自然的结果或合理的惩继,则前因是具有支配性的、有效的原因,无论后因是否属于承保危险,保险人的损失赔偿责任都取决于具有支配地位的前因是否属于承保危险。此时,近因是效果中最接近于损失,而非时间上最接近于损失的原因。

(2)多个原因间断发生。多个原因相继发生,前因与后因之间不相关联,后因不是前因自然的结果或合理的延续,而是一个新产生的、独立的干预原因,因果链条因新干预原因的出现而中断,前因被新干预原因所取代,变成远因而非近因,后因则是具有现实性、支配性和有效性的原因。远因是否为承保危险,或要是没有远因就不会发生损失都不重要。如果后因是承保危险,保险人就负赔偿责任;反之,则不承担赔付责任。此时近因不仅是效果上的近因,而且是时间上的近因。

(3)多个原因同时发生。多个原因同时发生导致承保损失,而且这些原因对承保损失都有现实的、有效的影响时,它们都是损失发生的近因。如果这些原因全部都属于承保危险,保险人应当承担赔付责任;如果这些原因均不属于承保危险,保险人则不承担赔付责任;如果这些原因中有的属于承保危险,有的属于非承保危险,则保险人的赔付责任应根据损失是否可以划分而定。损失能够划分时,保险人仅承担承保危险所导致的那部分损失的赔付责任;损失不能划分时,保险人一般应对全部承保损失承担赔付责任,也有学者主张保险人应按危险的数量比例分摊,还有学者主张应由保险人与被保险人协商确定。如果这些原因中有的属于承保责任,有的属于除外责任,若这些原因相互依存,没有另一个原因,任何一个原因都不会单独造成损失,则除外责任优于承保责任,保险人对全部损失不承担赔偿责任;若这些原因相互独立,哪一个原因没有,另一个原因都会造成损失,则保险人对于承保危险所造成的损失应负赔付责任,对另一部分损失不负赔付责任。

当然,社会生活的复杂性和多样性,导致保险标的损失所涉及的因果关系错综复杂,这意味着保险人在判断认定保险事故的近因时不可能轻而易举。因此,在保险实务中,运用近因原则,判定确认保险人的保险给付义务时,应当遵守保险市场的有关惯例,结合保险个案的具体情况,实事求是地进行综合分析,才能得到正确的结果。

第五节 保险业法的几个特有原则

我国《保险法》涵盖了保险私法(保险合同法)与保险公法(保险业法)。前述的保险法的几大原则主要还是适用于保险私法,即保险合同的订立、履行过程中的基本原则。然而,鉴于私法与公法在性质和特点上的巨大差异性,保险业法应当有着不同于保险私法的特定的原则。我国《保险法》针对中国国情和促进保险业健康发展的实际需要,在吸收各国保险业法的先进经验之上规定了下述保险业法特有的法律原则,即境内投保原则、保险专营原则和公平竞争原则。

一、境内投保原则

(一)境内投保原则的含义

所谓境内投保原则,是指"在中华人民共和国境内的法人和其他组织需要办理境内保险的,应当向中华人民共和国境内的保险公司投保"[①]。境内投保原则是国际保险市场的惯例,作为一项具有强制性规范意义的法律原则,规范着中国境内的法人组织和其他组织的投保行为,限制了该范围内的社会组织在商业保险领域的投保选择权。

(二)境内投保原则的主要内容

(1)凡是坐落、存放、流动在中国境内的动产与不动产,如果需要保险的话,依《保险法》则应当向中国境内的保险公司投保。至于跨国界流动并经过中国的财产(例如,经过我国领域的国际运输货物),需要保险时,由当事人选择保险公司。

(2)上述应当在中国境内投保的财产,包括依据中国法律在中国境内设立的具有法人资格的公司和企业、中外合资经营企业、中外合作经营企业、外资企业以及合伙企业、个人独资企业所有或经营管理的财产,外国公司在中国境内设立的分支机构和其他驻华机构所拥有的财产。

(3)上述应当在中国境内投保的财产,可以向中国境内的中国保险公司投保,也可以向中国境内的中外合资保险公司,或者设立在中国境内并且获准在华经营保险业务的外资保险公司投保。

---

① 《保险法》第 7 条。

(三)境内投保原则的功能

我国《保险法》规定境内投保原则的功能在于保护中国保险事业的正常发展,限制保险资金外流。从微观角度来讲,便于中国境内的各类社会组织就地从事投保活动和保险人就地进行保险理赔,使得投保人及时获得保险保障,这有利于保险合同的当事人利用中国法律就地进行保险诉讼,及时解决保险合同纠纷;而从宏观角度来讲,有利于国家主权的实现,弘扬中国法律的尊严,有利于中国特色社会主义市场经济和中国保险市场的发展。

二、保险专营原则

(一)保险专营原则的含义

保险专营原则是指"经营商业保险业务,必须是依照保险法设立的保险公司。其他单位和个人不得经营商业保险业务"[①]。

(二)保险专营原则的功能

因为,商业保险是专营风险的行业,其经营的好坏、赔付能力的大小,关系到各行各业、千家万户的被保险人的切身利益,关系到社会的稳定,所以,《保险法》规定了保险业的专营原则,其功能在于:一方面,着眼于保险业经营者的从业资格,有利于维持保险市场的正常经营秩序;另一方面,通过保险专营,可以保证保险服务的专业性,保护投保人、被保险人的合法权益。

(三)保险专营原则的主要内容

(1)该项原则的适用对象为商业保险业务。按照我国《保险法》的规定,专营范围限于商业保险业务,即与商业保险合同的买卖和履行有关的保险活动,而社会保险则排除于该项原则的适用范围以外。

(2)商业保险业务必须由依法设立的保险公司予以经营。经营商业保险业务的保险公司,必须具备保险法规定的设立条件,拥有法定数额的实收货币资本金,经监督管理部门审核批准后依法设立的,才取得经营商业保险业务的资格。而且,依法设立的保险公司,还必须依法经营,不得超出核定的保险业务范围从事保险活动,不得擅自变更公司的名称、章程、注册资本、营业场所,更不得违法使用公司资本金。

(3)除了商业保险公司以外的任何国家机关、法人组织、其他组织和个人不得经营商业保险业务,而商业保险公司不得经营其他业务。

(4)违反了保险专营原则要承担相应的法律责任。为了确保保险专营原则的贯彻实施,我国《保险法》规定了相应的法律责任:"违反本法规定,擅自设立保险公司、保险

---

① 《保险法》第6条。

资产管理公司或者非法经营商业保险业务的,由保险监督管理机构予以取缔,没收违法所得,并处违法所得一倍以上五倍以下的罚款;没有违法所得或者违法所得不足二十万元的,处二十万元以上一百万元以下的罚款。"[①]显然,违反保险专营原则而产生的法律责任已不是一般的民事法律责任,而且包括行政法律责任。

三、公平竞争原则

(一)保险业公平竞争原则的含义

保险业的公平竞争原则,是指保险企业之间应当在条件平等、手段合法、价格公平的前提下从事公平竞争,反对保险业的不正当竞争行为。我国《保险法》第115条规定:"保险公司开展业务,应当遵循公平竞争的原则,不得从事不正当竞争。"

该原则的目的是建立正常的保险市场经营秩序,向被保险人提供优质的保险服务,创造良好的保险经营的法律环境。与公平竞争原则相背离的是保险业不正当竞争行为。所谓保险业不正当竞争行为,是指保险公司在市场交易中违反自愿、平等、公平、诚实的原则和职业道德,损害其他经营者的合法权益,扰乱社会经济秩序的行为。保险业不正当竞争行为不仅损害其他保险公司的合法权益,而且会加大整个保险业的经营风险。为此,我国有关行政主管部门应加大力度,坚决予以取缔。

(二)公平竞争原则的意义

公平竞争原则是一种维持市场经营秩序的法律手段,也是保险市场发展的推动力。随着我国保险市场的初步形成,保险业的竞争已经很激烈,其中,也存在着很多不正当竞争的现象。诸如,有的行政机构用行政命令或行政法规硬性规定必须向某一保险公司投保。更多的不正当竞争则表现为竞相降低保险费率,争拉保户,造成保险市场的混乱,既影响到保险人的利益,也损害广大被保险人的合法权益。因为,无原则地降低保险费率,必然减少保险人的经营利率。更为严重的是,保险人的保险费收入降低,而所承担的保险责任却不变,这势必会削弱保险人的赔付能力,最终受到损害的仍然是被保险人。

(三)公平竞争原则的内容

(1)公平竞争原则适用于所有的保险组织,既适用于保险公司也适用于保险代理人、保险经纪人、保险公估人等保险中介组织。公平竞争原则贯穿于包括保险展业、保险理赔和保险代位追偿等整个保险业务活动过程中。

(2)公平竞争原则的核心内容是指在从事保险业务过程中应当采取公平的手段,禁止采用超出法律允许范围的不正当竞争行为。

---

① 《保险法》第158条。

(3) 公平竞争的重点是制度建设，即建立和完善保险业相关立法和保险监管制度，为各个保险公司、保险中介机构开展公平竞争提供统一的法律标准和市场环境。

(4) 加强对保险业不正当竞争行为的监督检查。监督检查是保证公平竞争原则实施必不可少的重要手段。根据行使监督权的主体不同，对反不正当竞争行为的监督检查主要包括政府有关部门的行政监督和社会监督两大方面。

①行政监督。我国《保险法》第155条规定："保险监督管理机构依法履行职责，可以采取下列措施：(六)查询涉嫌违法经营的保险公司、保险代理人、保险经纪人、保险资产管理公司、外国保险机构的代表机构以及与涉嫌违法事项有关的单位和个人的银行账户。"由此可见，我国将保险监督管理机构的职能定位在"以对保险公司的偿付能力和合法经营监管为主"的监管职能上。

②社会监督。社会监督是社会组织和社会成员依照《反不正当竞争法》和其他有关法律对不正当竞争行为实施的监督。社会监督的意义在于造成强大的社会舆论，给行政机关及司法机关提供违法行为的线索和证据。在我国，对保险业的不正当竞争行为的社会监督宜由消费者协会、保险业协会以及广大消费者来共同行使。

本章关键词

保险利益原则　　最大诚信原则　　如实告知义务　　危险增加的通知义务　　保证条款　　醒示义务　　醒意义务　　弃权　　禁止反言　　损失补偿原则　　保险防灾减损义务　　境内投保原则　　保险专营原则　　公平竞争原则

思考题

1. 论述保险利益的含义、要件及其法律后果。
2. 简述最大诚信原则确立的根据及其主要表现。
3. 试述投保人一方的告知义务的概念、性质、时间、内容及违反的法律后果。
4. 试述投保人一方的危险的增加通知义务的含义、性质及违反的法律后果。
5. 试述投保人一方的保证条款的含义、作用、分类和法律效力。
6. 试述保险人的醒示和醒意义务。
7. 简述财产保险中的损失原则的含义与内容。
8. 试述保险理赔中近因原则的含义与认定的方法。
9. 试述我国保险业的专有原则。

第二篇

保险合同法

第二篇

股份合同法

第三章 保险合同总论

内容提要

保险合同法涵盖了财产保险合同法以及人身保险合同法的主要内容,是保险私法的核心。保险合同始于其订立,终结于当事人义务履行或合同的解除,其间涉及保险合同的生效、变更、中止、复效、解除、终止等环节。相应地,保险合同法律制度包括:保险合同订立与生效或无效、保险合同的主体和客体、保险合同的效力变更、保险合同的履行与赔付以及保险合同的解释等制度。

第一节 保险合同概述

一、保险合同的含义和特征

(一)保险合同的含义

保险合同是债权合同的一种。它是投保人和保险人就保险标的、保险责任和责任免除、保险期间、保险价值、保险金额、保险费、保险金给付等事项意思表示一致的结果。具体而言,保险合同是指投保人向保险人支付保险费,保险人对于承保标的因保险事故所造成的损失,在保险金额范围内承担补偿责任,或者在合同约定期限届满时,承担给付保险金义务的协议。我国《保险法》第10条规定:"保险合同是投保人与保险人约定保险权利义务的协议。"

(二)保险合同的特征

保险合同作为一种特殊的合同,除具有合同的共性之外,还具有自己所独有的特征。

1. 保险合同是双务、有偿合同

双务合同是双方当事人互负对待给付义务的合同,即一方当事人之所以负给付义务,是因为对方当事人也为对待给付。保险合同的一方在发生保险事故造成损害时,或者在约定的给付保险金的其他条件具备时,有义务按照合同约定向他方给付保险金,而他方则负有支付保险费的义务。因保险人和投保人互负义务,故保险合同为双务合同。

有偿合同是指当事人一方享有合同规定的权益,须向对方偿付相应的代价的合同。投保人请求订立保险合同转移风险,要求保险人承担保险责任,应当按约定向保险人支付保险费。保险人向投保人收取保险费,相应地承担了消化被保险人的保险风险的责任。可见,保险人和投保人都不是无偿的,所以,保险合同为有偿合同。

2. 保险合同大多是为第三人利益的涉他合同

涉他合同是合同当事人在合同中为合同双方当事人之外的第三人设定了权利或约定了义务的合同。它包括为第三人利益的合同与由第三人履行的涉他合同。为第三人利益的合同指当事人为第三人设定了合同权利,由第三人取得利益的涉他合同。如上所述,保险合同的双方当事人是保险人和投保人,而受益人却可以不是投保人自己而是投保人和保险人之外的第三人,因此,保险合同大多是为第三人利益合同。

3. 保险合同是诺成合同和要物合同

根据合同的成立是否需要交付标的物,可将合同分为诺成合同和实践合同。诺成合同是指当事人意思表示一致即可成立的合同。而除了当事人意思表示一致外,还需要实际交付标的物才成立的合同是实践合同,又称"要物合同",主要有赠予合同。

根据我国《保险法》第13条规定,"投保人提出保险要求,经保险人同意承保,并就合同的条款达成协议,保险合同成立。"由此看来,我国《保险法》规定,保险合同属诺成性合同,只要双方当事人意思表示一致,保险合同即可成立。

需要说明的是,有人根据我国《保险法》第14条[①]而主张保险合同是实践性合同或要物合同,这种说法是不正确的,因为该规定只是把投保人缴纳保费作为履行合同的义务,而不是合同成立或生效的条件。即使有的当事人在合同中约定保险合同须至保险费缴清时才生效,也不能因此认为保险合同是实践性合同,这只是当事人约定的一种延缓条件而已。

4. 保险合同是不要式合同

根据合同成立是否须采用法律或当事人要求的形式或程序为标准,合同分为要式合同和不要式合同。法律或当事人要求合同成立必须采取一定形式或完成一定程序的合同是要式合同;反之,法律或当事人不要求合同成立须具备一定形式或经过一定程序的合同是不要式合同。区分要式和不要式的法律意义在于,要式合同未满足特定的形式要件,合同不成立或不发生法律效力。

我国《保险法》第13条规定,"投保人提出保险要求,经保险人同意承保,保险合同

[①] 《保险法》第14条规定:"保险合同成立后,投保人按照约定交付保险费,保险人按照约定的时间开始承担保险责任。"

成立。保险人应当及时向投保人签发保险单或者其他保险凭证。保险单或者其他保险凭证应当载明当事人双方约定的合同内容。当事人也可以约定采用其他书面形式载明合同内容。依法成立的保险合同,自成立时生效。投保人和保险人可以对合同的效力约定附条件或者附期限"。从该法律条文来看,保险合同在保险单或者其他保险凭证签发之前就已经成立,出具保险单或者其他凭证,并不是法律规定的保险合同成立的形式要件,而是法律规定的保险人的合同义务。

二、保险合同的分类

一般情况下,依据不同的分类标准,可以对保险合同作如下不同的分类:

(一)财产保险合同和人身保险合同

这是依据保险标的的不同性质进行的分类,这也是各国立法上普遍采用的一种分类方法。前者是以财产及其有关利益为保险标的的保险合同[①],后者是以人的寿命和身体为保险标的的保险合同[②]。

关于财产保险合同和人身保险合同,本书将在下面的章节中做详细阐述。

(二)损失补偿性保险合同和定额给付性保险合同

根据保险金给付的性质不同,从理论上看,保险合同可以分为损失补偿性保险合同和定额给付性保险合同。

损失补偿性保险合同,又称为"评价保险合同",是指待到保险事故发生时,才由保险人评定被保险人的实际损失从而确定支付保险金的具体数额的保险合同。大多数财产保险合同和人身保险合同中少量险种(如健康险等)属于补偿性保险合同。

定额给付性保险合同是指人身保险合同中的人寿保险合同通常根据投保人(被保险人)的实际需要和交付保险费的能力事先确定一个保险金额,当危险事故发生时,由保险人按照确定的保险金额履行保险给付责任。该合同不同于前述的补偿性保险合同。大多数人身保险合同由于其合同的标的——人的生命或身体难以用金钱来衡量其价值,因此,难以像财产保险合同那样采用事后估价的方法,而只能是在订立保险合同的时候由合同双方当事人就商量好一个给付金额。正是从这个意义上讲,人身保险合同大多为定额保险合同。

区分损失补偿性保险合同和定额给付性保险合同有助于合理划分保险公司的经营范围。我国《保险法》允许财产保险公司兼营部分人身保险业务(如健康险、疾病险等),正是基于这部分人身保险业务也可以采取事故发生后再评估损失以确定保险人

---

① 《保险法》第 12 条第 3 款。
② 《保险法》第 12 条第 4 款。

的赔付责任,因而可以将这部分健康险或疾病险视为损失补偿性质的保险合同。换言之,从保险理赔角度来看,损失补偿性保险合同和定额给付性保险合同的分类比财产保险合同和人身保险合同的分类更科学。

(三)个别保险合同和集合保险合同

这是依照保险标的是否单一为标准进行的分类。

个别保险合同又称为单独保险合同,是指以单个人或单一保险标的而订立的保险合同。大多数保险合同是个别保险合同。

集合保险合同则是指以多数人或多数物为标的而订立的保险合同,如团体人寿保险合同。

(四)任意保险合同和强制保险合同

这是依照商业性保险合同的订立方式进行的分类。任意保险合同,又称"自愿订立的保险合同",是指投保人和保险人在自愿、平等、互利的基础上经协商一致而订立的保险合同。而强制保险合同,又称"法定保险合同",是指依据国家的法律规定,强制合同的一方甚至双方订立的保险合同,如交强险合同就是典型的强制保险合同。[1]

一般地说,大多数的商业性保险合同是双方当事人就合同内容经过要约和承诺程序而自愿订立的,其他任何人不得强迫。这类贯彻着意思自治原则所订立的合同就是任意保险合同,它是商业保险合同的主流。而强制保险合同,是由法律规定必须投保某些的保险合同。尽管商业保险一般都实行自愿订立原则,但是在某些特殊情况下,国家为了给特定范围的弱势群体提供基本保险保障,或者为了实施某些社会政策的需要,对有些保险合同的订立实行了强行干预,即必须按照既定的条件和方式订立保险合同。这些"法定保险"或者"强制保险"的合同的订立,当事人订立合同的自由在一定程度上被限制了。

此外,保险合同还可以分为:定值保险合同和不定值保险合同;单保险合同和复保险合同;不足额保险合同、足额保险合同和超额保险合同。笔者认为,这些分类应当属于财产保险合同特有的分类,因此,将在后面的财产保险合同的有关章节详细介绍,这里不予以详述。

第二节　保险合同的主体与客体

一、保险合同的主体

所谓保险合同的主体,是指参与保险合同法律关系的各方当事人、关系人与辅助

---

[1] 丁凤楚:《机动车交通事故侵权责任强制保险制度》,中国人民公安大学出版社2007年版,第6页。

参与人,它有广义、狭义与最狭义之分。

最狭义的保险合同的主体,仅指保险合同的当事人,即投保人与保险人。狭义保险合同的主体,除了保险合同的当事人之外,还包括保险合同的关系人、被保险人、受益人。广义上的保险合同的主体,除了保险合同的当事人和关系人之外,还包括保险合同的中介人,习惯上称之为保险合同的辅助性参与人,即指居于当事人之间的媒介或为保险合同的订立与履行起辅助作用的保险代理人、经纪人和公估人。

(一)保险合同的当事人

1. 保险人

(1)保险人的概念和特征。

保险人(insure underwriter),也称"承保人",是指经营保险业务,与投保人订立保险合同,收取保险费,组织保险基金,并在保险事故发生或保险期限届满后,对被保险人赔偿损失或给付保险金的保险公司。我国《保险法》第10条第3款将保险人定义为:"保险人是指与投保人订立保险合同,并承担赔偿或者给付保险金责任的保险公司。"由上述定义可知,保险人具有以下特征:

①保险人仅指从事保险业务的保险公司,其资格的取得必须符合法律的严格规定;

②保险人有权收取保险费;

③保险人有承担赔偿或者给付保险金的义务。

(2)保险人的权利。

①收取保险费。收取保险费是保险人最主要的权利。我国《保险法》规定,在保险合同成立时,除非保险合同另有约定,保险人有权向投保人收取保险费。保险人收取保险费可分为:A.保险合同成立时,收取保险费;B.保险合同存续期间,保险标的危险程度增加,增收保险费;C.投保人、被保险人或者受益人没有履行对保险标的安全防损责任的,增收保险费;D.因投保人申报被保险人年龄不实而致使其交纳的保险费少于应付保险费的,保险人有权要求投保人补交保险费。

②代位求偿权。在财产保险合同中,保险标的发生保险责任范围内的损失,依法应当由第三者承担赔偿责任的,保险人自向被保险人支付保险金后,取得对第三者请求赔偿的权利。该部分内容将在后面详述。

③合同解除权。为了实现现代法律追求实质公平和平等的价值取向、防止保险人利用优势地位损害投保人或者被保险人的利益,各国保险法一般都对保险人的合同解除权加以限制,但这种限制是以投保人诚实信用为前提的。因此在一些特殊情况下,保险人也享有保险合同的解除权。

(3)保险人的义务。

①订立合同时的说明义务和对免责条款的明确说明义务。这是保险人应履行的先合同义务。保险合同多为保险人提供的格式合同,保险人应在订立合同时向投保人说明保险条款的内容,尤其是免责条款,要作充分的提示和解释。《保险法》第17条明确规定:"订立保险合同,采用保险人提供的格式条款的,保险人向投保人提供的投保单应当附格式条款,保险人应当向投保人说明合同的内容。对保险合同中免除保险人责任的条款,保险人在订立合同时应当在投保单、保险单或者其他保险凭证上作出足以引起投保人注意的提示,并对该条款的内容以书面或者口头形式向投保人作出明确说明;未作提示或者明确说明的,该条款不产生效力。"

②及时给付保险金。我国《保险法》第24条明确规定:"保险人收到被保险人或者受益人的赔偿或者给付保险金的请求后,应当及时作出核定;情形复杂的,应当在三十日内作出核定,但合同另有约定的除外。保险人应当将核定结果通知被保险人或者受益人;对属于保险责任的,在与被保险人或者受益人达成赔偿或者给付保险金的协议后十日内,履行赔偿或者给付保险金义务。保险合同对赔偿或者给付保险金的期限有约定的,保险人应当按照约定履行赔偿或者给付保险金义务。"

③退还保险费。保险人产生退还保险费的义务是在以下情况下:投保人申报被保险人的年龄不实而致使其交纳的保险费多于应付保险费的,保险人应将多收取的保险费退还投保人。投保人提前终止保险合同的,保险人除收取按照费率表计算的合同生效日至合同终止日的保险费以外,已收取的其余保险费应予退还。保险合同约定的保险事故已不可能发生,或者保险标的的价值明显减少,或者依法或者依约提前终止保险合同的,保险人应当退还按日计算的未到期的保险费。

④保密义务。保险人或者再保险接受人对在办理保险业务中知道的投保人、被保险人、受益人或者再保险分出人的业务和财产情况及个人隐私负有保密的义务。

2. 投保人

(1)投保人的概念。

投保人(applicant),也称"要保人",是指与保险人签订保险合同,并承担交付保险费义务的人。在一般情况下,保险合同签订后的投保人即成为被保险人,但投保人可以是被保险人之外的为法律所许可的其他人。

需要说明的是,投保人的身份与被保险人和受益人的身份因其投保的内容不同,有时会重合,有时则不重合,具体有以下三种情况:

第一种情况:以归自己所有的(或授权经营管理的)财产或自己的生命、身体为保险标的,为了自己的利益而投保时,这时的投保人既是被保险人又是受益人,即投保人、被保险人和受益人是同一种人。

第二种情况:以归自己所有的(或授权经营管理的)财产或自己的生命、身体为保险标的,为了他人的利益而投保时,这时的投保人也是被保险人,但不是受益人。

第三种情况:以归自己所有的(或授权经营管理的)财产或他人的生命、身体为保险标的,为了自己的利益而投保时,这时的投保人是受益人,但不是被保险人。

(2)投保人的条件。

第一,具有相应的权利能力和行为能力。保险合同行为是一种民事法律行为,民事法律行为的成立要求主体合格,作为民事主体的投保人,就必须具有法律要求的相应的权利能力和行为能力。无权利能力的法人,或者无行为能力或限制行为能力的人与保险人订立的保险合同是无效的。[①]

第二,对保险标的具有保险利益。所谓保险利益,是指投保人对保险标的具有的法律上承认的利益,即投保人必须对保险标的具有经济上的利害关系;否则不能与保险公司订立保险合同,即使保险合同已履行签订手续,该合同也归于无效。法律上规定该条件的基本宗旨,在于防止保险活动中的道德风险。

(3)投保人的权利。

①保险金给付请求权。当保险事故发生时,投保人以自己为被保险人的财产保险合同中,投保人享有保险金请求权。在人身保险合同中,投保人是否享有保险金请求权,要依据其是为第三人的利益投保还是为自己的利益投保。在为第三人利益投保的保险合同中,当保险事故发生时,投保人所享有的保险金请求权已转移给第三人即受益人。

②指定和变更受益人的权利。在订立人身保险合同时,投保人有权指定受益人,并可变更受益人。我国《保险法》规定,投保人可以指定受益人,但投保人在指定受益人时须经被保险人同意。投保人也可以变更受益人,投保人变更受益人也须经被保险人同意。

③特定情况下保险费返还请求权。交纳保险费是投保人的主要义务,但在特定情况下,投保人享有要求保险人退还保险费的权利。在保险合同提前终止或者法律规定应退还保费的其他情况下,投保人有权向保险人请求返还已交纳的全部或者部分保险费。

(4)投保人的义务。

①订立合同时的如实告知义务。投保人在订立合同时有如实告知的义务,这是投保人的先合同义务。我国《保险法》规定:"订立保险合同,保险人应当向投保人说明保险合同的条款内容,并可以就保险标的或被保险人的有关情况提出询问,投保人应当

[①] 但在少数国家则有不同的规定,美国就是如此。依照美国法律规定,未成年人订立的保险合同,并非绝对无效,但这类合同可由签订合同的未成年人自己拒绝或否认,其监护人如果认为合同不利于未成年人,则也可以代为拒绝。

如实告知。"

②交纳保险费。投保人应当按照保险合同约定的时间、地点、数量和方法,向保险人交纳保险费,这是投保人最根本的义务。值得注意的是,在保险合同期间内,因保险标的的危险程度增加,保险人要求增加保险费的,投保人应当增加保险费。

③危险增加的通知义务。保险标的在投保人或被保险人的控制之下其危险程度的变化,投保人比保险人更有条件知悉,赋予其危险程度增加后的告知义务,是公平、合理的。所以保险合同成立后,在保险标的危险程度增加、足以影响保险人是否继续承保或增加保险费的情况下,投保人应及时通知保险人。

④减灾防损的义务。这是投保人遵守保险和防灾减损相结合原则的体现。投保人在投保以后应当对保险标的尽到合理的注意义务,采取必要的措施,防止危险事故的发生并且在损失已经发生的情况下要尽量减少损失,避免损失的扩大。

⑤保险事故发生的通知义务。为了便于操作和减少纷争,投保人应当及时在保险标的发生保险事故时或者在保险合同规定的期限内通知保险人,以便保险人及时查明事故原因和及时进行理赔,由于迟延通知而导致保险人不能查明事故发生原因的,保险人不承担保险责任。

(二)保险合同的关系人

1. 被保险人

(1)被保险人的概念。

被保险人(insured)是指"其财产或者人身受保险合同保障,享有保险金请求权的人"[①]。被保险人俗称"保户"。保险合同所保障的对象为"被保险人的财产或人身",当保险事故发生时,受损害的便是被保险人的财产或人身权益。无论是财产保险合同还是人身保险合同,投保人与被保险人既可以是同一人,也可以是不同的人。

(2)被保险人的条件。

首先,被保险人必须是保险事故发生时遭受损失的人。在财产保险中,被保险人必须是作为保险标的的财产的所有人或者其他权利人(享有财产所有权、使用权或担保物权的人等);在人身保险中,被保险人则是其生命或者健康因危险事故的发生而遭受直接损害的人。

其次,被保险人必须是享有保险金赔付请求权的人。被保险人因为保险事故的发生而遭受损害,自然应当享有赔偿请求权,但是,在人身保险和财产保险合同中并不相同。在财产保险合同中,由于只是财产上的毁损灭失,被保险人可自己行使赔偿请求权;但在人身保险合同中,尤其是在人寿保险中的死亡保险中,一旦保险事故发生,被

---

① 《保险法》第 12 条第 5 款。

保险人便无法自己行使赔偿请求权,故法律规定,可由受益人享有被保险人的赔偿请求权。

最后,在以死亡为给付条件的人身保险合同中,被保险人应具有完全民事行为能力,即在人身保险合同中,无民事行为能力人不能成为以死亡为给付保险金条件的人身保险的被保险人。我国《保险法》规定:"投保人不得为无民事行为能力人投保以死亡为给付保险金条件的人身保险,保险人也不得承保。"我国《保险法》还规定:"以死亡为给付保险金条件的合同,未经被保险人书面同意并认可保险金额的,合同无效。依照以死亡为给付保险金条件的合同所签发的保险单,未经被保险人书面同意,不得转让或者质押。"这是因为人身保险合同的标的是被保险人的身体或寿命,当保险事故发生时,被保险人身体遭受损害导致被保险人生命丧失时,便存在另外指定享有保险金请求权的受益人的问题,为了防止道德风险的发生,便赋予被保险人对受益人的选择权,这便要求被保险人具有相应的行为能力。

(3)被保险人的权利。

①保险金给付请求权。被保险人是受到保险合同保障之人,当其财产和人身受到损害之时,享有保险金请求权。在财产保险合同中,被保险人直接享有保险金请求权。人身保险合同中如果指定了受益人,被保险人的保险金请求权则转移给受益人享有。

②指定或变更受益人的权利。被保险人以其财产或人身作为保险标的,其有权指定或变更受益人。《保险法》第61条规定:"人身保险的受益人由被保险人或者投保人指定。投保人指定受益人时须经被保险人同意。投保人为与其有劳动关系的劳动者投保人身保险,不得指定被保险人及其近亲属以外的人为受益人。被保险人为无民事行为能力人或者限制民事行为能力人的,可以由其监护人指定受益人。"《保险法》第40条规定:"被保险人或者投保人可以指定一人或数人为受益人。受益人为数人的,被保险人或者投保人可以确定受益顺序和受益份额。"此外,《保险法》第41条规定:"被保险人或者投保人可以变更受益人并书面通知保险人。投保人变更受益人时须经被保险人同意。"

③死亡合同的同意权。在以死亡为给付保险金条件的合同中,未经被保险人书面同意并认可保险金额的,合同无效,我们可称之为订立死亡保险合同的同意权。

(4)被保险人的义务。

①保险事故的通知义务。在保险事故发生后,被保险人同投保人、受益人一样,负有通知义务。我国《保险法》第21条第1款规定:"投保人、被保险人或者受益人知道保险事故发生后,应当及时通知保险人。故意或者因重大过失未及时通知,致使保险事故的性质、原因、损失程度等难以确定的,保险人对无法确定的部分,不承担赔偿或者给付保险金的责任,但保险人通过其他途径已经及时知道或者应当及时知道保险事

故发生的除外。"

②理赔时有关证明和资料提供义务。由于保险标的与被保险人的关系最为密切,因此,法律赋予被保险人的证明和资料提供义务。我国《保险法》第22条第1款规定:"保险事故发生后,按照保险合同请求保险人赔偿或者给付保险金时,投保人、被保险人或者受益人应当向保险人提供所能提供的与确认保险事故的性质、原因、损失程度等有关的证明和资料。"同时,《保险法》还规定:"在保险人向第三人行使代位请求赔偿权利时,被保险人应当向保险人提供必要的文件和所知道的有关情况。"

③危险增加的通知义务。被保险人最了解保险标的的情况,所以保险法赋予被保险人危险增加的通知义务。我国《保险法》规定:"在保险合同有效期内,保险标的危险程度增加的,被保险人按照合同约定应当及时通知保险人。"

④减灾防损义务。被保险人同投保人一样,根据保险与防灾减损原则的要求,应对保险标的尽到合理的注意义务,防止意外事故的发生或在事故发生时尽量减少其造成的损失。我国《保险法》规定:"被保险人应当遵守国家有关消防、安全、生产操作、劳动保护等方面的规定,维护保险标的的安全。在保险事故发生时,被保险人必须尽到防止损失扩大的义务。"《保险法》第57条第1款规定:"保险事故发生时,被保险人应当尽力采取必要的措施,防止或者减少损失。"

2. 人身保险合同中的受益人

人身保险合同中的受益人是指"人身保险合同中由被保险人或者投保人指定的享有保险金请求权的人,投保人、被保险人可以为受益人"①。受益人必须具备以下两个条件:

第一,必须是享有赔偿请求权的人。受益人即享受保险合同利益、领取保险金的人。他并非保险合同的当事人,故不负交付保险费的义务,保险人不得请求其交付保险费。值得注意的是,由于受益人的保险金赔付请求权属于原始取得的权利,并非继受取得,因此受益人所应领取的保险金不能作为被保险人留给受益人的遗产。

第二,必须是由投保人或被保险人在保险合同中指定的人。投保人或被保险人可以在保险合同中明确指定受益人,也可以在保险合同中规定确定受益人的方法而不明确指定受益人是谁。需要说明的是,保险合同生效后,投保人或被保险人可以中途撤销或变更受益人,无须征得保险人的同意,但必须通知保险人,由保险人在保险单上作出批注后才能生效。如果投保人与被保险人不是同一人,投保人变更或撤销受益人时,需征得被保险人的同意。

在人身保险中,尤其是死亡保险,必须有受益人存在。如果投保人或被保险人没

---

① 《保险法》第18条第3款。

有在人身保险合同中指明受益人或确定受益人的方法,则由被保险人的法定继承人为受益人。至于在财产保险中,能否指定受益人,是有争论的。不过,实务界一般认为,财产保险中不发生受益人指定问题,被保险人就相当于是受益人,受益人仅仅是人身保险合同特有的关系人。

关于受益人的特征、种类、取得、变更与撤销等,本书将在人身保险合同的有关章节中专门加以论述,这里不再赘述。

3.责任保险中的受害第三人

(1)责任保险金的受害第三人的概念。

责任保险的受害第三人,是指责任保险合同双方当事人(投保人和保险人)和一般关系人(被保险人)以外的,对被保险人享有损害赔偿请求权的第三人。责任保险是以被保险人对第三人所负的损害赔偿责任为保险标的的,因此,若无受害第三人,则无责任保险存在的必要。

责任保险的早期理念认为,责任保险合同的受害第三人,既不是合同当事人也不是被保险人,根据合同的相对性原则,不能直接请求保险人向其赔付赔偿金,而只能请求被保险人承担民事损害赔偿责任。但是后来人们发现,这种理念既不符合效率性,也不公平:在被保险人失去清偿能力而对受害第三人不能赔偿时,若保险人以被保险人未付赔偿为由,拒绝承担任何请求,则其成为唯一的受益者(即未付出代价而得到保费),被保险人和受害第三人从责任保险中未获得任何利益。面对理论上的困惑和责任保险日益成为事故受害人取得赔偿给付的主要手段这一现实,各国立法和实务界纷纷赋予责任保险合同中的受害第三人以责任保险金的请求权,在保险责任范围内的事故发生时,能够直接要求保险人赔付保险赔偿金。这不仅在实践上使受害第三人的利益得到切实保护,而且也是合同相对性理论的重大突破。我国《保险法》第65条规定:"保险人对责任保险的被保险人给第三者造成的损害,可以依照法律的规定或者合同的约定,直接向该第三者赔偿保险金。责任保险的被保险人给第三者造成损害,被保险人对第三者应负的赔偿责任确定的,根据被保险人的请求,保险人应当直接向该第三者赔偿保险金。被保险人怠于请求的,第三者有权就其应获赔偿部分直接向保险人请求赔偿保险金。责任保险的被保险人给第三者造成损害,被保险人未向该第三者赔偿的,保险人不得向被保险人赔偿保险金。"在此基础上,《民用航空法》进一步肯定第三人对保险人的法定请求权,该法第168条第1款规定:"仅在下列情形下,受害人可以直接对保险人或者担保人提起诉讼,但是不妨碍受害人根据有关保险合同或者担保合同的法律规定提起直接诉讼的权利:(一)根据本法第167条第(一)项、第(二)项规定,保险或者担保继续有效的;(二)经营人破产的。"而我国《道路交通安全法》第76条更是直接规定了车祸受害人直接向肇事车辆的保险人请求赔付保险金权利。[1]

综上所述,责任保险合同项下的受害第三人可以依照合同约定或法律规定取得保险单约定的权利或利益,包括对保险人的赔偿请求权。

(2)受害第三人是责任保险合同的关系人。

值得一提的是,到目前为止,我国有关保险法著作中均未将责任保险合同的受害第三人列为保险合同的关系人,而仅仅是将被保险人和人身保险合同中的受益人列为保险合同主体中的关系人。笔者主张,责任保险合同的受害第三人与人身保险合同中的受益人的法律地位十分相似,均是保险合同的关系人,具体理由如下:

尽管责任保险合同的受害第三人与人身保险合同中的受益人有所区别,但是他们之间的区别不足以否定责任保险合同的受害第三人与人身保险合同的受益人在法律地位上的相同性。

一般来说,受益人与受害第三人的不同点在于:第一,受益人在订立人身保险合同时,即已以其姓名、性别、年龄、住址、与被保险人的关系等诸项因素加以特定化;而责任保险合同中的受害第三人在订立保险合同时,仅以因被保险人的致害行为而受损失为抽象的界定,并不特定,直到被保险人致人损害的事故发生时,受害第三人才得以特定。第二,受益人可能会因投保人或被保险人的意思表示而发生变动(被变更或撤销);而因保险事故发生得以特定化的受害第三人,其法律地位不受投保人或被保险人的意思表示的影响,即一旦发生了被保险人对受害人的加害行为,受害第三人就不得由被保险人变更或撤销。

然而,我们如果仔细地推敲就不难发现,受害第三人与受益人的上述区别主要由于两者产生的原因不同而导致表面上的差别,而如果我们从本质上来看,无论是人身保险合同的受益人还是责任保险合同的受害第三人,他们都未参与保险合同的订立过程,因而他们都不是保险合同的当事人,甚至他们连保险合同的被保险人都不是,但他们都在保险合同的履行中享有保险金给付请求权,因此,笔者主张:责任保险合同的受害第三人与受益人一样,同为保险合同的关系人。[2]

(3)受害第三人的特定权利——对保险人的直接请求权。

受害第三人对保险人的直接请求权,性质上为债权,其内容包括:第一,给付请求

---

[1] 丁凤楚:《机动车交通事故侵权责任强制保险制度》,中国人民公安大学出版社2007年版,第26页。

[2] 需要说明的是,责任保险合同的受害第三人享有对保险人的直接的保险金请求权已经是当今各国保险法的主流,但这并不是说,所有的责任保险合同的受害第三人都享有法定的直接请求权。不过,即便有的责任保险合同没有约定的受害第三人的直接请求权或没有法定的直接请求权,但是,该责任保险事故的发生必须以受害第三人对被保险人的赔偿请求权为基础,而且,该责任保险金的最终流向必须是受害第三人,否则,责任保险人可以拒绝被保险人的给付请求。因此,从这个意义上来说,责任保险合同的受害第三人仍然是保险合同的"受益人"。

权。在被保险人致第三人的损害发生后,第三人有请求保险人给付保险赔偿金的权利。第二,给付受领权。保险人向第三人为给付保险赔偿金时,受害第三人有予以接受并保有因给付所取得之利益的权利。受害第三人取得保险人的给付,有契约或者法律上的原因。第三,债权保护请求权。受害第三人在保险人未给付或者拒绝给付保险赔偿金时,有请求司法机关强制保险人给付保险赔偿金的权利。

责任保险合同中的受害第三人对保险人享有的直接请求权,从取得的原因分析,有因保险合同的约定取得与因法律规定取得之分。若责任保险合同约定,受害第三人可以向保险人请求给付保险赔偿金的,则受害第三人对保险人的直接请求权,是被保险人移转其保险合同约定的权利之结果。依照合同权利转让的一般理论,保险人可以其对抗被保险人的事由来对抗第三人的直接请求权。

若受害第三人对保险人的直接请求权,是受害第三人依照法律的直接规定特别取得的,则该请求权为不依赖于被保险人权利的独立权利,保险人不得以对抗被保险人的事由对抗受害第三人的直接请求权,即此时受害第三人的直接请求权为不附抗辩事由的请求权。对不附抗辩事由的直接请求权,受害第三人可以选择被保险人或者保险人填补其损失。

(三)保险合同的中介人

保险合同的中介人是指介于保险人与投保人之间,为保险合同的订立或履行提供专业性、中间性服务的社会中介组织,主要种类有:保险代理人、经纪人和公估人等。本书将在后面的保险业法的"保险中介制度"一章中进行详细论述,这里就不再赘述。

[典型案例分析]

2024年11月,王某患病去某医院救治,其妻张某因忙于照顾,便请王某的弟弟为其办理住院手续。医院在办理入院手续时代保险公司办理了一份住院安康保险,保险单载明的投保人为张某。保险合同约定,被保险人因医疗事故导致死亡,保险公司应给付保险金责任。2025年2月,王某因肠梗阻手术医疗事故死于手术台,当地医疗鉴定委员会鉴定为一级医疗事故。在该笔保险金应赔付给谁的问题上,医院、王某的弟弟和张某发生了争议。医院认为这是一起医疗事故,而且是医院代保险公司办理的保险,保险公司应将保险金支付给医院。王某的弟弟认为,投保手续是他办理的,自己是投保人,理应是保险金的受益人。张某认为,保险是为她丈夫投保的,尽管保险单上未指定她为受益人,但她是王某的合法配偶,保险金应由她领取。最后,保险公司向张某履行了给付保险金的义务。

分析提示:

本案中的投保人、被保险人、受益人、保险代理人各是谁?保险公司究竟应当向谁给付保险金的义务？通过本案，可以体会到保险合同，特别是人身保险合同的主体比较复杂，涉及合同的当事人、关系人，另外，还有为保险合同的订立起辅助作用的保险代理人和保险经纪人。

二、保险合同的客体

(一)保险合同的客体的含义

根据《合同法》的原理，合同的客体是构成合同法律关系的要素之一，是指合同当事人权利和义务所指向的对象。那么，什么是保险合同的客体呢？一般认为，保险利益是保险合同的客体。

所谓保险利益，是指投保人或者被保险人与保险标的之间所存在的法律上认可的经济利害关系，即"对保险标的具有的法律上承认的利益"。[①] 这种经济利害关系体现着投保人或被保险人因保险标的的存在而享有的经济利益。它通过保险合同的适用，可以得到保险人提供的保险保障，故被称为保险利益。而保险合同所保障的正是投保人或被保险人依附于保险标的这种经济上的利益。因此，保险利益就成为保险合同中双方当事人权利和义务共同指向的对象，保险合同的客体就是保险利益。

(二)保险合同的客体的表现形式

其实，保险利益不仅是保险合同的客体，根据保险法的基本原则，它还是保险合同生效的要件之一。本书在第二章的"保险利益原则"一节中关于保险利益的含义、特征以及它对保险合同有效成立的规制作用等已经做了详细论述，这里仅仅从保险合同的客体的角度，论述保险利益的具体表现形式等。

1. 财产保险利益的表现形式

财产保险利益，即财产上的保险利益，是指被保险人对其财产的潜在损失所具有的受保险合同保障的利益。《最高人民法院关于审理保险纠纷案件若干问题的解释(一)》第 1 条第 2 款规定："除《保险法》第 53 条规定外，投保人对因下列事由产生的经济利益具有保险利益：(一)物权；(二)合同；(三)依法应当承担的民事赔偿责任。"在保险理论上，则被归纳为物权利益、有效合同所生的利益及财产上的责任利益三种。

(1)物权利益。

①财产所有权利益。所有权是财产保险中一种最为常见的财产保险利益。按照民法理论，财产所有权是指财产所有人对其所有物依法占有、使用、收益、处分，并排斥他人非法干涉的永久性权利。无论是动产所有权还是不动产所有权，其所有人都具有完全的保险利益，这种利益可以是现有利益和积极利益，也可以是期待利益和消极利

[①] 《保险法》第 12 条第 3 款。

益。就现有利益而言,财产所有人的保险利益与财产的市场价值相当。如果一项财产为某一民事主体单独拥有,则财产所有人当然可以就其市场价值足额投保。如果一项财产为两个或两个以上的人共有,则如何确定每一共有人的保险利益,每一共有人是拥有共有物的全部保险利益,还是部分保险利益,不无争议。

②他物权利益。他物权可以分为用益物权和担保物权。抵押权是一种常见的担保物权,是指债权人在债务人不能按期清偿债务时,可以就抵押物卖得的价格优先受偿的权利。因此,抵押权人对抵押物具有保险利益。从理论上讲,抵押权人可以自己的名义为自己的利益投保,在发生保险事故后,取得保单项下的收益。但在保险实践中,由于抵押权人通常不愿意负担保险费,因此以自己的名义投保的情形并不多见。相反,更为常见的是由抵押人作为投保人,对抵押物的意外灭失进行保险,用同一张保单联合承保抵押人和抵押权人双方的利益。联合形式的保单要求的保险费比分别办理两份保险单的保险费低一些。在保险实务上,质权人对质物也享有保险利益。此外,用益物权人对其享有用益物权的财产也享有保险利益,但这种保险利益不同于所有权人的所有权利益,更多的是一种他物权利益。

③占有利益。占有,即他人对物的事实上的占领或控制,在一些国家的民事法律中也被纳入物权的体系,受到物权的保护。在英美,法律承认公开占有财产的一方具有保险利益,即使他不是真正的所有权人。有的法院判决被盗汽车的善意购买者投保了包含"单独所有权"条款的保单,就能够获赔。[①] 在我国家庭财产保险合同实务上,允许属于被保险人代他人保管的财产经当事人特别约定并在保险单中载明作为保险财产。我国企业财产保险合同的保险标的范围包括"由被保险人经营管理或替他人保管的财产"。由此可见,我国也承认占有人基于占有、管理关系对相关财产具有保险利益。

(2)合同利益。

合同是社会经济交往的重要形式。因各种有效合同所生的经济利益,即债权,属于期待利益和积极利益。合同当事人就各种有效合同所生的经济利益具有保险利益,可以对这些利益投保。如运送合同中,承运人对其约定的运费具有保险利益,可以为该项运费利益投保。

(3)责任利益。

根据侵权法或合同法的规定,一个人可能因自己的违约行为或侵权行为致他人遭受损失而承担相应的损害赔偿责任。责任人就须支付一笔赔偿金,因此,这也是一种

[①] 所罗门·许布纳、小肯尼思·布莱克、伯纳德·韦布:《财产和责任保险》,陈欣,等译,中国人民大学出版社2002年版,第50页。

经济损失。责任主体对这种未来可能承担的民事赔偿责任具有保险利益。这种利益属于期待利益和消极利益。保险实务上各种责任保险、信用保险、保证保险保单，正是为了满足责任人的这些不同经济需求而设计的。

在保险实践中，诸如机动车辆第三者责任保险，产品责任险，公众责任险，高尔夫球员综合保险，建筑师、医师、会计师等专家责任险中的保险利益，都是责任保险利益。责任保险利益属于消极保险利益，即期待某项民事赔偿责任不发生所产生的可保利益。

2.人身保险利益的表现形式

我国《保险法》第31条规定："投保人对下列人员具有保险利益：（一）本人；（二）配偶、子女、父母；（三）前项以外与投保人有抚养、赡养或者扶养关系的家庭其他成员、近亲属；（四）与投保人有劳动关系的劳动者。除前款规定外，被保险人同意投保人为其订立合同的，视为投保人对被保险人具有保险利益。"从表面上看，我国《保险法》第31条就人身保险利益表现形式作出了具体规定，但是，实际上，如何判定一个人是否对他人的生命具有保险利益，是一个相当复杂的问题。虽然一些国家的法律明确规定投保人对其配偶、子女、父母具有保险利益，对与投保人有扶养关系或赡养关系的家庭其他成员具有保险利益，雇主对雇员、债权人对债务人具有保险利益，但学者们长期认为人身保险利益并非投保人和被保险人之间的法定关系，而是隐藏在这些法定关系背后的经济利益关系，即投保人对被保险人的继续生存具有法定的利益或者合理的期待利益；对被保险人的死亡将蒙受损失或负有责任。有学者对将人身保险利益定性为经济利益或金钱利益的观点表示异议，认为这种观点实际上是将人身保险利益和财产保险利益进行类比的结果，过于牵强附会，因为人的生命无法用金钱计量，人与人之间的亲属关系或信赖关系也不能用金钱价值予以衡量。我们认为，人身保险利益实质上是投保人对自己的身体或生命所具有的所属关系，以及投保人和被保险人之间的亲属关系或信赖关系。

需要说明的是，人身保险利益作为保险合同的客体与财产保险利益一样，虽有防止道德危险的作用，但其作用既非绝对的，也非无限的。故而，我国《保险法》已经摒弃僵化的、形式主义的人身保险利益理论，代之以具有确定性、灵活性与可操作性的"被保险人同意主义"，即将参加保险的权利和选择受益人的权利交由被保险人或未成年的被保险人的监护人掌握和行使，可以最大限度地防止寿险合同中的道德危险，促进寿险业的健康发展。不过，这也使得人身保险合同的保险利益的外延变得更加宽泛。

(三)保险利益的转移

1.保险利益转移的含义

保险利益的转移是指在保险合同成立后、保险事故发生前，因保险标的的转移而引起保险利益从一个主体转移至另一个主体的事实。

值得注意的是,正如保险利益不同于保单权益一样,保险利益的转移与保单权益的转让也不同。在财产保险领域,虽然保险利益的转移并不必然导致保单权益的转让,但保单权益的转让则应以保险利益的转移为前提,也就是说,保单权益不得脱离保险利益而单独转让。

2.保险利益转移的原因

在财产保险领域,被保险人死亡时,除保险合同另有约定外,无论投保人是否为被保险人,根据继承法的规定,均由被保险人的继承人继承保险合同上的权益,保险标的上的保险利益亦随之转移给被保险人的继承人。[①] 此外,若被保险人将其保险财产上的权益,尤其是财产所有权让与他人时,该财产上的保险利益随着财产的让与而转移至受让人。

3.保险利益转移的后果

基于继受原因转移保险利益的,只要保险合同没有相反的约定,保单上的权益应随着保险利益的转移而转让给受让人,即保险人应当继续受保险合同的约束。这是世界各国的通行做法。不过,此时的被保险人或受让人有义务及时通知保险人。此外,如果保险标的转让导致保险的危险程度显著增加的,保险人可以要求增加保险费或者解除合同保险。这也是世界各国的通行做法。我国《保险法》第 49 条规定:"保险标的转让的,保险标的的受让人承继被保险人的权利和义务。保险标的转让的,被保险人或者受让人应当及时通知保险人,但货物运输保险合同和另有约定的合同除外。因保险标的转让导致危险程度显著增加的,保险人自收到前款规定的通知之日起三十日内,可以按照合同约定增加保险费或者解除合同。保险人解除合同的,应当将已收取的保险费,按照合同约定扣除自保险责任开始之日起至合同解除之日止应收的部分后,退还投保人。被保险人、受让人未履行本条第二款规定的通知义务的,因转让导致保险标的的危险程度显著增加而发生的保险事故,保险人不承担赔偿保险金的责任。"我国台湾地区《保险法》第 18 条规定:"被保险人死亡或保险标的物所有权转移时,保险契约除另有约定外,仍为继承人或受让人利益而存在。"第 19 条规定:"合伙人或共有人联合为被保险人时,其中一人或数人让与保险利益于他人者,保险契约不因之而失效。"《日本商法典》第 650 条规定:"被保险人将保险标的转让他人时,推定其同时转让保险契约权利。""于前款情形,保险标的的转让显著变更或增加危险时,保险契约即丧失效力。"《德国保险契约法》规定:"投保人将保险标的物转让者,受让人取得让与人在

---

① 值得注意的是,当投保人与被保险人并不是同一人时,若投保人死亡,而被保险人仍健在的,因保险利益属于被保险人而非投保人,所以此时并不引起保险利益的转移。

拥有所有权期间内基于保险合同关系所生投保人权利与义务的地位。保险标的物的转让应立即通知保险人。保险人有权于1个月的期间后对受让人终止合同。"

(四)保险利益的消灭

1. 保险利益消灭的含义

保险利益的消灭是指在保险合同成立后,被保险人因某些事由失去了其对保险标的所具有的保险利益。广义的保险利益的消灭包括相对的消灭和绝对的消灭。保险利益的相对消灭,是指保险利益从原所有人转移到新的所有人,原所有人不再享有保险利益,即相对于转让人而言,其保险利益已经消灭,但相对于受让人或继承人而言,则是取得了保险利益。因此,保险利益的相对消灭实质上就是前面已经论述过的保险利益的转移。而狭义的保险利益的消灭仅指保险利益的绝对消灭,即任何人都不再拥有保险利益。以下仅就狭义的保险利益的消灭即保险利益的绝对消灭进行分析。

2. 保险利益消灭的原因

保险利益绝对的消灭的原因是由于保险标的已经不复存在,无论是因保险事故的发生而导致保险标的的灭失,还是因其他原因导致保险标的的灭失,只要是导致保险标的不复存在,保险利益均无所依附,保险利益也自然绝对地消灭。

3. 保险利益消灭的后果

在被保险人应当具有保险利益这一理论前提下,因保险事故的发生致使保险标的灭失的,被保险人可按照保险合同的约定向保险人索赔,请求保险人赔付其损失;因其他原因导致保险标的灭失的,被保险人无权向保险人索赔。自保险标的灭失之时起,保险合同的效力归于消灭,投保人无须继续缴纳保险费,保险人也无须继续承担保险责任。投保人对已缴纳的保费不得因保险合同期限未届满而主张部分返还,保险人亦不得以保险合同消灭为由而拒绝赔付因保险事故发生给被保险人造成的损失。

第三节 保险合同的订立与生效

保险合同订立是投保人与保险人经过反复磋商达成意思表示一致的过程,在合同订立中的双方当事人要遵守一种先合同义务,否则要承担缔约过失责任。保险合同的订立是保险合同得以成立的前提,保险合同的成立是合同订立的静态的协议结果,标志保险合同的存在。但保险合同的成立并不等于生效,已经成立的保险合同必须符合国家法律和社会公共道德的要求才能生效。保险合同的生效是国家通过法律肯定和承认已经成立的保险合同具有法律效力。已经成立并生效的保险合同将对当事人产生实质约束力,当事人必须遵守和履行保险合同规定的义务,否则将承担违约责任。

一、保险合同的订立

(一)保险合同订立的概念

1. 保险合同订立的概念

保险合同的订立系指投保人与保险人之间为保险的意思表示并达成一致的状态,其所揭示的是缔约人自接触、洽商直至达成关于保险合意的过程。

2. 保险合同的订立与成立的关系辨析

保险合同的订立与保险合同的成立既有联系又有所区别,保险合同成立是指投保人与保险人之间达成的保险意思表示的一致。

(1)两者的联系在于,保险合同的订立直接导致保险合同的成立这一结果。订立是成立的动态过程,成立是经过了订立程序而致的静态结果。

(2)两者的区别在于,两者的状态不同。保险合同的订立是动态的订立行为,而保险合同的成立是静态的订立结果。前者包括投保人与保险人的接触和洽商,达成一致之前的过程;后者是指投保人与保险人的意思表示达成合致,使得保险合同的主要条款(即保险合同当事人的主要权利义务)已经确定,即已经成立了保险合同。前者受到合同法上的要约邀请、要约(要保)、反要约等法律制度调整,后者受到合同法上的承诺(承保)、合同成立要件等制度调整。

(二)保险合同订立的一般程序

保险合同订立是保险合同当事人投保与承保的意思表示的达成一致的过程。我国《保险法》第13条第1款规定:"投保人提出保险要求,经保险人同意承保,保险合同成立。"导致保险合同成立的合意就是当事人对合同的条款达成一致的协议。

保险合同成立的要件有缔约人,即投保人与保险人,以及关于保险保障的意思表示的一致。投保人与保险人就保险合同的条款达成合意,保险合同才成立。同时,保险合同虽为格式合同的一种,但其订立的过程仍表现为由要约(要保或投保)和承诺(承保)构成的程序。

1. 保险要约(投保)

(1)保险要约的含义。

要约是要约人向受约人发出的订立合同的意思表示。在保险合同的订立过程中,要约表现为未来的投保人向保险人发出的订立保险合同的意思表示,在保险法上称为投保。此时未来的投保人在实际上是要约人(常称为"投保人"或"保险申请人")。在保险实务中,投保人的要约通常以其填写预先由保险人印制好的投保申请书,并将投保申请书交付给保险人的方式来完成。

值得注意的是,在投保要约发出之前,标的已经发生危险事故的,且保险人已经知道其情况,即不应接受要约并签发保险单证。

(2)保险要约的方式。

投保人的要约固然可以口头方式为之,但常以投保人填写投保书(或"投保申请书")的方式来进行。所谓投保申请书,是投保人向保险人为投保的意思表示的书面文件,又称投保书或要保书。投保书通常由保险人事先印制。投保书的内容包括投保人、被保险人的基本情况(包括投保人、被保险人的名称或姓名、住址等)、保险标的的基本情况(包括坐落地点等),以及投保人要求保险人提供保险保障的范围等。投保人请求保险时,首先应当填写投保申请书。投保人在填写投保申请书时必须按申请书所列内容逐一如实填写。在订立保险合同时,投保人对保险人提出的关于保险标的或者被保险人的有关情况必须如实告知。因为保险人通过询问这些问题来决定其是否为承保的意思表示,或者以之作为确定保险费率的重要依据。如果投保人对保险人提出的询问告知不实或者不如实填写投保申请书,保险合同则无法订立;保险合同即使订立,保险人也可以据此解除保险合同或拒绝承担保险给付义务。

(3)保险要约的邀请。

保险要约引诱,又称保险要约邀请或反要约,是希望他人向自己发出保险要约的意思表示。价目表的寄送、拍卖公告、招标公告、说明书、商品广告、保险宣传单为要约邀请。在保险实务中,一般将保险人提供投保书的行为视为要约邀请。保险人事先拟订保险条款或以一定的方式招揽保险业务,如通过其从业人员或保险代理人向消费者发放关于各种保险合同的宣传材料等,都不能视为保险要约,而是保险人的要约邀请。若将保险人的上述行为作为要约,则保险要约的效力是使相对人取得保险承诺权。这样,只要相对人为接受的意思表示,则合同成立,使得保险人无法对风险进行评估和控制(通常所说的核保)。

2. 保险承诺(承保)

(1)保险承诺的概念。

保险承诺是指受保险要约人对保险要约的内容完全接受的意思表示。保险承诺在保险法上称为承保,是保险人完全接受投保人发出的保险要约的意思表示,即保险人接受投保人在投保请求书中提出的全部条件,在发生约定的保险事故时承担保险给付义务。受保险要约人一旦做出保险承诺的意思表示,就不得随意变更保险承诺的内容。

(2)保险承诺的方式。

若法律规定须以一定方式做出,那么承诺人做出的保险承诺须符合法律规定的方式。

若保险要约规定以某种方式做出,但没有规定非如此不可,只要受保险要约人做出保险承诺方式在合理性方面不比保险要约规定的差、不违反法律的相应规定,那么该承诺有效。

保险人为承保的意思表示,既可由保险人自己,又可由其代理人做出。保险人或其代理人为承保的意思表示须是无条件的。若保险人或其代理人在对投保人的投保请求做出承保的意思表示时又附加其他条件的,该种承保的意思表示不能作为保险承诺,而是一种新的保险要约。该种新的保险要约,须经投保人为接受的意思表示后,保险合同才能成立。此时,投保人是承诺人,保险人则成为要约人。

在一般情况下,保险合同的订立是先由投保人为投保申请,然后由保险人决定是否承保,其承保的意思表示构成承诺。保险人接到投保人填具的投保单,根据不同的险种,经过核保,可以完全接受,也可以附加一定条件。当保险人对投保人的要约完全接受时,保险人所为承保的意思表示即构成保险承诺,保险合同成立。当其接受的意思表示附有新的条件时(该附加条件以是否改变对方或第三人的权利义务为准),保险人的表示在法律上就构成一个新要约。衡量是否构成一个新要约,应当以其接受的意思表示与投保人提出要约时的意思表示内容相比是否发生实质性变化为标准来判断是否构成一个新要约。

(3)保险承诺的法律效力:保险合同成立。

承保的法律效力表现在:一旦承保,即产生保险合同成立的法律效力。

(三)保险合同订立的静态结果:保险合同成立

1.保险合同成立的概念

保险合同的成立是指投保人与保险人之间经过反复磋商(要约与反要约)的过程,达成一致的意思表示(即承诺)的结果,从而在订立保险合同的当事人之间形成了初步的约束力,即不得随意变更或撤销该保险合同。

保险合同的成立不同于保险合同的生效。保险合同的生效是国家通过法律评价投保人与保险人达成的合意是否违反法律的强制性规定或违背了社会公共利益。保险合同的成立是指保险协议存在的事实,即保险合同的成立只是解决合同是否存在的问题,这一结果虽然也受法律的规制,但是它只是当事人意思自由的结果。至于已经成立的保险合同是否具有法律承认的实质性的约束力,则还需要法律对合同的内容进行评价,具体来说,这要受到合同效力等法律制度所调整。只有成立的保险合同符合法律的要求才能生效;否则,或无效,或得撤销,或效力未定。

2.保险合同成立的时间

虽然目前各国的保险合同都采取标准化格式条款,但是这并不是法律要求保险合同必备的形式要件。从而,保险合同的成立是以投保人与保险人就保险合同条款进行协商,达成协议(即一方当事人予以承诺)为标志,而不应把保险人出具保险单作为保险合同成立的条件。正是在此意义上，我国《保险法》将保险合同成立与保险人签发保险单或其他保险凭证区别开来，即保险合同自投保人投保和保险人予以承保之时成立。而在保险合同成立之后，保险人应当及时向投保人签发保险单或者其他保险凭证，并在保险单或其他保险凭证中载明当事人双方约定的合同内容。① 这一规定适用于各类保险合同。

由此可见，我国《保险法》确认保险合同为诺成性合同。保险合同成立于投保人与保险人达成协议，而保险人在保险合同成立之后应当依法及时签发保险单或者其他保险凭证，其保险单或者其他保险凭证作为保险合同的证明文件，将双方当事人约定的合同内容予以固定，成为当事人履约的法律根据。

[典型案例分析]

2024年4月11日，在某人寿保险公司营销员的动员下，张先生同意购买80万元的终身寿险。张先生填写了"终身寿险投保单"，并交付了首期保险费。2024年5月7日，张先生出差时在所住宾馆的意外火灾中不幸身亡。事故发生后，保单受益人张先生的妻子刘女士立即通知了保险公司，要求保险公司全额给付80万元保险金。保险公司认为，人身保险合同保额巨大的，必须经过体检后方可决定承保，张先生尚未体检，因而该保险合同不成立，于是做出拒赔决定。刘女士不服，向法院起诉，要求保险公司承担给付保险金的责任。

在法院一审过程中，保险公司认为，保险合同没有成立。首先，投保人填写投保单并预交首期保险费只是要约行为，并不能因此认为保险公司已作出承诺。其次，张先生并没有根据保险公司的规定进行体检，保险公司无法确定保险金额和应交纳的保险费。最后，保险公司出具保险费收据并不能代表保险公司已作出承诺。刘女士则认为，张先生填写投保单是要约行为，保险公司收取保险费是承诺行为，保险合同已经成立并生效。至于张先生没有完成体检这一过程，是由于保险公司没有通知张先生，过错应该在保险公司。

一审法院经审理认为，张先生与保险公司之间订立的保险合同并未成立，判决驳回原告刘女士的诉讼请求，保险公司返还所收保险费。刘女士收到一审判决后不服，提起上诉。在二审过程中，双方达成调解协议，保险公司赔付30万元结案。

分析提示：

本案中，被保险人张先生未按保险公司内部规定进行体检是否影响保险合同的成立，保险公司的拒付理由是否充足？

---

① 《保险法》第13条第1款。

(四)保险合同订立过程中的先合同义务

1.保险合同订立的先合同义务的内容

基于保险合同特别强调的诚实信用原则和保险经营具有的很强的专业技术性,为了防止出现道德危险,《保险法》按照最大诚信原则的精神,规定了双方当事人在保险合同的订立过程中因违反最大诚信原则而应当承担的先合同义务。违反了法定的先合同义务,不仅会导致保险合同的解除,而且,违反先合同义务的当事人还应依据《民法典》有关规定承担缔约过失责任,赔偿因此给对方造成的损失。而保险法上的先合同义务的主要要求如下:

(1)保险人的保险条款说明义务。

保险合同大多是格式合同,作为该格式合同提供人的保险人在设计保险合同条款时势必先行考虑自身的利益。加之,保险业务具有很强的专业技术性,非保险业内的人员是难以确切明了其含义的。因此,《保险法》规定了保险人对于保险条款负有说明义务,即保险人在投保人投保的时候应当向其准确地说明相应的保险合同条款的确切内容,以便投保人对于保险合同条款的内容含义有所了解,在此基础之上根据自己的实际投保需要,决定是否投保以及投保何种保险合同。

(2)保险人提请对方注意的义务(醒示与醒意义务)。

格式化的保险合同条款是保险人一方事先制作的,反映的是保险人的意志。因此,从公平的原则出发,法律要求提供格式条款的保险人一方在签订保险合同的过程中承担提请对方注意的义务,即保险人应当"采取合理的方式提请对方注意免除或者限制其责任的条款"。法律规定保险人的此项先合同义务的目的在于通过保险人的提请,使投保人注意对于格式条款中拟订的有关免除或者限制保险人之保险责任及其他合同责任的规定仔细阅读和思考,以确保所签订的保险合同体现投保人的真实意图,维持投保人与保险人的平等法律地位,保护投保人的合法权益。

(3)投保人的如实告知义务。

为了防止此类道德危险的出现,各国保险法对于投保人的投保行为均有严格要求,主要表现在投保人应当履行最大诚信原则下的如实告知义务。

所谓如实告知义务,表现为投保人在投保之时应将保险标的的有关情况应保险人的询问如实向保险人陈述,以保证保险人能够正确地了解保险标的的有关情况,准确地测定其危险程度和适用相应的保险费率;否则,就违反了诚实信用原则。

2.违反保险先合同义务的法律后果:承担缔约过失责任

(1)缔约过失责任的含义。

按照合同法理论,缔约过失责任是指在合同尚未成立之前准备缔结合同的过程中,一方因违背依据诚实信用原则所负的先合同义务,而致另一方的信赖利益遭受损失,承担赔偿责任。缔约过失责任制度是建立在民法的诚实信用原则基础之上的。根据我国《保险法》的规定,在保险领域内的缔约过失责任是指一方或双方当事人在缔结保险合同的过程中基于其主观过错而违反了法定先合同义务,致使欲订立的保险合同未能成立,或者全部或部分无效,或者被撤销,并给对方当事人造成损失的,应当依法承担的法律责任。

(2)缔约过失责任的承担方式。

在保险合同领域内,违反先合同义务的一方当事人依法就欲订立的保险合同向对方当事人承担的缔约过失责任的责任方式。《保险法》第16条规定,首先表现为依法认定所订立的保险合同无效或者当事人依法解除保险合同;其次是返还责任,即应当将投保人交纳的保险费或者被保险人、受益人已获得的保险赔偿金或人身保险金返还给对方;最后,负有缔约过失责任的一方当事人赔偿因此给对方造成的损失。

尤其需要说明的是,投保人在订立保险合同过程中因未履行如实告知义务,而应当承担缔约过失责任时,根据保险合同的特殊性,《保险法》所规定的投保人承担缔约过失责任方式不同于保险人承担缔约过失责任,表现在投保人违反如实告知义务的,并不影响保险合同的已有效力,而是通过保险人行使合同解除权的方式加以处理,而且,区别不同的情况,适用不同的处理方法。就是说,在一般情况下,投保人故意隐瞒事实,不履行如实告知义务的,或者因重大过失未履行如实告知义务,足以影响保险人决定是否同意承保或者提高保险费率的,保险人有权解除保险合同。但其具体的处置方法因投保人违反如实告知义务的主观过错的不同而有所区别。如果投保人故意不履行如实告知义务,则保险人对于保险合同解除前发生的保险事故,不承担赔偿或者给付保险金的责任,并不退还保险费。如果投保人因重大过失未履行如实告知义务,且对保险事故的发生有严重影响的,则保险人对于保险合同解除前发生的保险事故,不承担赔偿或者给付保险金的责任,但可以退还保险费。

此外,法律对于投保人在订立人身保险合同时违反如实告知义务的处理则有更多的限制。具体来讲,在订立人身保险合同过程中,投保人未如实告知主要表现在没有如实陈述被保险人的健康状况和申报的被保险人年龄不真实。根据我国《保险法》第16条的规定,投保人隐瞒被保险人身体健康状况的,保险人有权解除人身保险合同。而投保人申报被保险人年龄不真实,并且其真实年龄不符合合同约定的年龄限制的,表明该被保险人的资格不符合投保条件,则保险人可以解除保险合同,并在扣除手续费后向投保人退还保险费,但是,人身保险合同订立超过两年的,保险人的合同解除权即行消灭。如果投保人申报被保险人年龄不真实,而其真实年龄并未超出保险合同约定的年龄限制的,则保险人不得解除保险合同,而只能按被保险人的真实年龄计算应收的保险费,予以更正(补交或退还)。

二、保险合同的生效

(一)保险合同生效的含义

保险合同的生效是指已经成立的保险合同,其内容符合国家有关法律的规定并且不违反社会公共利益和社会道德规范,从而受到国家法律的承认和国家强制力的保护,在当事人之间产生法律上的约束力,如果合同的当事人违反已经成立的合同所约定的义务,则将受到法律的制裁。简而言之,保险合同的生效是指已经成立的保险合同受到了法律的肯定和保护,当事人必须恪守合同内容,全面履行合同规定的义务。

(二)保险合同生效的要件

保险合同的生效要件,是有关法律为评价保险合同内容是否合法或符合社会利益的标准和条件。保险合同的生效要件首先必须符合一般合同的有效要件。

在我国,保险合同为民事合同的一种,自应适用一般民法上关于合同的相关规则。保险合同的生效要件问题亦是如此。保险合同的生效要件包括一般民法上关于合同的生效要件的法律规则,其规定了保险合同的一般生效要件。此外,我国《保险法》中关于保险合同生效的特别法律规则,构成了保险合同的特别生效要件。

1. 保险合同的一般生效要件

按《民法典》第143条和第502条第1、2款规定,合同的有效要件应包括行为人具有相应的民事行为能力;意思表示真实;不违反法律或社会公共利益。有学说认为,这三项要件再加上标的可能与合法(适当)为合同的一般有效要件。

(1)缔约人具有相应的民事行为能力。

对于保险人,法律要求其必须经国家允许经营保险业务,且必须在其营业执照核准范围内经营保险业务,如依法经核准登记经营人寿保险业务的保险人就没有资格经营财产保险业务,不得订立财产保险合同,否则即为主体不合格,其订立的保险合同无效。对于投保人,法律要求其有订立保险合同的行为能力,并须对保险标的具有保险利益。投保人既可以是自然人,又可以是法人或其他组织。

(2)意思表示真实。

意思表示真实,系指保险合同缔约人的表示行为应真实地反映其内心的效果意思,即效果意思与表示行为相一致。其作为保险合同的效力要件,是意思自治原则在保险合同中的当然要求。

投保人在订立合同时须履行如实告知义务,向保险人如实告知有关保险标的的一切重要情况;否则,不仅影响保险合同的效力,而且即使保险合同订立后发生保险事故,保险人也不承担保险给付义务。就保险人而言,法律要求其在订立保险合同时履行说明义务,向投保人说明保险合同条款的内容,不得诱骗投保人订立保险合同。

保险合同订立须基于双方当事人的自愿。除法律规定的强制保险以外,一方不得将自己的意志强加给对方,强迫对方订立或者接受保险合同。

(3)保险合同的内容合法。

保险合同作为一种法律行为,其内容须合法,即不违反法律的强行性规则。当事人须将自己的意志符合于体现国家意志的法律。只有内容合法的保险合同,才受法律保护,才能达到保险合同当事人的预期目的。保险合同的内容合法包括如下含义:①保险合同的内容不得与我国现行的保险法及其他法律、法规的强行性规则相抵触,如约定投保人免交保险费的保险合同。约定交付保险费是保险法上的强行性规则,当事人不能以约定的方式排除。在此领域,法律限制当事人的意思自治。②保险标的须是法律允许保险的财产及其利益或人的身体、生命。③保险合同的内容不得违反社会公共利益,不得损害他人的利益。④保险合同所承保的危险须不属于不存在的危险。

2. 保险合同的特别生效要件

除民法典规定的一般民事合同的生效要件之外,保险法对保险合同效力要件做出了特殊规定,如保险利益是合同的效力要件,这是保险合同的特殊生效要件。此外,我国《保险法》第13条第3款还规定:"依法成立的保险合同,自成立时生效。投保人和保险人可以对合同的效力约定附条件或者附期限。"由此可见,保险合同的当事人还可以在保险合同中特别约定保险合同生效的条件或期限,这也是保险合同的特殊生效要件。根据保险合同的效力是否由当事人的意思表示决定,保险合同的特别生效要件分为意定的特别生效要件和法定的特别生效要件。

(1)意定的特别生效要件。

第一,附条件的保险合同的条件。所谓条件,指法律行为效力的发生或消灭,系于将来客观上不确定的事实。附条件的保险合同,是指当事人在保险合同中约定一定的条件(不确定的将来事实),把条件的成就(发生或出现)与否作为合同效力发生或终止的依据。合同中所附的条件可以是事件,也可以是行为,但是能够作为条件的事实,须是由当事人任意选择的、合法的、尚未发生的、客观不确定的事实。

以条件成就的法律效力不同,所附条件可分为延缓条件和解除条件。延缓条件是限制合同效力发生的条件,将决定保险合同生效依赖于所附条件成就,即条件成就时保险合同生效;条件不成就时,保险合同不生效力。所谓延缓条件,也称生效条件,是指合同效力的发生取决于所附条件的成就。我国《民法典》第158条:"民事法律行为可以附条件,但是依照其性质不得附条件的除外。附生效条件的民事法律行为,自条件成就时生效。"也就是说,在延缓条件成就前,即使保险合同已经成立,但其效力因受条件的限制而处于停止状态,等到所附条件成就后才开始生效。在这种情况下,保险合同不立即生效不是基于法律的原因,而是当事人自由约定的结果。例如,保险合同当事人约定以投保人交纳保险费作为合同生效的条件,那么投保人交纳保险费的时间就是保险合同生效的时间。而在投保人交纳保险费之前,由于生效条件未成就,所以保险合同不发生约束双方当事人的效力。解除条件是限制保险合同效力消灭的条件,其指已生效力的保险合同于条件不成就时保持其效力,于条件成就时,则保险合同失其效力。

第二,附期限的保险合同的期限。所谓期限,指法律行为效力的发生或消灭,系于将来确定发生的事实。条件与期限同以将来的事实为内容,主要区别在于条件系针对客观上的不确定事实,而期限为确定发生的事实。附期限的保险合同,系指保险合同当事人约定以一定的期限(确定的将来事实)的到来作为合同效力发生或终止的依据。期限的特点在于将来事实肯定会发生,尽管发生的时点可能不确定。根据所附期限对保险合同效力限制的方式不同,可分为始期与终期。始期是决定合同效力开始的时间,而终期则是决定合同效力结束的时间。所谓始期,也称生效期限,是指所附期限到来之时保险合同始发生效力的期限。我国《民法典》第158条第3款规定:"附解除条件的民事法律行为,自条件成就时失效。"也就是说,当所附生效期限届至前,保险合同效力处于停止状态,只有始期届至时,保险合同效力才发生,基于生效的保险合同,当事人也开始受保险合同约定的权利义务内容的约束。在保险实务中,比较常见的是以始期限制保险合同效力,如在保险业务实践中普遍推行的零时起保制,就是将保险合同生效的时间一般放在合同成立日的次日零时或约定的未来某一日的零时。

保险合同所附的条件或期限常通过保险合同的附款来表现。附生效条件的合同,于条件成就时生效;附生效期限的合同,于期限届至时生效。在此之前发生的保险事故,即使保险人收取保险费、签发保险单或其他凭证,均不承担保险给付义务。生效条件成就,始期届至后,保险事故发生,保险人不论是否收取保险费、签发保险单或其他保险凭证,都负保险给付义务。

(2)法定的特别生效要件。

第一,全部无效的情形:①根据我国《保险法》第12条的规定,投保时,投保人对保险标的无保险利益的,保险合同无效。在其他国家或地区的立法例上,有的规定,损失补偿性保险合同,保险事故发生时权利人无保险利益的,保险合同无效。非损失补偿性保险合同,投保时权利人对保险标的无保险利益的,保险合同无效。②以被保险人死亡为给付保险金条件的合同,未经被保险人书面同意并认可保险金额的,合同无效。[①] ③投保人不得为无民事行为能力人投保以死亡为给付保险金条件的人身保险,

---

① 《保险法》第34条。

保险人也不得承保,即当投保人以无行为能力人为被保险人订立以死亡为保险事故的保险合同的,合同无效,但父母为其未成年子女投保人身保险的除外。①

关于复保险情形下,有区分善意复保险与恶意复保险而有不同法律效果的立法例。一般规定,若构成恶意复保险,合同无效。我国台湾地区《保险法》第36条规定:"复保险,除另有约定外,要保人应将他保险人之名称及保险金额通知各保险人。"该法第37条规定:"要保人故意不为前条之通知,或意图不当得利而为复保险者,其契约无效。"其他国家也有关于恶意复保险无效的法律规定。《德国保险契约法》第59条第3款规定:"投保人意图自己不当得利而订立复保险契约的,任何基于此一意图而订立的契约无效。"

[典型案例分析]

原告李某以案外人王某为被保险人,在某保险公司投保分红型人身保险,保险期间至终身,基本保险金额为72 000元,缴费期间为10年,每期保险费为50 688元,保险责任为被告按照约定向生存类保险金受益人及身故保险金受益人给付保险金。原告投保后,被告进行了电话回访,被告工作人员询问"投保提示及投保单上是您和被保险人亲笔签名吗?",原告对此作出"是亲笔签名"的肯定答复。保险合同订立后,原告连续8年向被告交纳保险费共计405 504元,从被告处领取生存类保险金共计51 883.92元。

原告李某以被保险人王某对案涉保险合同不知情也未签字认可为由,向人民法院提起诉讼,请求:(1)确认案涉保险合同无效;(2)判令某保险公司退回保费405 504元及利息。

诉讼过程中,原告李某申请对"投保单中被保险人处王某的签名字迹是否为王某本人书写"进行司法鉴定,法院依法委托的鉴定机构出具了鉴定意见书,认为投保单所书与样本中王某签名字迹不是同一人所书写。

天津某法院一审判决:(1)确认原告李某与被告某保险公司签订的案涉保险合同无效;(2)被告某保险公司返还原告李某保费353 620.08元;(3)驳回原告李某的其他诉讼请求。

天津市某中级人民法院二审判决:驳回原告李某上诉,维持原判。

分析提示:

本案的争议焦点为:(1)涉案保险合同的效力如何;(2)若合同无效,则双方取得的财产如何处理。对此分析如下:(1)涉案保险合同的效力如何。涉案保险合同是以死

---

① 《保险法》第55条。

亡为给付条件的人身保险合同,被保险人王某明确表示涉案人身保险合同未经其同意并认可保险金额。鉴定机构出具的鉴定意见认为投保单中被保险人处"王某"的签名字迹非王某本人书写。保险公司也未向法院提交其他确实、充分的证据证实涉案人身保险合同经被保险人同意并认可保险金额。根据我国《保险法》第34条规定:"以死亡为给付保险金条件的合同,未经被保险人同意并认可保险金额的,合同无效。"至于被保险人同意并认可保险金额的意思表示,根据《最高人民法院关于适用〈中华人民共和国保险法〉若干问题的解释(三)》第一条的规定,可以采用书面形式、口头形式或者其他形式;可以在合同订立时作出,也可以在合同订立后追认。此外,该条还规定了几种能够认定被保险人同意投保人为其订立保险合同并认可保险金额的情形:(一)被保险人明知他人代其签名同意而未表示异议的;(二)被保险人同意投保人指定的受益人的;(三)有证据足以认定被保险人同意投保人为其投保的其他情形。本案中,被保险人王某明确表示其对原、被告订立的案涉保险合同并不知情,司法鉴定意见也证明案涉保险合同被保险人处签字并非被保险人本人所签,原告尽到对其主张的相应举证责任。被告某保险公司虽然向法庭提交电话回访录音,证明原告在被告回访时对"投保提示及投保单上是投保人和被保险人亲笔签名"予以肯定答复,但该回访是对投保人进行而不是对被保险人进行的,因而这并不能证明被保险人知情并认可,被告也未能提交其他充分证据予以证明存在上述司法解释规定的被保险人同意投保人为其订立保险合同,并认可保险金额的情形,故应承担举证不利的责任,案涉保险合同无效。

(2)双方取得的财产如何处理。根据我国《民法典》的有关规定:"合同无效后,因合同取得的财产应当予以返还。"本案中,保险公司应向李某返还交纳的保费共计405 504元,因保险公司已向李某支付生存类保险金51 883.92元,应从保险公司返还李某的保险费中予以扣除。造成该保险合同被确认无效,双方均有责任。李某在保险公司对保险合同签订情况进行电话回访时未将被保险人王某签名系代签的真实情况告知保险公司,且在收到保险合同后,投保单中已注明"被保险人或其监护人亲笔签名"的情况下,明知被保险人处王某为别人代签,却依然连续交纳保费,李某对于案涉合同无效存在过错。保险公司在合同订立过程中本应该向投保人李某进行提醒、明确告知,要求投保人、被保险人履行书面同意和确认手续,并对李某提交的投保单等材料应尽审慎义务,故保险公司也存在过错,而"双方都有过错的,应当各自承担相应的责任"。李某、保险公司均主张对方应该承担已支付金额所产生的相应利息,无法律规定及合同依据,对相关主张不予支持。

第二,部分无效的情形:①采用保险人提供的格式条款订立的保险合同中的下列条款无效:免除保险人依法应承担的义务或者加重投保人、被保险人责任的;排除投保人、被保险人或者受益人依法享有的权利的。[1] ②保险人在订立保险合同时有向投保人明确说明合同中关于保险人责任免除条款的义务,其未明确说明的,该条款不产生法律效力。[2] ③在财产保险合同中,保险金额不得超过保险价值;超过保险价值的,超过的部分无效。[3] 父母以其未成年子女为被保险人订立人身保险合同,以死亡为给付保险金条件,其死亡给付保险金额总和不得超过保险监督管理机构规定的限额。该规则属于强行性规则,违反的,其超过部分无效。[4]

[典型案例分析]

个体出租车司机唐某某于2023年11月7日与某保险公司订立机动车辆保险合同,投保险别为车辆损失险、第三者责任险、附加盗抢险等,保险期限自2024年1月1日到2025年1月1日。投保人依约交纳了保险费。2024年12月18日,唐某某投保的轿车被盗。于是,唐某某向某保险公司索赔,并提供了公安机关提供的车辆被盗的证明。在理赔过程中,保险公司的业务人员发现该车被盗时已超过当年的年检期限而未经年检。依据《机动车辆保险条款》第29条的规定:"保险车辆必须有交通管理部门核发的行驶证和号牌,并经检验合格。"保险公司遂以唐某某违反国家有关行政法规的规定为由而拒绝赔偿。唐某某不服,认为与保险公司签订的保险合同合法有效,保险公司在车辆被盗后便找借口不履行合同,是违约行为,遂将保险公司告上法院。

分析提示:

本案中,投保人未能按时对投保的车辆进行年检,是否违反了国家的有关行政法规而导致合同无效?读者不妨从另一个思路,即从保险合同的客体分析本案:投保人对未能按时年检的投保车辆(保险标的)是否还具有法律上承认的利益(保险利益)?

(三)保险合同的生效时间与保险期间

1. 生效时间

保险合同生效的时间,即保险合同效力开始产生的时间,决定保险合同的履行时间。我国法律规定:"依法成立的合同,自成立时生效。"可见,在一般情况下,保险合同成立即生效,保险合同成立时间即生效时间。又根据我国法律的规定,当事人对合同的效力可以附条件和附期限,在此特殊情况下,已成立的保险合同何时生效,取决于当事人的约定。

---

[1] 《保险法》第19条。
[2] 《保险法》第17条。
[3] 《保险法》第55条。
[4] 《保险法》第33条。

在一般情形下,保险合同的成立时间与生效时间通常是一致的,保险合同依法成立,即生效,当事人便开始依约享有保险合同权利并承担相应的保险合同义务。若保险合同是附条件或附期限的合同,则满足其条件或期限要求时合同始生效力。

附条件保险合同生效的时间,以条件成就的时间来决定。如投保人甲和保险人乙于 2025 年 1 月 1 日订立财产保险合同。双方在合同中约定,投保人交付保险费时,合同始生效力。若甲于 1 月 10 日交付保险费,而该保险财产在 1 月 10 日以前发生了保险事故,因甲交纳保险费的条件尚未成就,保险合同的效力尚未发生,故乙不承担保险给付义务。

附期限保险合同生效的时间,在保险实务中常见的是以始期限制保险合同效力。如普遍采用的零时起保制,即将保险合同的生效时间约定为合同成立的翌日零时或未来某日的零时。如中国人寿保险公司的《国寿团体传染性非典型肺炎疾病保险条款》(中国银行保险监督管理委员会备案号:012003008)第 5 条约定:"本合同的保险期间为 1 年,自本公司同意承保、收取保险费并签发保险单的次日零时起至期满日 24 时止。"

2. 保险期间

保险期间是保险人承担保险给付义务的时间段限。生效时间是保险合同生效的始点。两者的意义实质上并非完全相同。保险合同成立并生效后,投保人即于当日依约履行交付保险费的义务,而保险人则通常于翌日零时开始承担保险给付义务。此时,不能说保险合同尚未生效,也不能认为仅对投保人单方面生效。当事人通常采用日历时间或指出判断时间标准的方式在合同中约定保险期间。约定日历时间指在保险合同中明确约定保险期间开始和终止的日历时间。如在保险合同中约定:"保险期间自 2025 年 1 月 1 日零时起至 2025 年 12 月 31 日 24 时止。"指出保险期间的识别标准的方式如海上货物运输保险的"仓至仓"条款通常约定"保险责任从货物运离发货人在起运地的最后一个仓库或储存处所时开始,至货物到达收货日在目的地的第一个仓库或储存处所时止"。

(四)保险合同的无效

1. 保险合同无效的概念

保险合同的无效是指保险合同虽然成立,但因法律规定或合同约定,自始不发生效力。保险合同无效不同于保险合同失效,无效是指合同成立时即不具有法律拘束力,不存在失效的问题,更不存在复效的问题。失效是指保险合同有效成立后因一定原因而使其中途失去效力,存在复效的问题,如人身保险合同效力中止后在一定期限内还可恢复效力。

保险合同的无效不同于保险合同的不生效力。合同成立但不生效力,依不生效力的强弱,可分为无效,效力待定,合同因撤销而无效,停止条件未成就、始期未届至而不生效等几种情形,而无效仅为不生效力的一种,是不生效力中最严重的情形,因此,保险合同无效与不生效在概念上应有所不同。

2. 无效保险合同的分类

依保险合同无效的范围不同,可将其分为全部无效和部分无效。全部无效是指保险合同的内容全部自始不发生效力。部分无效是指保险合同的内容仅有一部分无效,其他部分仍然有效。对于合同的有效部分,双方当事人应按其约定继续履行。

3. 保险合同无效的原因

(1)因违反《保险法》等法律的强制性规定而无效。

各国保险立法均明文规定一系列无效原因,这些规定一般属于法律的强制性规范,当事人不得以协议变更。一般说来,保险立法上规定的保险合同无效的事由主要有：

第一,承保危险不存在。在保险合同订立时,由于承保危险已经发生或根本不存在,则保险合同无效。保险的职能就在于填补因危险事故所造成的损失,无危险即无保险,保险以危险为其存在条件。如果在保险合同订立时不存在承保危险,保险即失去存在的意义。虽然保险合同已经成立,但不能发生效力。

第二,投保人或被保险人对保险标的不具有保险利益。如前所述,保险利益是保险合同的一项重要的有效要件,也是保险合同订立和履行的原则。正因为有保险利益,才使保险与赌博区别开来,避免了道德危险的发生,同时也为确定保险人履行义务的范围提供了依据。因此,各国保险法均规定,投保人或被保险人对保险标的不具有保险利益的,保险合同无效。

第三,在复保险合同场合下,除另有规定外,投保人故意违反通知及告知义务或意图以此获得不法利益的,保险合同无效。

第四,在超额保险中,如果是因投保人欺诈而订立的保险合同,则保险合同全部无效。如果非因投保人欺诈而订立者,则超额部分无效。但有的国家保险法规定,无论投保人是故意还是过失,都是保险合同的超额部分无效。

第五,在人身保险中,为保护被保险人的利益,各国一般对以他人生命为标的而订立的死亡保险合同加以限制。对此,各国保险立法主要通过以下几种规定来予以限制：其一,必须经被保险人书面建议,否则合同无效;其二,被保险人为无行为能力者,合同无效;其三,受益人须经被保险人书面同意或指定,否则合同无效。

第六,在人寿保险合同中,如果被保险人真实年龄与保险合同所记载的年龄不符,且其投保时真实年龄已超过保险人所规定的可保险年龄限度者,保险合同无效。

(2)因违反保险法之外的其他法律规定无效。

保险合同作为一种特殊的合同,我国《民法典》中有关合同无效的原因的规定,同样适用于保险合同。因此,在以下几种情况下,保险合同为无效合同。

第一,无权代理。合同法将无权代理所订立的合同定性为效力待定的合同,但可以肯定的是,无权代理行为若未经追认,所订立的合同为无效合同。另需注意的是,代理人虽无代理权,但足以导致第三人误认的,构成表见代理的,此时的无权代理人与第三人所订立的保险合同仍然有效,由被代理人为第三人承担合同责任。

第二,违反国家利益和社会公共利益。所谓损害国家利益和社会公共利益,是指订立合同的目的或者履行合同的后果,严重损害了国家利益或社会公共利益。如保险合同的承保范围包含某些犯罪行为、妨害社会公共安全以及危害国家安全和社会公共利益的行为。

(3)因保险合同当事人约定的原因而无效。

当事人对于合同效力的约定,可分三种情况:约定解除合同、约定合同不生效和约定合同失效。而保险合同因当事人约定无效一般是指后两种情况:一种情况是保险合同附生效条件,当事人约定合同在一定情况下生效,生效条件未成就时为无效;另一种情况是保险合同约定合同失效条件,发生某种特定事由可使合同归于无效。

4. 无效保险合同的法律后果

无效保险合同从订立时起就不发生法律效力。所谓不发生法律效力,是指不能达到保险双方当事人所预期的目的,不受法律的保护。但这并不是说无效保险合同是没有任何意义的。保险合同一经认定为无效合同,同样产生一定的法律后果。这种法律后果是:

(1)返还保险费。返还保险费是针对保险人而言的。保险人在合同订立以后收取了保险费,后经确定该保险合同为无效合同,则保险人应将已经收取的保险费返还给投保人。

(2)退还保险金。退还保险金是针对投保人、被保险人或受益人而言的。保险人依合同约定,在保险事故发生以后支付了保险赔偿金或保险金,后该合同确认为无效合同,则投保人、被保险人或受益人应将已经取得的保险金退回给保险人。

(3)赔偿损失。如果保险合同的无效是由于一方当事人的过错引起的,而且造成对方的经济损失,则该过错的一方应当赔偿对方的经济损失。如果双方都有过错,则以过错的大小各自承担相应的责任。

(4)其他行政制裁。无论是返还保险费、追回保险金,还是赔偿损失,目的都是使保险合同双方恢复到该无效行为以前的状态。但是,如果保险合同无效是保险双方或一方故意所为(如规避法律等),则对该故意的一方或双方可以进行一定的行政处罚如没收、追缴非法所得等。

第四节 保险合同的条款

保险合同有效成立后,保险当事人的权利和义务,也就是保险合同的主要内容主要体现在条款上。

一、保险合同条款概述

(一)保险条款的概念

保险条款(clause)是保险单列明的反映保险合同内容的文件,是保险合同当事人履行保险合同的权利与义务的依据。

各国在保险实务中均由保险人事先根据不同的险种拟定不同的保险条款。投保人一旦投保,只要填上姓名、保险标的、保险金额、保险期限,经保险人同意投保,保险合同就成立,产生法律效力。投保人与保险人签订保险合同,必须统一该险种的基本条款,当然,还可在此基础上协商订立有关附加条款,也可以通过特别约定的方式,对保险条款的内容进行变更。一旦发生纠纷,保险条款就成为解决纠纷的基本依据。

(二)保险条款的分类

1.根据保险合同条款的性质不同,可将其分为基本条款和特约(附加)条款

(1)基本条款,又称为普通条款或保险条款,是指保险人在事先印就的保险单上根据不同险种对保险合同当事人权利和义务等基本事项以及保险行为成立所必需的各种事项和要求进行规定,构成了保险合同的法定记载事项,也称保险合同的要素,主要明示保险人和被保险人的基本权利和义务。我国《保险法》第18条规定,保险合同应当包括下列事项:保险人的名称和住所;投保人、被保险人的名称和住所,以及人身保险的受益人的名称和住所;保险标的;保险责任和责任免除;保险期间和保险责任开始时间;保险金额;保险费及其支付方法;保险金赔偿或者给付办法;违约责任和争议处理;订立合同的年、月、日。

(2)特约条款,又称为附加条款,是指保险合同当事人双方在基本条款的基础上所附加的、用以扩大或限制基本条款并满足各自的特殊需要而做出的特别约定,构成了保险合同的补充内容。

在保险实务中,无论是基本条款还是附加条款,一旦订入保险合同,就对当事人具有同等的法律约束力。需要说明的是,在保险实务上,有基本险和附加险之分,一个保险合同在承保了基本险的前提下,又承保了某种附加险。但基本险与基本条款、附加险与附加条款并非同一概念。基本险与附加险的关系是两个险种之间附加险的承保

以基本险的承保为前提的依附关系,基本险的期限通常较长或与附加险的期限相同,附加险的期限通常较短,最长时也不超过基本险的期限。无论是基本险还是附加险,都有其基本条款,基本条款之外有无附加条款则视具体情形而定,不可一概而论。

2. 根据保险条款产生的依据不同,可将其分为法定条款和任意条款

(1)法定条款是指法律规定必须具备的条款。我国《保险法》第18条规定,保险合同应当包括下列事项:保险人、投保人、被保险人、受益人的名称和住所;保险标的;保险责任和责任免除;保险期间;保险金额;保险费及其支付办法;保险金赔偿或者给付办法;违约责任和争议处理;订约时间。法定条款也可以表现为禁用条款,如保险人不得放弃财产保险合同中法律对保险利益的要求;保险人不得接受未经被保险人或其监护人书面同意的死亡保险、健康保险、意外伤害保险投保;保险人不得对保单生效之日起法定期限内被保险人的自杀承诺给付保险金等。

(2)任意条款,又称为选择条款,是指由投保人和保险人自由选择的条款。我国《保险法》第18条第2款还规定:"投保人和保险人可以约定与保险有关的其他事项。"前述的附加条款中的保证条款既是特约条款,又是任意条款。但任意条款并不等于特约条款。事实上,保险同业协会制定的各种协会条款,虽然性质上属于基本条款,但是若被投保人和保险人选用,则也属于任意条款。

二、保险合同的基本条款

(一)基本条款的主要内容

1. 当事人的姓名和住所

合同必须有特定的当事人,保险合同并不例外。保险合同订立后,保险费的支付、危险事故的通知、保险金的给付,皆须有明确对象。因此,保险合同中须列明当事人。保险合同大多运用保单形式,在保单中保险人的姓名和地址已印就,要填写的是投保人的姓名。

在货物运输保险中允许采取指示式和无记名式,指示式即除记明投保人的姓名外,并记载"或其指定人"字样。这种保险单投保人可以用"背书"方式转让给第三人。"无记名式",即不具体载明投保人的姓名,投保人以交付保险单的方式而改变保单持有人。凡保险单持有人即可依据保险单条款内容向保险人请求给付保险金。以上做法是为了方便货物转让。

总之,保险合同以记名式为原则,以指示式或无记名式为补充。

保险合同必须载明投保人(或被保险人)的所在地。标明投保人的地址可界定真实的投保人身份,避免张冠李戴。此外,各种权利与义务的行使以及诉讼管辖权的行使,与投保人(或被保险人)的所在地密切相关。所以在保险合同中标明投保人(或被

保险人)的地址是十分重要的。

2. 保险标的

在不同的保险中保险标的的内容有所不同。有形财产保险中的保险标的是指保险事故可能发生的财产。无形财产保险中的保险标的是指被保险人可能承担的法律责任。

人身保险中的保险标的是可能发生人身事故的被保险人。

在财产保险合同中载明保险标的可判明投保人对保险标的有无利害关系、有无保险利益,也就是判明投保人是否有投保资格的根据。合同中不需记载保险利益,只要明确记载投保人及保险标的即可判定,可确定投保人可以投保的最高保险金额,可明确保险人提供经济保障的目标,在保险事故发生后,可以核实损失,计算赔款。

3. 保险金额

保险金额,简称保额,是保险合同双方当事人约定在保险事故发生时保险人应赔偿金额的最高限度。保险合同中必须载明保险金额,这是因为:第一,投保人根据保险金额确定其应付的保险费;第二,确定保险人赔偿的最高限额。保险企业是承担风险责任的企业,但其责任也有一定限制。保险金额的确定,就是保险人与投保人共同确定的责任限额,即保险事故发生后,保险人应按实际损失赔付,最高赔偿额以保额为限。

4. 保险费

保险费简称保费,是被保险人向保险人支付的费用,作为保险人根据保险合同的约定提供经济保障的代价,即保险人分摊危险的代价。

保险费是建立保险基金的源泉,保险人能否有赔偿能力,取决于他所收取的保险费总额是否能弥补他所承担的全部赔偿责任。保险费的多少,取决于保险金额的大小和保险费率的高低。保险合同中须载明保险费率。保险费率是指保险人在一定时期按一定保险金额收取保险费的比例。

保险费率之对于保险,相当于商品价格之对于商品。正确确定保险价格将对保险需求有直接影响。保险费率的确定与一般商品价格的确定方法不同。一般商品价格是根据其已支出的生产成本和费用来确定的,但保险赔偿金在其事故发生前还是一个未知数,只能事先对未来损失作估计。为了科学厘定保险费率,必须积累损失记录档案,进行统计,运用大数法则来预测各种风险的损失率,在此基础上确定保险费率。

在保险合同中若未订明保险费,只要投保人明确保险险种和保险金额,就可依照保险人预先制定的保险费率表推算出保险费的数额。只要投保人同意支付保险费,即不影响保险合同的有效成立。

5. 保险危险

保险危险,又称保险责任或保险责任事故,是指造成保险人承担赔偿损失责任的事故原因。保险责任事故是触发保险人赔付责任的前提,即保险标的的损毁是由于合同所载明承保危险所致,保险人才承担合同约定的赔偿责任;反之,则不负赔偿责任。如果在保险责任期间并未发生保险责任事故,则保险人无须承担合同约定的保险金给付责任,这是保险合同的射幸性决定的,这也是保险合同不同于普通的民商事合同的特殊之处。对于投保人而言,其已经交纳的保险费也不能要求保险人退还,此时,其交纳的保险费就变成保险人管理下的保险基金,用于对其他已经发生保险责任事故的被保险人或受益人的保险赔付款。因此,从保险责任事故未发生投保人就得不到保险金的赔付角度来看,投保人所交纳的保险费实际上成为对其他投保人或被保险人、受益人的慈善捐款。

造成损失的危险事故种类繁多。为确定保险人分担危险责任的范围,保险合同上必须载明承保的危险项目,可以一个保险合同只承保一项危险,也可以一个保险合同承保多项危险,但均得在保险合同中一一列举。

6.保险责任的起止期限及保险期间

保险人承保的保险责任从开始到结束的这一段时间就是保险责任起止的期间。

保险合同载明保险责任的起止期限是十分重要的,因为投保人的保险保障是从保险责任有效期间才能享有,保险事故只有在保险责任有效期内发生,保险人才予以承担赔偿责任。

关于保险责任的起止期限及保险期间的详细叙述,请参见前述保险合同订立与生效部分。

7.保险责任和责任免除

投保人和保险人通常在保险合同中明确约定保险责任的范围和责任免除的范围。

(1)保险责任指保险人依照保险合同的约定,在保险事故发生时或者在保险合同约定的给付保险金的条件具备时,应当承担的给付保险金的责任。很显然,保险人并不对保险标的的所有风险承担责任,其承担责任的范围取决于保险合同的约定。

(2)责任免除,又称"除外责任",是指保险人在保险单中规定了一定范围内保险人无须对发生事故造成的损失给予赔付。责任免除的范围,除根据保险法的原理得出的一般保险合同共有的免除范围以外,还包括双方当事人在合同中达成一致的责任免除范围。大多数的保险合同共有的保险人的责任免除范围一般包括以下几种情况:①在保险合同成立前,投保人或被保险人已知保险标的已经发生保险事故的;②投保人或者被保险人故意造成保险标的损害的;③因投保人违反如实告知义务而造成保险标的损害的;④因被保险人不履行防灾减损义务而造成保险标的损失或者增加保险标的损失的;⑤除非保险合同已有约定,因保险标的自身缺陷或者特性造成的损失。

需要说明的是,保险人在保险合同中已经对保险责任做出规定,但这并不能否定责任免除条款的独特作用。事实上,保险责任条款并不能代替约定责任免除条款的作用,规定责任免除的作用在于:首先,在现实生活中,风险是千差万别的,保险不是什么都保,因此,保险公司一般采用先从整体上规定某项风险责任,然后再用除外责任条款加以限制,以减少保险公司的风险责任。其次,在基本条款中所确定的保险责任,一般是发生概率较易测算、损失较易在被保险人之间分摊、保险公司较易管理的风险。为了使标的的实际情况符合上述要求,保险公司的条款往往利用除外责任对不可保或特别约定的风险加以剔除。最后,由于保险合同具有强烈的射幸性,道德风险便成了保险业正常经营的绊脚石。为此,保险公司常常会在除外责任条款中对诸多的道德风险明文加以排除,以谋求保险公司的正常经营。

鉴于责任免除条款的上述特殊性和极端重要性,在判断保险合同的除外责任是否有效时,我国《保险法》仅仅以"明确说明"加以限定,这种规定使实际操作的难度加大,因此,我们可以批判地借鉴和吸收英国法院的除外责任条款的判例。除外责任条款必须符合以下几点:①投保人签字。英国法认为,只要合同当事人在合同中签字,就应该受到合同条款的约束,即使该当事人未阅过这些条款内容,也应受到合同条款的制约。②提请注意,即提请相对人对除外责任条款的注意。英国法认为,如果除外责任条款在仅由一方当事人向相对人草拟的合同中被标示或指示出来,或者在合同签订地点被醒目地展示,如果这些已存在的提请注意已合理地给予相对人,那么除外责任条款便成为合同条款。③对除外责任条款应作不利于该条款起草人的解释。该原则的确立来源于1536年的一个英国判例。我国保险理论界认为,保险条款的除外责任是由保险人事先拟订报保险监管机关批准后,印制在保险单上的。因此,当双方在履行合同中,如对除外责任条款有疑义时,应作有利于被保险人一方的解释;同时,如果保险人的除外责任条款语义不明的,则应作有利于被保险人的解释。

8. 保险金赔偿或者给付办法

在发生保险事故或者保险合同约定的给付保险金的条件具备时,被保险人或者受益人有权请求保险人依约给付保险金。至于保险人应该给付多少保险金,应何时何地以及以何种方式给付等则依合同的约定和法律的规定。我国《保险法》第23条至第27条对保险金的给付作出了明确的规定。

9. 争议条款

保险合同争议处理方式无外乎三种:协商、仲裁或诉讼。当保险合同的履行发生争议时,投保人和保险人可以通过协商解决,协商不成或不愿通过协商解决的,可以在合同中约定通过仲裁或者诉讼方式解决;在保险合同中未约定争议解决方式时,双方也可以在争议发生后协商解决方式,最后还达不成协议的,通常只有通过诉讼方式解决。

10. 订约的时间和地点

在合同中写明订约的年、月、日是十分重要的,因为有了订约的具体日期,才能确定投保人是否具有保险利益、保险危险是否已经发生或消灭、保险费交纳期限以及合同生效期间的计算等。例如,投保人在保险合同订立时对保险标的没有保险利益,保险合同订立前已发生保险事故的,保险合同无效。至于保险合同签订的地点,对于保险合同争议的法律管辖、法律适用有直接的影响。因此,保险合同应明确规定保险合同的订立时间和地点。

(二)基本条款的效力

1. 解决基本条款效力的原则

关于漏列或欠缺法定事项对于保险合同效力的影响,我国《保险法》并未明文规定。若漏列或欠缺前述法定事项的全部或一部分,保险合同是否因之而无效?对此,应主要看其漏列或欠缺的事项是否损害该保险合同的实质。倘有害于保险合同的实际存在,则保险合同不生效力;若无害于保险合同的实质存在,则保险合同不因此而受效力上的影响。如在一般保险中,当事人的姓名、保险标的、事故的种类、保险金额、保险费、订约的日期都不可漏列。如果有欠缺,即属合同内容不完备,往往可认为合同在实质上并未成立,不仅仅是合同的形式问题。若漏列保险责任开始的时日及保险期间,则以保险合同订立之日视为保险给付义务开始的时日,以保险费可算定的期间为保险期间。在人身保险合同中,若未记载受益人,则以被保险人为受益人。若该事项的欠缺对于保险合同实质并无重大影响,则应认为无碍其成立及生效。

2. 漏列或欠缺法定事项,而事后补充的效力

我国《保险法》第 18 条所列的法定事项,当事人理应在订约时议定。保险人交付保险单时应将之记载在保险单上,如果保险单上漏列或欠缺,并无碍于合同的成立与效力,投保人则可以要求保险人添列,或以投保单或其他文件加以补充。但是,当事人在订立保险合同后对于法定事项若在事后用补充条款予以补充,则涉及该补充条款的效力问题。所谓补充条款,是指保险合同订立后,对合同的内容的增删变更,作为内容的补充,又称追加条款。我们认为这是保险合同内容的变更,须事先经当事人双方同意。如财产保险合同订立时,当事人无"承保房屋不得出租,如出租时,合同失效"的约定,若保险人在保险单签发后,以书面通知被保险人声明"承保房屋不得出租,如出租时,合同失效",若被保险人不反对,此补充条款是否有效?通说认为,正式保险单一经制作签发,应认为当事人先前议定的条件或文件已全部纳入保险单之中,成为保险合同的组成部分,当事人一方不得另行提出补充。但如果在保险单内订明"其他文件仍作为保险合同的部分"的,则不在此限。当事人对于保险单的内容,除基本条款所规定事项外,在保险单发出后,只要当事人双方合意,尚可增删变动,这属于合同内容的变

更。按"承保房屋不得出租,如出租时,全部合同失效"之补充内容,是约定保险合同失效的原因,属于基本条款所规定的事项,不得在保险单发出后以"补充条款"方式加以增删或变更,所以即使被保险人对该补充条款不表示反对,该变更亦不生效力。

三、保险合同的特约条款

(一)保险合同的特约条款的含义

1. 保险合同的特约条款的含义

特约条款是指保险人与投保人双方在已经拟定的基本条款的基础上为满足各自的特殊需要而任由当事人自行约定的合同内容。

我国《保险法》第18条第2款规定:"投保人和保险人可以约定与保险有关的其他事项。"投保人与保险人就上述条款以外的其他事项的约定多是关于当事人双方的权利、义务的特别约定,因具体合同而异,一般有如实告知条款、防灾减损条款、危险增加条款、保证条款、保险单转让条款、保险事故通知条款、保险代位权条款、年龄误保条款、附加保险条款、保险弃权条款等。特约条款中最重要的是保证条款,我国目前开展的保险业务中很少采用,但为各国所普遍使用,因此,有必要掌握其基本含义及内容,以适应保险业发展的需要。

2. 特约条款与除外条款、不包括条款的区别

特约条款与除外条款及不包括条款,虽均为保险人控制并确定其所承担的危险,但有如下不同:

第一,含义不同。特约条款,是指当事人在保险合同的基本条款外约定特定权利和义务的条款。除外条款,是指将原已包括保险合同之内的危险或责任,明文加以排除的条款。这种条款,是缩小承保的危险范围的方法。不包括条款,是指原不是保险合同包括在内的危险,因条款明文约定将其包括在内。如人寿保险合同,被保险人故意自杀或因犯罪拒捕或越狱致死的,属不包括危险。除外条款的意义与不包括条款正好相反:前者本来属于保险合同包括的危险,因该除外条款的约定而将其排除在保险合同承保的危险之外;后者本来属于保险合同当然不包括的危险,因该不包括条款的约定而将其包括在保险合同承保的危险之内。

第二,效力不同。特约条款为合同的效力要件,若违反,保险人则可以解除合同。除外条款,在于缩小危险的范围,其成就时仅能免除保险人在该除外危险下的保险给付义务,但是不可将其作为解除合同的理由。不包括条款,因其规定扩大了承保的危险的范围,加重保险人的合同义务,更不可将其作为解除合同的理由。

第三,内容不同。违背了特约条款可能因保险人弃权而不得再行主张;至于除外条款所约定的危险,本不在合同范围内,不存在放弃的可能性,即使经当事人事后承认

或抛弃也不发生责任。不包括条款,属于保险合同义务范围,事故发生时,保险人应负保险给付义务。

(二)保险合同的特约条款的表现形式

特约条款的常见形式有下列四种:

1. 附加条款

附加条款,又称为追加条款、补充条款,是指保险合同当事人在合同基本条款的基础上约定的补充条款,是为增加或限制基本条款所作的补充。保险合同的当事人在保险合同订立时或订立后,为适应特殊的需要,经当事人双方同意,对于原有基本条款的规定可以补充或变更。

2. 共保条款

共保条款,是指保险人与投保人约定就保险标的的一部分,由投保人自行负担因合同承保危险所致的损失。该条款一般仅适用于财产保险,不适用于人身保险。其宗旨在于促使投保人或被保险人对于保险标的的安全善尽注意义务,防范保险事故因未尽注意而发生,有利于保险人控制危险。一般保险的保险标的,大多为投保人或被保险人持有或在其控制中。投保人或被保险人赖有保险,对保险标的的安全可能疏于注意,易诱发保险事故。若投保人与保险人就保险事故造成的损失共同分担,则投保人会更加谨慎地防范危险发生。若有此约定,则投保人不得将未经保险的部分,另外与其他保险人订立保险合同。若违反,则保险人可以解除合同。但保险人如果在事前或事后予以同意,即无异于抛弃共保条款,基于合同自由原则,保险合同的效力不受影响。

3. 协会条款

协会条款,是指同业组织之间经协商一致而制定的保险合同条款,主要指伦敦保险人协会制定的有关船舶和货物运输的海上保险合同条款。协会条款的作用有时比原保单更为重要,是对原保单的修改、补充、限制、变更等。

4. 保证条款

保证条款,是指投保人确保为或不为某种行为或确保某事实存在或不存在的条款。如人身保险合同中的投保人保证其申报的被保险人年龄真实。保证条款一般由法律规定或同业协会制定,是投保人或被保险人必须遵守的条款,若有违反,保险人则有权解除合同或拒绝给付。

(三)保险合同的特约条款的效力

保险合同的特约条款是保险人控制危险的方法。无论约定的事项在本质上是否重要,一经特约,即成为保险合同的一部分,产生相应的合同效力,法院无须审查特约内容是否重要,可直接做出相应的判决。当然,当事人基于意思自治订立的特约条款,不得违反我国《保险法》及其他法律、法规的强行性规范,也不得违背社会公共利益。

四、保险合同条款的解释

(一)保险合同条款的解释的含义和意义

保险合同条款的解释,简称保险合同的解释,是指对保险合同的格式条款或其批注等内容的理解和说明。

合同用语是通过自然语言来表述的,而自然语言本身具有多义性,同一自然语言在不同场景下会有不同的意义。自然语言的多义性导致针对个别案件可能出现不同的人对同一自然语言理解上的差别,当其意义理解涉及权利和义务的时候,即须对其进行解释。这是合同解释存在的根本原因。

保险合同条款解释一般情况下须遵循一般合同的解释原则进行解释,但基于保险合同的特殊性,亦有自己的特殊解释原则。

(二)保险合同条款的解释原则

1. 真意解释原则

对于当事人缔结的保险合同所发生的争议,如何解释与之相关的保险合同的条款,应当首先考虑适用合同解释的一般原则。合同解释的一般原则为真意解释原则。真意解释原则是指在保险合同的条款发生争议时,通过判断合同当事人订约时的真实共同意图,以阐明保险合同条款的内容。真意解释是解释合同的基本方法。

真意解释可以通过下列具体解释方法予以实现:

(1)语义解释方法。

语义解释,又称为文义解释,是指按照保险合同条款的用语的文义及其唯一、特定或者通常使用方式,以阐明保险合同条款的内容。保险合同所用语言文字的文义最能表达当事人的意图,除非有充分的理由表明保险合同所用语言文字的文义不能代表当事人的真实意思。当然,保险合同所用文义是否清楚,也需要进行判断。判断保险合同使用的语言是否有争议,必须从一个在法律方面或者保险业方面没有受过训练的人的立场加以考虑。

(2)上下文解释方法。

保险合同所使用的术语,其含义往往受上下文的约束,在发生争议时,应当通过保险合同条款的上下文进行合理斟酌,以确定其含义并推断出当事人的意图。通过上下文解释保险合同的条款,有同类解释和限制解释。例如,《中国人民保险公司企业财产保险条款》第2条规定,除非特约,金银、珠宝、玉器、首饰、古玩、古书、古画、邮票、艺术品、稀有金属和其他珍贵财物不属保险财产范围,其他珍贵财物应当解释为前文所列举的其他同类物品,非同类的珍贵物品不在此限。

(3)补充解释方法。

补充解释,是指运用保险合同所用文字以外的评价手段,对保险合同的内容欠缺所作出的能够反映当事人意图的解释。在保险合同的约定有遗漏或不完整时,当事人的意图也难以确定的,可以通过法律的强制性规定,或者借助法律的任意规范、保险人或其代理人的行为或交易过程、商业习惯、国际惯例以及公平原则等,补充解释保险合同,以找到当事人的真实意图。

2. 有利于被保险人解释的原则

有利于被保险人解释的原则,又称"不利解释原则",是指保险人和投保人、被保险人或者受益人对保险合同的内容有争议,应当对保险合同所用文字或者条款作有利于被保险人而不利于保险人的解释。保险合同由保险人备制,极少反映投保人、被保险人或者受益人的意思。投保人在订立保险合同时一般只能表示接受或者不接受保险人拟就的条款。再者,保险合同的格式化也实现了合同术语的专业化,保险合同所用术语非普通人所能理解,这在客观上有利于保险人的利益。为了保护被保险人或者受益人的利益,各国在长期的保险实务中积累发展了不利解释原则,以示对被保险人或者受益人给予救济。在格式保险合同的条款发生文义不清或者多种解释时,应当作不利于保险人的解释;作不利于保险人的解释,实际上是作有利于被保险人的解释。我国《保险法》第30条规定:"采用保险人提供的格式条款订立的保险合同,保险人与投保人、被保险人或者受益人对合同条款有争议的,应当按照通常理解予以解释。对合同条款有两种以上解释的,人民法院或者仲裁机构应当作出有利于被保险人和受益人的解释。"这一不利解释原则,是对投保人相较于保险人处于合同缔约能力上的弱势地位的校正,以及对被保险人和受益人相较于保险人处于经济地位上的弱者的合同利益的维护,具有十分重大的意义。

[**典型案例分析**]

张甲以自己作为被保险人于2023年3月向乙保险公司投保了终身重大疾病保险合同。根据该保险合同条款的规定,本合同保险金额是60 000元,而被保险人在保险责任生效以后患有该保险合同列举范围内的10种重大疾病的,按照保险金额给付保险金;同时,该保险合同还规定被保险人因患列举范围内的10种重大疾病而死亡的,按照保险金额的5倍给付保险金。2024年6月,张甲因心肌梗死急性发作而入院治疗,12天后由于病情突变而死亡。于是,张甲的妻子李丙根据张甲在终身重大疾病保险合同中的指定,作为受益人向乙保险公司提出索赔申请。乙保险公司表示,心肌梗死属于保险合同列举的10种重大疾病之一,故应当履行保险责任。但是,在给付数额上,李丙与乙保险公司之间产生歧义。李丙要求按照保险金额的5倍支付保险金

300 000元,理由是张甲是因患保险合同约定的重大疾病而死亡的。而乙保险公司则认为,张甲患心肌梗死属于本保险合同的保险责任,故应当按照保险金额给付保险金60 000元。

分析提示:

本案中,各方当事人对于保险合同条款的含义和适用存在不同理解时,应当按照保险法规定的不利解释原则来解决当事人之间的争议。通过本案,可以充分理解保险合同条款的适用情况。

需要说明的是,不利解释原则仅能适用于保险合同有歧义而致使当事人的意图不明确的场合。若保险单的用语明确、清晰且没有歧义,则说明当事人的意图明确,没有解释保险合同条款的余地,不能作不利于保险人的语义解释,不利解释原则更不能被用于曲解保险合同的武器。同样,若保险合同有文义不清的条款,但经当事人的解释而被排除,也没有适用不利解释原则的余地;再者,若当事人的意图可以通过其他途径予以证实,也不能适用不利解释原则,以排除当事人的明示意图。除上述以外,若保险合同的用语经司法解释已经明确而没有歧义的,则说明合同条款的用语不存在歧义,作有利于被保险人的解释的原则不能适用;但是,若对于保险合同的用语经不同的法院解释,关于该用语的正确含义、所表达的当事人意图以及由此产生的效果存在相互冲突的结论,则说明保险合同条款的用语存在歧义,应当适用不利解释原则。

还有一个要注意的问题是,不利解释原则能否适用于国家保险管理机关核定发布的基本保险条款? 对于基本保险条款或者法定保险条款(standard or statutory policy)所发生的歧义,美国法院在适用解释原则时有不同的态度。有些法院认为,不存在对保险单作有利于哪一方的解释的理由,不利解释原则不适用于基本保险条款的解释;另有一些法院认为,保险人以其自己的认识利益,在备制保险合同时将基本保险条款插入保险合同,而被保险人对保险合同的备制不能做任何事情,并且在订约时难以全面知晓保险合同的性质和内容,因此,当基本保险条款有歧义时,应当作有利于被保险人而不利于保险人的解释。[①] 我们认为,基本保险条款不是保险人事先拟定的,不论保险人是否将其"插入"保险合同,保险人都不能变更基本保险条款。因此,依照基本保险条款签订的保险合同,与纯粹作为附合合同的保险合同不具有等同的意义,在发生歧义或者文义不清的争议时,应当由国家保险管理机关依照法律、基本保险条款所使用的语言文字。制定基本保险条款的目的作出公正的解释,不能适用不利解释原则。

[①] American Jurisprudence, Vol. 43, Insurance, 2nd Edition, Lawyers Cooperative Publishing Co., pp. 365—366.

第五节 保险合同的书面凭证

虽然保险合同属于诺成性合同和不要式合同,但这并不意味着保险合同的书面凭证无足轻重;相反,在保险实务中,保险合同的书面凭证无论对投保人、被保险人、受益人或保险人都具有至为重要的意义。保险合同的凭证,主要表现为投保单、暂保单、保险单和保险凭证等书面形式,但这并不意味着保险合同只能采取书面形式。根据我国《保险法》的规定,在保险人同意承保到保险人签发保险单或其他保险凭证之前的这段时间,当事人之间存在着口头形式的保险合同,此时的投保单、暂保单等书面凭证不具有任何法律效力,只有在保险合同的当事人达成协议后予以采用时,它们才成为具体的保险合同。

一、投保单

(一)投保单的含义

投保单是投保人向保险人申请订立保险合同的书面要约,是由保险人事先准备,具有统一格式的书据。投保人必须按照其所列项目逐一填写,以供保险人决定是否承包和确定保险费率。

(二)投保单的主要内容

(1)投保人、被保险人的姓名、名称和住所;

(2)保险标的的名称及存放地点;

(3)保险险别;

(4)保险责任的起讫;

(5)保险价值和保险金额等;

(6)应告知投保危险的程度或状态等。

(三)投保单的性质和作用

投保单本身并非正式合同文本,一经保险人接受后,即成为保险合同的一部分。我国《保险法》第13条规定:"投保人提出保险要求,经保险人同意承保,保险合同成立。保险人应当及时向投保人签发保险单或者其他保险凭证,并在保险单或者其他保险凭证中载明当事人双方约定的合同内容。经投保人和保险人协商同意,也可以采取前款规定以外的其他书面协议形式订立保险合同。"

在保险事务中,投保人提出保险要求时均需填具投保单。保险人要求的,还要填写风险询问表、健康告知书。投保单、健康告知书和风险询问表中所列事项,一般均视为重要事实，投保人应如实告知。如投保人在投保单或风险询问表中填写不实、隐瞒或欺诈，都将可能导致保险人解除或终止保险合同。投保单或风险询问表上如有记载，保险单上即使有遗漏，其效力与记载在保险单上一样。投保单、风险询问表、健康告知书虽然不是保险合同的正式文本，但保险人一旦承保，即构成保险合同的组成部分。

二、暂保单

(一)暂保单的含义

暂保单，又称为临时保险单，是指在保险单或保险凭证签发之前，保险人或其代理人向投保人出具的临时保险凭证。

(二)暂保单的用途

暂保单主要适用于财产保险合同。在财产保险合同中的暂保单，又称暂保条，一般在下列情况下出具：一是保险代理人在争取到有关业务而尚未向保险人办妥保险单手续之前；二是保险公司的分支机构接受投保后未获公司批准之前；三是在当事人双方已就保险合同的主要条款达成协议，但尚有某些条件需要继续协商时；四是保险人在出具保险单或保险凭证前可先出具暂保单，作为出口贸易结汇的凭证之一，证明出口货物已经办理保险。

财产保险的暂保单，又称暂保收据，其法律效力一般与保险单完全相同，不过有效期比较短。保险单发出之后，暂保单自动失效。暂保单的另一个重要特点是保险人可在保险单发出之前终止暂保单的效力，但必须提前通知投保人。

(三)暂保单的内容

暂保单内容比较简单，只载明被保险人的姓名或名称、承保危险的种类、保险标的等重要事项。如果暂保单所依据的保险单是标准化的，那么暂保单的内容还可以更简单些，只需说明保险责任以正式保险单为准即可。倘若某种保险无标准保险单，则暂保单尤为重要，应载明保险人在正式保险单签发前所负的责任范围。

(四)暂保单的效力

暂保单不是订立保险合同的必经程序和必要形式，一经保险人或其代理人签发，便具有与正式保单完全相同的法律效力，但有效期较短，通常是30天以内。在暂保单载明的有效期内或正式保单签发前，如果发生约定的保险事故，保险人则应依约承担保险赔付责任。当正式保单交付时，暂保单即自动失效。

需要说明的是，正式保单签发前，保险人也可以终止暂保单的效力，但必须提前通知投保人。

三、保险单

(一)保险单的含义

保险单,简称保单,是指投保人与保险人签订的保险合同的正式书面凭证,由保险人制作、签章并交付给投保人。我国《保险法》第13条和《海商法》"海上保险合同"一章均明确规定:"投保人提出保险要求,经保险人同意承保,并就保险合同的条款达成协议后,合同成立。保险人应当及时向被保险人签发保险单证,并在保险单证中载明当事人双方约定的合同内容。"显然,保险单不同于保险合同,但它是保险合同的主要书面凭证。投保人以其持有的保险单来证明其与保险人之间存在着保险合同关系。

(二)保险单的签发

根据我国现行《保险法》的规定,对于承保的保险合同,保险人应当及时向投保人签发保险单。保险人签发的保险单,应当完整、准确地记载投保人与保险人约定的各项内容。保险单正面的叙述部分应当按保险人审定承保的投保单的内容来填写;保险单的背面则应当印制投保人与保险人选定的保险条款。

(三)保险单的作用

1. 保险单的一般作用

保险单的一般作用是证明保险合同的法律文件。保险人签发保险单,不是保险合同的承诺,也不是保险合同成立的条件,而仅仅是用书面形式来固定双方的权利义务关系,证明保险合同的有效存在。保险单上记载了保险合同的全部内容,包括各方当事人所享有的权利和承担的义务,因此,它成为认定双方当事人是否履约的书面依据。保险单作为保险合同的书面证明,也标志着权利人享有其中所包含的保险权益。除了法律另有规定以外,保险单的持有者(被保险人或受益人)也就是这种保险权益的享有者。因此,当保险事故发生并造成保险标的损害时,持有保险单的被保险人或受益人就有权依据保险单规定的内容,向保险人请求给予保险赔偿金或给付人身保险金。

2. 保险单的特殊作用

保险单代表着其持有者享有的保险权益,可以因特定条件的存在而成为一种特殊的"有价证券",被人称为"保险证券"。这可以表现在很多方面,比如,在国际经济活动中,货物买卖合同的卖方若根据合同约定的价格条件而负有投保义务,则交付保险单是其履行交货义务的组成部分。同样,在各种经济活动中,投保人或被保险人可以用人身保险合同或财产保险合同的保险单,向保险人借款或作为第三人为其垫支的依据。尤其是在海上保险中,保险人签发的保险单除了记名(载明投保人姓名)以外,也可以是指示式或不记名式的。

(四) 保险单的转让

由于保险单是保险合同的书面形式,所以保险单的转让就是保险合同的转让,实质上是投保人的变更——保险单的受让人成为保险合同的投保人。保险单的转让在各国保险立法上均予承认。不过,其转让程序并不相同,具体可概括为两种情况:一是允许保险单随保险标的的转移而自动转移,二是规定保险单的转让要征得保险人的同意。

根据我国现行保险立法的规定和保险实践的做法,各类保险单的转让程序各有特点。一般财产的保险,其保险单的转让必须经保险人同意,并在原保险单上批改或者附贴批单,方为有效。而对于货物运输保险来说,其保险单可以随货物所有权的转移,由投保人背书或者以其他方式转让,无须征得保险人同意。至于人身保险的保险单的转让,则不涉及保险人所承担的保险责任,因此,不必征得保险人的同意,但是,应当以书面形式通知保险人。

四、保险凭证

(一) 保险凭证的含义

保险凭证,是保险人出具给被保险人以证明保险合同已有效成立的法律文件。它与保险单具有相同的效力,但一般不印上保险条款,而是规定其内容以同一险种保险单的内容为准,因此是一种简化了的保险单,故又称小保单。

(二) 保险凭证的作用

保险凭证在保险业务中发挥着独特的作用:

(1)在货物运输保险中,保险人与投保人订立保险合同明确总保险的责任和范围,然后再对每笔运输货物单独出具保险凭证,或者在订立预约货物运输保险合同的情况下,保险人将预约保险合同约定的内容印制在经其签具的保险凭证上,由被保险人在每批货物启运前在保险凭证上填写相应的项目,如运输工具的名称、运输线路、运输日期、货物的名称和数量、保险金额等,送交保险人,作为启运通知书。保险人以此作为承保根据。

(2)保险人依据有关法律法规的规定,在相应的强制保险合同中签发保险凭证,用以证明被保险人已依法投保了相应的保险合同。例如,我国2006年7月1日起实施的机动车交通事故责任强制保险制度规定,机动车的所有人或使用人必须购买强制性的交通事故第三者责任险,并且必须将保险公司签发的交强险的保险凭证张贴在机动车上或随身携带,以证明其已经依法投保了此险种,否则,该机动车不得上路。[①]

[①] 丁凤楚:《机动车交通事故侵权责任强制保险制度》,中国人民公安大学出版社2007年版,第319页。

（3）保险人承揽团体保险业务时一般对团体中每个成员签发保险凭证,作为参加保险的证明。按照保险实践中的做法,团体保险的主保险单（如团体人身意外伤害保险的保险单）是由投保团体的负责人统一持有,而该团体的成员作为被保险人则持有保险人签发的保险凭证,作为其参加相应保险的证明文件。

（4）在国际贸易中适用的一种联合凭证也属于一种简化的保险凭证。它实际上是国际贸易的发货票与保险单的结合形式,即在发货票的一角附印有关保险险种和保险金额,由外贸公司在出具发货票时一并办理,而其他项目（如货物的名称、数量等）均以发货票的记载为准。当保险事故发生时,保险人依有关险种险别的格式合同条款进行理赔。

五、批单

(一)批单的概念

批单是当事人变更保险合同条款的书面证明文件,一般附贴在原保险单上,或由保险人在原保险单或者保险凭证上进行批注,是保险合同的重要组成部分。

在保险实践中,保险合同的变更多由投保人或被保险人提出,诸如保险标的内容的改变或范围的增减、危险程度的变化引起保险费率的变动、保险金额或保险费的变动、保险标的所有权或坐落地点的改变、保险期限的改变等,经双方当事人达成协议,由保险人出具批单才产生相应的变更效力。所以说,批单是保险人为了对保险单（或保险凭证）的内容进行修改或增删而出具的一种书面凭证。

(二)批单的使用

由于批改保险单的结果是改变了保险单的某些内容,是保险合同变更的法律形式,会影响到保险合同当事人的权益,所以《保险法》对于批改保险单提出相应的法律要求。"投保人和保险人可以协商变更合同内容。变更保险合同的,应当由保险人在保险单或者其他保险凭证上批注或者附贴批单,或者由投保人和保险人订立变更的书面协议。"[1]

保险人签发批单时,应当先列明其基本项目,如批单日期、批单号码、保险单号码、被保险人或投保人名称、保险金额等,然后再将批改的内容载入批单。出立的批单必须分年连续编号,附贴在原保险单上,加盖骑缝章,作为保险单的组成部分,而批单副本则要由保险人贴在原保险单的单底上,以便进行理赔时查考。

在保险实践中,保险人为了便利保险经营活动,往往事先制作与各险种险别相配套的批单,供投保人在变更保险合同时选择使用。其格式内容涉及具体险种险别中可

---

[1] 《保险法》第20条。

能变化的各项内容,多表现为"扩展条款"。诸如中国人民保险公司适用的财产(一切)险批单、机器损坏险批单、公众责任险批单、产品责任险批单等均为此类格式批单。

第六节　保险合同的效力变动

一、保险合同的变更

(一)保险合同变更的概念与分类

1. 保险合同变更的概念

一般意义上的合同变更,有广义的合同变更和狭义的合同变更两种。广义的合同变更指合同的内容和主体都变化,而合同主体的变化实际上是合同权利义务的转让。狭义的合同变更仅指合同内容的变化,不包括合同主体的变化。我国合同法上的合同变更一般是指狭义的合同变更,即仅指合同内容的变更。我国《保险法》第21条规定:"在保险合同有效期内,投保人和保险人经协商同意,可以变更保险合同的有关内容。"可见,我国《保险法》上的保险合同的变更属于狭义上的合同变更,即仅指保险合同内容的变更,而不包括保险合同主体的变更。也就是说,所谓保险合同内容变更,是指合同效力的变化,即在不改变合同当事人的前提下变更当事人的权利与义务,具体而言,就是改变保险合同的主要或附加条款。

2. 保险合同变更的分类

根据保险合同变更的依据,保险合同内容的变更可分为两种情况:

一是法定变更,即因危险标的的危险情况发生变化,投保人依法通知保险人而做出变更;

二是约定变更,即保险人或投保人根据自身需要提出的变更,如变更保险条款、增减保险金额等。本来,保险合同有效成立后,双方当事人均应受合同条款的拘束,不得擅自更改其效力,但是根据合同自由原则,只要是经双方当事人的协商一致,自然可以变更合同的主要内容,如保险标的物价值增加,因而增加保险金额,一般是由当事人一方提出要求,经与另一方协商达成一致后,由保险人在保险合同中加以变更批注,其法律效力对双方均有拘束力。

(二)保险合同变更的要件

1. 原保险合同已经有效成立

保险合同的变更是改变原已生效的合同的内容,所以,当事人之间有效建立的保险合同关系是其变更的基础。无效的保险合同,自始即无合同关系;被依法撤销的合同和效力待定而权利人又拒绝追认的合同,因它们自始即不生法律效力,也无所谓合同变更。

2. 变更必须经过相应的程序

保险合同变更的方式主要有三种：一是双方当事人协议，二是依法直接规定或法院裁决，三是依形成权人的意思表示。

(1)当事人协议变更保险合同的，不论先由哪一方提起，都必须经过双方的同意，只有在双方达成一致协议的情况下，才会产生变更合同的效果。达不成协议或者约定不明确便不发生合同变更的法律效力。这实际上是订立一个新合同，仍需经过要约、承诺程序。与保险合同的订立一样，当事人通过协商变更保险合同内容的，也必须遵守平等、自愿的原则，不允许采取欺诈、胁迫等方式强制对方接受变更要求，否则保险合同被变更的部分不能成立，当事人仍须按原合同履行。

(2)基于法律的直接规定而变更合同，法律效果可直接发生，不以经法院的裁决或当事人协议为必经程序。这里只需要基于形成权人单方意思表示，例如，选择权人行使选择权，就可使合同变更。

(3)经法院裁决的保险合同的变更主要有两种情形：一是当事人订立合同的意思表示不真实，如因重大误解而成立的合同，可以申请法院裁决撤销或解除该合同；二是适用情事变更原则，无论是解除合同还是履行合同，均需法院裁决。

3. 保险合同变更应当采取书面形式

我国《保险法》第20条第2款规定："变更保险合同的，应当由保险人在原保险单或者其他保险凭证上批注或者附贴批单，或者由投保人和保险人订立变更的书面协议。"即保险合同的变更须采用书面形式，对原保单进行批注，一般要出具批单，以注明保险单的变动事项。如果不采用批单，投保人和保险人则也必须订立变更保险合同的书面协议。

保险人若要变更主要险种的基本条款或费率，则须申报保险监督管理部门，获准后将变更的条款作为特约条款，通知投保人及被保险人。

4. 保险合同的变更不得违反法律的禁止性规定

变更的合同内容不得具有违法性，不得规避法律的规定或者损害国家、集体和个人的利益，不得有违公序良俗，否则合同的变更无效。另外，由国家法律确定的保险合同双方应享有的权利、应尽的义务以及由保险监督管理机构制定的基本条款的内容是不能通过协议加以变更的。

(三)保险合同变更的后果

保险合同变更，主要是在保持原保险合同的基础上使保险合同内容发生变化，以变更后的合同取代原合同。因此，保险合同变更生效后，当事人应当按照变更后的保险合同内容履行各自的义务，任何一方违反变更后的合同内容都构成违约。合同变更原则上仅在将来发生效力,对已经按原合同所作的履行无溯及力,已经履行的债务不因合同的变更而失去法律依据。

保险合同的变更并不会引起保险合同效力的中止或中断,在当事人就合同的变更未达成一致之前,原保险合同继续有效,当事人承担的合同义务当然也需要继续履行,如因保险标的的危险程度降低,投保人要求保险人减少保险费,在保险人与投保人就保险费是否可以降低的问题达成一致前,投保人不能拒绝按照原保险合同的约定交纳保费。

值得注意的是,根据我国合同法的有关规定,当事人对合同变更内容的约定必须明确,如果约定不明确的,推定为未变更。[①] 此时,保险合同的双方当事人的权利和义务仍按原合同执行。

二、保险合同的转让

(一)保险合同转让的概念

保险合同的转让是指保险合同当事人一方依法将其合同的权利和义务一部分或全部转让给第三人的行为,合同内容不发生变化的情况。

根据我国合同法的一般原理,保险合同的转让也应分为三种形态:合同权利的转让、合同义务的转让和合同权利义务的概括转让。在一般情况下,合同权利的转让,无须征得对方当事人的同意,只需通知对方即可。而后两者的转让则必须征得合同对方当事人的同意。保险合同是一类特殊的合同,保险人不能随意转让自己的权利和义务。保险合同实际上只可能包括保险合同义务的转让和权利义务的概括转让,不包括纯合同权利的转让,不可能存在保险人纯粹转让权利的情况。

(二)财产保险合同的转让

1. 财产保险合同转让的分类

根据保险实务,财产保险合同的转让分为法定转让和约定转让两种。

法定转让是指投保人或被保险人死亡或破产时发生的转让。我国《保险法》无此规定。

约定转让是指合同订立后投保人或被保险人因为保险标的或风险转移等事实发生,通过合意将合同的权利和义务转移给第三人,由第三人继续享受合同权利并承担合同义务。有两种办法可供选择:一种办法是投保人、被保险人向保险人提出请求,解除合同,保险人退还部分保险费后,保险合同终止,同时由受让人与保险人订立新的保险合同;另一种办法是在保险标的转让或风险转移的同时,投保人、被保险人将保险合

---

① 《民法典》第 544 条。

同经过原保险人同意批改,转让给受让人,由受让人作为新的投保人和被保险人继续享有保险合同的权利并承担保险合同的义务。显然采用转让保险合同的办法,不仅手续简便,节省时间、费用,而且可以使保险期间、保险责任不间断、保障充分,而且约定转让是由于当事人协商转让的,保险标的危险程度的增加、减少也是由于当事人的转让行为引起的,为了不因投保人转让保险标的而使保险人承担不相应的保险责任,给保险人提供一个重新评价风险程度的机会是公平的。

2. 保险标的的转让与保险合同转让的关系

实践中,财产保险合同的转让一般是由保险标的的转让引起的,但保险合同并不随保险标的或风险的转移而自动转让。因为关于保险标的权属转让或风险承担者转移的合同与保险合同毕竟是相互独立的民事法律关系。关于保险标的转让是否会引起保险合同的转让,各国法律规定不尽相同。根据我国《保险法》第49条规定:"保险标的的转让的,保险标的的受让人承继被保险人的权利和义务。保险标的转让的,被保险人或者受让人应当及时通知保险人,但货物运输保险合同和另有约定的合同除外。"

(三)人身保险合同的转让

人身保险合同的转让,尤其是人寿保险合同的转让,分为两种情况:一种是因保险人资格的消灭而引起人寿保险合同权利义务的概括转让,即人身保险合同的保险人一方发生变化;另一种情形是人身保险合同的投保人一方发生变化。两者的情况不同,需要具体分析。

1. 投保人一方的变化导致人身保险合同的转让

由于人寿保险合同的保险标的是人的生存或死亡,具有不可转让性,因此,人寿保险不可能像财产保险那样发生因保险标的的转让而导致保险合同转让的情况,从而人身保险合同的转让只是投保人发生变更。在此情况下,由于保险标的和保险利益都没有变化,而仅是新的投保人继承了原投保人缴纳保险费的义务,因此各国法律普遍规定,人寿保险合同的转让不必征得保险人的同意,但转让时应书面通知保险人。而我国《保险法》第92条只涉及人寿保险中保险人资格的变化而导致保险合同的转让,对于投保人的转让合同未涉及,这是一大缺陷。[①]

2. 保险人一方的变化导致人身保险合同的转让

鉴于人寿保险合同一般期限较长并具有储蓄性,为了不因保险人的消灭或主体变化而使被保险人或受益人的利益受到损害,我国《保险法》第92条规定:"经营有人寿保险业务的保险公司被依法撤销或者被依法宣告破产的,其持有的人寿保险合同及责任准备金必须转让给其他经营有人寿保险业务的保险公司;不能同其他保险公司达成

---

① 丁凤楚:《论我国保险法中几项规范的改进》,《保险研究》2000年第6期。

转让协议的,由国务院保险监督管理机构指定经营有人寿保险业务的保险公司接受转让。"

三、保险合同的中止与复效

(一)保险合同的中止

所谓保险合同中止,是指在保险合同有效期内,因某种事由出现而使保险合同的效力处于暂时停止状态,在符合法定条件或者约定的条件时,可以恢复合同效力的一种制度。

人身保险的保险合同生效后,如果投保人未按期缴纳保险费,并超过了60天的宽限期,则保险合同的效力中止。在保险合同中止前的宽限期内如果发生了保险事故,保险人则应承担赔付责任;但是如果是在保险合同中止后发生的保险事故,保险人则不承担赔付责任。保险合同的中止并不意味着保险合同的解除,经过一定的程序仍然可以恢复法律效力。

1. 保险合同中止的原因

保险合同的中止主要针对保险期限较长的合同,尤其是人身保险合同,在这么长的保险期内,难免会发生各种情况,如投保人因疏忽、出国或经济条件变化等而未能按时交费的情况,为保险合同效力的恢复提供了法律基础,产生了保险合同的中止制度。

2. 保险合同中止的适用范围

我国《保险法》第58条规定:"合同约定分期支付保险费,投保人支付首期保险费后,除合同另有约定外,投保人自保险人催告之日起超过三十日未支付当期保险费,或者超过约定的期限六十日未支付当期保险费的,合同效力中止,或者由保险人按照合同约定的条件减少保险金额。被保险人在前款规定期限内发生保险事故的,保险人应当按照合同约定给付保险金,但可以扣减欠交的保险费。"而该条规定归属于"人身保险"节下,无疑只是针对人身保险合同而言的。

然而,值得注意的是,国外的保险法规定保险合同中止的适用范围并不限于人身保险合同,而是普遍地适用于所有的保险期限较长的合同。例如,根据德国《保险契约法》的有关规定,其关于保险合同中止的规定于大部分险种均适用,因为财产保险中也会有长期或高额保险,须要分期交费的情况。意大利《民法典》也规定,保险合同中止的规定适用于所有分期支付保险费的合同。

3. 保险合同中止的要件

由保险人中止保险合同的效力,应当满足如下要件:

(1)依我国现行保险实证法的规定,保险合同的效力中止仅适用于人身保险合同,而不适用于财产保险合同。

(2)保险合同的投保人交付保险费的方式采用分期交付方式,而不是一次性清偿保险费债务的交付方式。

(3)投保人已经交付了首期保险费,保险合同已经发生效力。

(4)投保人自保险人催告之日起超过 30 日未支付当期保险费,或者超过合同约定期限 60 日未交付当期保险费。投保人在支付首期保险费后,不能在保险合同约定的交付保险费的日期或者交费宽限期向保险人交纳当期保险费,且投保人逾期未交保险费的期间自保险人催告之日起超过 30 日或者已经超过合同约定的期限 60 日或者保险合同对投保人交纳保险费约定有具体的交费宽限期的,投保人在交费宽限期经过后仍未交付保险费的。

(5)保险合同没有约定其他补救办法,事后亦未达成其他协议。保险合同对于如何处理投保人未交保险费的情形,没有规定中止合同效力以外的其他解决办法,诸如解除保险合同、减少保险金额、保险费自动垫交等。若具备上述要件,则保险合同的效力中止。

4.保险合同效力中止的法律后果

保险合同效力中止的法律后果有以下几种可供选择:

(1)保险合同效力中止。保险合同效力中止就是指保险合同效力暂时停止而不是彻底终止,在效力中止期间如果发生保险事故,保险人仍有义务按合同约定对投保人、被保险人或者受益人承担赔偿或者给付保险金责任,但可以扣减欠交的保险费。[①]

(2)减少保险金额。保险人按照保险合同约定的条件减少保险金额,不过,这种法律效果的发生以当事人在保险合同中有此项约定为前提[②],如果保险合同中没有此项约定,则投保人或被保险人或受益人不能主张保险人采用减少保险金额的方法,保险人也不能自行采用减少保险金额的方法,而只能采用其他方法。

(3)解除保险合同并退还保险单的现金价值。根据我国《保险法》第 37 条规定:"自合同效力中止之日起满两年双方未达成协议的,保险人有权解除合同。保险人依照前款规定解除合同的,应当按照合同约定退还保险单的现金价值。"

(二)保险合同的复效

1.保险合同复效的含义

所谓保险合同的复效,是指效力已经中止的保险合同在符合一定条件时其效力即

[①] 《保险法》第 36 条第 2 款规定:"被保险人在前款规定期限内发生保险事故的,保险人应当按照合同约定给付保险金,但可以扣减欠交的保险费。"

[②] 《保险法》第 36 条第 1 款规定:"合同约定分期支付保险费,投保人支付首期保险费后,除合同另有约定外,投保人自保险人催告之日起超过三十日未支付当期保险费,或者超过约定的期限六十日未支付当期保险费的,合同效力中止,或者由保险人按合同约定的条件减少保险金额。"

行恢复如未中止前的状态。恢复效力的合同是效力中止之前保险合同的继续。保险合同的复效，只能适用于效力中止的人寿保险合同。复效的意义在于，人身保险合同的效力因为投保人逾期未交保险费而中止效力后，经投保人请求并和保险人达成协议，保险人继续承担保险责任，视为保险合同的效力从未中止。在人身保险合同中，投保人与保险人对恢复保险合同进行协商并且达成一致协议，保险合同的效力以投保人补交保险费后恢复，但保险合同恢复的时间不是无限期的，投保人没有申请复效的，保险人有权解除保险合同。

2. 保险合同复效的要件

根据我国《保险法》，人寿保险合同的复效应具备如下要件：

(1) 投保人向保险人提出复效请求。复效的发动权在投保人，保险人不能自行恢复。投保人若希望恢复保险合同的效力，应当正式提出复效申请，由保险人决定是否同意保险合同的复效。

(2) 投保人应当在法定的复效保留期内提出复效请求。依我国《保险法》第37条规定，保险合同中止效力后两年内，投保人可以申请复效。这就是说，保险合同中止效力后两年期间，为投保人提出复效申请的保留期间。在此期间内，投保人可以随时提出复效申请。如果保险合同中止效力后经过两年投保人没有申请复效的，保险人才有权解除保险合同。

(3) 投保人补交保险费。在保险合同效力中止前未交的保险费以及中止期间应当交纳的保险费及其利息，投保人应当一次交清。

(4) 保险人和投保人就复效条件达成协议

根据我国现行《保险法》第37条的规定，投保人若请求保险人恢复保险合同效力，只有经过保险人同意接受投保人的复效请求的，保险合同才能恢复效力。若保险人和投保人关于保险合同的复效不能达成协议，保险合同则不能复效。这样的规定实际上使得保险法本欲对投保人的关照化为无形，其是否妥当，殊值深虑。

需要说明的是，被保险人请求复效时不必符合投保条件。在保险合同效力中止期间，被保险人的各种情况可能发生变化，而使其有可能不符合保险人规定的承保条件。我国旧《保险法》第59条规定："被保险人不符合保险人规定的承保条件的，保险人可以拒绝承保。对于已中止效力的保险合同，投保人也不能请求复效。"修订后的现行保险法虽然删除了此规定，但是仍然要求投保人的复效申请须经过保险人的同意并达成复效协议，这实际上还是给予保险人拒绝承保的权利，这仍然不符合中止和复效制度设立的初衷，因为在保险合同暂时停止效力期间，即使被保险人身体状况发生变化，该种变化亦属于保险人在最初订立合同时便预测到的，已经在缔约当时包含在危险评估的范围之内。在效力中止后，当事人提出复效时，保险人便无须再用这种变化作为拒绝承担保险给付义务的借口。在美国,只要被保险人符合复效条件,且已交付所欠保费,合同自动复效。我国台湾地区《保险法》第116条规定:"第一项停止效力之保险契约,于保险费及其他费用清偿后,翌日上午零时,开始恢复其效力。"其立法例在保险合同中止后复效的问题上都仅以保险费是否再次交付为条件,而不以达成协议为要件。因此,我国现行《保险法》的该条规定似仍有进一步修正的必要。

3. 人身保险合同复效的程序

投保人携带保险合同、本人身份证件到投保公司柜台填写"恢复合同效力申请书";保险合同复效审核期间,投保人要配合保险公司提供相关资料或进行体检;保险公司同意复效的,投保人需要在规定的时间内补交齐欠交的保险费及利息;保险公司会向投保人出具复效批单,保险合同恢复效力。

[典型案例分析]

2010年1月14日,王某到某市保险公司为自己投保了10份20年期的简易人身保险,保险金额为40 000元,缴费方式为按月缴纳,每月缴费100元,指定儿子王某某为该保险合同的受益人。2022年5月后,王某便停止了缴费。2023年10月6日,在拖欠保费长达1年零5个月后,王某将此期间拖欠的保费予以补交。2024年3月19日,被保险人王某因病去世。受益人王某某在处理完王某后事之后手持保险单证及有关证明,向保险人申请给付保险金。保险公司经过调查核实,了解到王某自停止缴纳保险费后,因身体不适,曾到医院检查,被诊断为患有肝硬化等病症,并先后到多家医院治疗。在治疗期间,王某一直休病假,直至死亡也未能正常上班。保险公司认为,被保险人王某复效时的健康状况已不符合投保条件,因此,王某申请办理的保险合同复效应该认定为无效,该笔保险金不能给付。王某某不同意保险公司的做法,便到保险公司所在地的法院起诉。

分析提示:

本案中的被保险人在申请复效时没有再履行如实告知义务是否构成复效的无效?

4. 保险合同复效的法律后果

我国台湾地区的保险法学者桂裕认为,中止效力的保险合同恢复效力后,原保险合同视为自始没有中止效力。[①] 笔者认为,保险合同复效的意义在于:保险合同的效力因为投保人逾期未支付保险费而中止效力,经过投保人的请求并与保险人签订书面协议复效后,保险人继续承担保险责任,应当视为保险合同的效力从未中止。我国旧

---

① 丁凤楚:《保险法:理论、实务、案例》,立信会计出版社2008年版,第130页。

《保险法》对此没有明确规定,致使实践中存在相互冲突的判例。经过学术界的不断努力,新修订后的《保险法》对此做出了明确的规定,这是一大进步。我国现行《保险法》第 37 条规定,中止效力的保险合同经双方协商一致达成复效协议并补交了欠费后就恢复了原保险合同的效力,从恢复之日起,在保险合同期限内如果发生保险事故,保险人则应当根据合同约定承担赔偿或者给付保险金的责任,即使是在保险合同效力中止期间发生保险事故的,保险人也要承担保险责任。不过,根据我国保险法的最大诚信原则,投保人或被保险人在申请保险合同复效时仍然应当履行如实告知义务,否则,该申请复效的行为无效。

四、保险合同的解除

(一)保险合同解除的概念

保险合同的解除,是指保险合同成立之后,当法定或约定的事由发生时,一方当事人可以行使解除权,使保险合同效力提前消灭的一种法律行为。

保险合同的解除不同于保险合同的终止。保险合同的终止是指保险合同成立后,因法定或约定事由发生,其法律效力归于消灭的法律事实。根据保险合同终止的原因,其可分为自然终止、履行终止和合同解除。可见合同解除只是合同终止的原因之一,是非正常的终止原因。在保险合同终止的情形中,解除权是基础。解除权依合同一方当事人的意思表示即可行使,但是,当事人行使解除权应当符合法律规定的条件。

(二)保险合同解除的方式

保险合同的解除,一般分为法定解除和意定解除两种方式。

1. 法定解除

法定解除是指当法律规定的事项出现时,保险合同当事人一方可依法对保险合同行使单方解除权。法定解除的事项通常由法律直接规定,但是,不同的合同主体解除保险合同的法定事由并不相同。

(1)对投保人一方而言,在保险责任开始前,可以对保险合同行使解除权。而在保险责任开始后,法律对投保人的解除权作出了两种不同的规定:对财产保险合同而言,投保人要求解除合同的,保险人可以收取自保险责任开始之日起至合同解除之日止期间的保险费,剩余部分退给投保人;对人身保险合同而言,投保人要求解除合同的,对已交足 2 年以上保险费的,保险人应当退还保险单的现金价值,对未交足 2 年保险费的,保险人按照约定在扣除手续费后退还保险费。

(2)对保险人而言,保险人只有在发生法律规定的解除事项时方有权解除合同。我国《保险法》第 15 条规定:"除本法另有规定或者保险合同另有约定外,保险合同成立后,投保人可以解除合同,保险人不得解除合同。"这一条比《合同法》的法定解除条件更为严格,使《保险法》更为严格地限制了保险人的法定解除权,是保险法追求实质公平价值取向的体现。根据我国保险法的规定,法定解除事项主要有:

第一,投保人、被保险人或者受益人未履行如实告知义务。投保人有故意隐瞒事实,不履行如实告知义务的,或者存在因过失未履行如实告知义务而足以影响保险人决定是否同意承保或者提高保险费率的行为。①

第二,投保人、被保险人未履行保险防灾减损义务。在财产保险合同中,投保人、被保险人未按照约定履行其对保险标的的安全应尽的责任,保险人有权解除合同。②

第三,被保险人未履行危险增加的通知义务。在保险合同有效期内,保险标的的危险增加,被保险人有义务将保险标的的危险程度增加的情况通知保险人,保险人可根据具体情况要求增加保险费,或者在考虑其承保能力的情况下解除合同。③

第四,被保险人或者受益人骗取保险金给付。被保险人或者受益人在未发生保险事故的情况下,谎称发生了保险事故并向保险人提出赔偿或者给付保险金请求的,保险人有权解除合同。④

第五,投保人、被保险人或者受益人故意制造保险事故。投保人、被保险人或者受益人有故意制造保险事故的行为,保险合同可被解除。⑤

第六,人身保险合同的投保人申报被保险人的年龄不真实。在人身保险合同中,投保人有未如实申报被保险人的真实年龄的行为,并且被保险人的真实年龄不符合合同约定的年龄限制,保险人有合同解除权。但是,该解除权应当在合同成立的两年内行使。⑥

第七,效力中止的人身保险合同逾期未复效。在分期支付保险费的人身保险合同中,投保人超过规定的期限未支付当期保险费的,导致保险合同中止。保险合同被中止后的两年内,双方当事人未就合同达成复效的协议,保险人有权解除合同。⑦

2. 意定解除

意定解除又称协议终止,是指保险合同双方当事人依合同约定,在合同有效期内发生约定情况时可随时解除保险合同。意定解除要求保险合同双方当事人应当在合同中约定解除的条件,一旦约定的条件成就,双方当事人或任何一方当事人都有权行使解除权,使合同的效力归于消灭。

---

① 《保险法》第 16 条。
② 《保险法》第 51 条。
③ 《保险法》第 52 条。
④ 《保险法》第 27 条。
⑤ 《保险法》第 27 条。
⑥ 《保险法》第 32 条。
⑦ 《保险法》第 59 条。

(三)法定解除权的行使方式、期限问题

值得注意的是,我国保险法虽然明确规定了保险人解除合同的法定条件(约定解除的具体事项由当事人协商一致,故不多论),但对于法定解除权的行使方式、行使期限以及解除效力的起点等未作明确规定,在实践中产生了很多纠纷。笔者认为应完善保险法的相关规定。

1. 法定解除权的行使方式

法定解除权属于一方当事人的单方解除权,有权解除合同一方虽然无须征得对方同意,但必须通知另一方。至于通知的形式,我国保险法没有明确规定,但从理论上分析,单方行使法定解除权应当以书面形式通知对方,在书面通知到达对方时,始产生解除合同的效力,这是因为,保险法虽未明确规定保险合同的解除须用书面形式,但明确规定了保险合同的变更须采用书面形式。我国《保险法》第20条第2款规定:"变更保险合同的,应当由保险人在原保险单或者其他保险凭证上批注或者附贴批单,或者由投保人和保险人订立变更的书面协议。"而解除合同与变更保险合同相比,所涉及当事人权利义务的变化更加重大,况且,口头解除合同一般适用于权利义务单纯、可以及时履行的简单合同。保险合同内容复杂、专业性强,显然不属于这类合同。此外,为了便于存取证据、减少纠纷,也宜采用书面形式解除保险合同。综上所述,我们认为保险合同的解除应采用书面形式。

2. 法定解除权行使的时间限制

我国保险法对于保险合同法定解除权行使的时间未作具体规定,这一方面不利于法律关系的稳定,特别是在保险人行使法定解除权时,十分不利于保护被保险人、投保人的利益。如保险人明知法定解除合同事由存在,为了收取保险费而不行使权利或延迟行使权利,直至保险事故发生时,才以对方违反保险法的规定而行使法定解除权,这不但对投保人、被保险人不公平,同时也是违反诚实信用原则的。

(四)保险合同解除的法律效力问题

保险合同解除的法律效力或法律后果就是使保险合同的效力提前消灭,合同关系提前终止。合同解除的法律后果最重要的表现就是有无溯及力的问题。若合同解除有溯及力,则合同视为自始未成立,发生恢复原状的法律后果;若合同解除无溯及力,则合同解除仅向将来发生法律效力,解除前的合同关系仍然有效。保险合同由于双方当事人在给付数额上的悬殊和时间上的不一致,致使保险合同解除有无溯及力,对双方当事人的利益影响重大。我国《保险法》对此未作明确规定。然而,保险合同解除的法律后果却因行使解除权的当事人不同、解除事由不同、合同种类不同等而呈现出较为复杂的局面,应当具体问题区别对待。

(1)在双方协议解除的情况下,合同有无溯及力原则上应由当事人协商决定。

(2)在单方解除的情况下,如果是因客观原因造成合同不能履行而解除合同,原则上可无溯及力;如果违约解除,非继续性合同的解除原则上有溯及力[1],继续性合同原则上无溯及力。[2] 而保险合同虽然属于继续性合同,但是,由于保险合同的非对价给付性和射幸性的特点,因此保险合同解除应当有溯及力,其理由如下:

第一,设立合同解除制度的宗旨是使合同的效力溯及既往的消灭,保险合同显然是合同的一种,其解除原则上应当有溯及力。而我国《保险法》作为特别法,也并未专门规定保险合同解除不具有溯及力,因此,保险合同的解除应当具有溯及力。

第二,从保险法的比较法考察来看,保险合同解除应有溯及力。我国《保险法》中虽未明确规定保险合同解除有无溯及力的问题,但其他国家或地区的立法大多承认保险合同解除有溯及力。《德国保险契约法》第 27 条第 2 款规定:"保险人行使解除权时,除本法就保险费另有规定的以外,双方当事人应将已经受领的给付互负返还义务,并附加自受领时起的利息",即承认保险合同解除有溯及力。我国台湾地区《保险法》第 25 条规定:"保险契约因第 64 条第 2 项之情事而解除时,保险人无须返还其已收受之保险费",即承认保险合同解除有溯及力,只是在第 64 条(2)(要保人故意隐匿,或因过失遗漏,或为不实之说明时,其隐匿遗漏或不实之说明,足以变更或减少保险人对于危险之估计者)情形下,保险人解除契约,本应向要保人返还保险费,但为惩罚要保人的主观恶意,而不返还其保险费。日本的保险立法原则上承认保险合同解除有溯及力,只是作了一些例外规定(《日本商法典》第 645 条、第 651 条、第 657 条用但书的形式规定保险合同解除的效力向将来发生)。

第三,从法的公平原则来看,保险合同解除也应当具有溯及力。一方面,投保人在保险合同解除前所交付的保险费和保险人在合同解除前已承担的保险给付义务都可获相应的返还,而如果是在保险事故发生且保险人已经给付保险金之后保险人又主张解除合同的,只要保险人的主张有充分的法律依据,那么其请求返还已经支付的保险金对双方而言既是公平的,又是可行的;反之,若保险合同解除无溯及力,不仅投保人的保险费不能返还,而且保险人在保险事故发生后已经给付了保险金的情况下无法要求保险金的返还,这对双方都不公平。

(五)保险合同解除的阻却事由

根据保险法的最大诚信原则,如果保险人明知有解除合同的条件,但是为了继续

---

[1] 所谓非继续性合同,是指履行为一次性行为的合同,就非继续性合同的性质而言,当它被解除时能恢复原状,即已经进行的给付能够返还给付人,因此,解除非继续性合同是有溯及力的,而恢复原状就是其解除有溯及力的标志。

[2] 所谓继续性合同,是指履行必须在一定继续的时间内完成,而不是一时或一次完成的合同。如租赁合同、仓储保管合同、借用合同等均属于此类。这些合同以使用、收益标的物为目的,已经被受领方享用的标的物效益是不能返还的,也就不能恢复原状。

收取保费而故意不行使解除权,这就致使投保人误信保险人有继续维持合同效力的意思,并对此产生了依赖利益。而一旦约定的保险事故真的发生,保险人为了避免支付远超过收取的保费的保险金给被保险人或受益人而主张其早就有解除合同的权利,这对于投保人、被保险人、受益人一方而言显失公平,也不利于保险业的健康发展。因此,英、美等国保险法均有成例对保险人解除权进行限制,包括弃权和禁止反言。前者是指保险人故意抛弃已知的契约上的解除权等权利;后者是指保险人因其言行给对方造成合理的信赖后,法律就禁止其再否认该言行,从而禁止其解除保险契约。两者依据的均是最大诚信原则,但适用上的侧重点不同,具体分析如下:

1. 弃权

弃权是指保险合同一方当事人放弃他在合同中的某种权利,通常是相对于保险人故意抛弃合同解除权、拒赔权而言的。构成弃权必须具备两个要件:一是当事人须于意思表示当时知道有权利存在。所谓知道,原则上以当事人的确知情为准,若当事人已知有关事实,并可以从该有关事实中推知有权利存在,也应视为知道。二是当事人须有抛弃权利的意思表示,包括明示的或默示的意思表示,即可以以言辞明确表示放弃权利,也可以以行为默示放弃权利。保险人放弃行使解除权等权利需要具备如下要件:一是保险人明知有解除的原因或者从已知有关事实中可以推知;二是保险人知道有解除权后,明示或默示放弃解除权,具体表现为:(1)保险人明确表示放弃其享有的解除权。(2)保险人用行为默示放弃解除权,包括以下几种行为:继续接受投保人交付的保费;于危险事故发生后,要求投保人或被保险人提出损失证明;自知道有解除权之日起1个月内未行使解除权;等等。

2. 禁止反言

禁止反言,也称禁止抗辩,是指当事人一方对他方因合理信赖自己的行为而有所作为,并进而遭受损失或不利时,不能再主张否认该行为。它原属英美法中的原则。保险合同以双方当事人的善意为基础,因善意信赖保险人的行为或意思表示而投保的人,于保险事故发生时,其依据合同所享有的权利应不致落空。[①] 它适用于保险人行使解除权的情形,是指保险人已知或因重大过失而不知保险合同有解除的原因,但其陈述或行为使善意相对人信赖保险合同有效成立,并做出某种行为,以致自己受损时,保险人不得再主张解除权。但投保人主张对保险人适用禁止抗辩时,须证明以下要件:(1)保险人曾就订立保险合同有关的重要事项为虚伪的陈述或行为。(2)此项虚伪陈述或行为的目的是在预期为投保人或被保险人所信赖,或者投保人或被保险人的信赖并不违背保险人的原意。(3)投保人或被保险人曾以善意信赖此项陈述或行为,即

[①] 李玉泉:《保险法》,法律出版社1997年版,第67—68页。

投保人和被保险人不知道保险人的陈述或行为是虚伪的,如果在接受保单时,知道有可解除原因存在,就不得以保险人曾为不实陈述而主张合同有效。投保人及被保险人知悉以实际知晓为原则,但若就当时情形,稍加询问即可知道保险人虚伪陈述的,也应认为知悉。(4)投保人或被保险人因信赖保险人而做出某种行为,并因此而导致自己受损害。

我国保险法对弃权与禁止反言原则未予明文规定,因此保险人在知道有解除原因后,虽然其言辞或行为有继续保持合同效力的意思,但法律没有规定此时保险人不能行使解除权,这将对投保人和被保险人产生不公平的法律后果,明显违背了保险法的最大诚信原则。但是我国保险法是否应采用弃权与禁止反言原则,还有待进一步探讨。

[典型案例分析]

原告:某市医用铅胶制品厂(以下简称铅胶厂)

被告:某市保险公司(以下简称保险公司)

2024年1月12日,某市医用铅胶制品厂(以下简称铅胶厂)与某市保险公司(以下简称保险公司)签订了一份保险合同。合同约定,该铅胶厂向保险公司投保企业财产险,总保险金额为3 645 803元,保险费为1 276.31元,保险期限为2024年1月13日至2025年1月12日。同日,保险公司向铅胶厂出具了企业财产保险单,并在铅胶厂没有交付保险费的情况下向其开具了保险费收据。随后保险公司多次向铅胶厂催要保险费,但铅胶厂以经济困难、无力还款为由拖延付款。2024年2月22日上午7时,铅胶厂的原料仓库被人纵火,铅胶厂即通知保险公司。保险公司派员赶赴现场后得知铅胶厂没有交付保险费,即退出火灾现场,拒绝理赔。同日上午9时左右,铅胶厂以转账支票的形式向保险公司交付财险费1 276.31元,保险公司未表异议。2月28日,铅胶厂向保险公司发出申请书,要求保险公司赔偿火灾损失共计325 974.4元。保险公司以铅胶厂未按期缴纳保险费、合同已解除为由拒赔。铅胶厂诉至法院,要求保险公司赔偿损失。

分析提示:

本案中,保险公司能否以投保人迟延履行交付保险金的义务为由单方解除保险合同?假使保险人有权单方解除保险合同,他是否还须先履行相应的手续?

五、保险合同的终止

(一)保险合同终止的概念

保险合同的终止,是指保险合同在其存续期间内因特定事由的发生,使保险合同的效力不再存在而向将来归于消灭,有广义与狭义之别。狭义的终止,是指当事人行使终止权,使继续的合同关系向将来发生效力消灭,其特点在于当事人须行使终止权,合同效力始向将来消灭。至于广义的终止,则除此狭义者外,还包括非因行使终止权的终止。这里保险合同的终止采用广义的终止。

(二)保险合同终止的原因

导致保险合同终止的原因多种多样,主要有以下几个方面:

1. 自然终止

自然终止是指已生效的保险合同因发生法定或约定事由导致合同的法律效力不复存在的情况。这些情况通常包括:(1)保险合同期限届满;(2)合同生效后承保的风险消失;(3)保险标的因非保险事故的发生而完全灭失;(4)合同生效后,投保人未按规定的程序将合同转让,使被保险人失去保险利益,保险合同自转让之日起原有的法律效力不再存在;(5)因保险人的法人资格的终止而终止,即因保险人彻底停止保险业务而消灭其经营保险业务的法律地位而终止;(6)财产保险的保险标的,非因保险合同所载的保险事故发生而是因其他原因导致全部灭失,保险合同终止。

2. 履约终止

履约终止是指在保险合同的有效期内约定的保险事故已发生,保险人按照保险合同承担了给付全部保险金的责任,保险合同即告结束。但是,船舶保险有特别规定,如果在保险合同有效期内船舶发生全部损失,一次保险事故的损失达到保险金额,则保险人按保险金额赔偿后,保险合同即告终止;如果在保险合同有效期内发生数次部分损失,由于每次损失的赔偿款均未超过保险金额,即使保险赔款累计总额已达到或超过保险金额,保险人仍须负责到保险合同期限届满才可使合同终止。这是因为,为了保持继续航行的能力,船舶在发生事故后必须进行修理,所以在修理费用少于保险金额的情况下,保险人赔付后,保险合同中原保险金额继续有效,直到保险合同期限届满。

3. 因行使合同终止权而终止

当保险标的遭受部分损失,保险合同当事人因保险标的发生变动而影响危险的增减,双方均可能遭受不利,所以保险人与投保人均有终止合同的权利。我国《保险法》第58条规定:"保险标的发生部分损失的,自保险人赔偿之日起三十日内,投保人可以解除合同;除合同另有约定外,保险人也可以解除合同,但应当提前十五日通知投保人。合同解除的,保险人应当将保险标的未受损失部分的保险费,按照合同约定扣除自保险责任开始之日起至合同解除之日止应收的部分后,退还投保人。"需要说明的是,该条所提及的解除合同其实质含义是终止合同。

4. 因法律规定的情况出现而终止

由于法律规定的情况出现,无须当事人行使权利,保险合同即终止。保险人不承担保险给付义务,而且在余下的保险期间也没有履行保险给付义务的可能或必要。如我国《保险法》第 43 条第 1 款规定:"投保人故意造成被保险人死亡、伤残或者疾病的,保险人不承担给付保险金的责任。投保人已交足两年以上保险费的,保险人应当按照合同约定向其他权利人退还保险单的现金价值。"此类情况的发生虽未明确提出合同终止,但这一规定的法律后果必然是合同终止。

(三)保险合同终止的法律后果

保险合同的终止,是自终止时起其效力消灭,并不溯及既往,所以双方当事人均无恢复原状的义务。保险人在合同终止前已收受的保险费不必返还。但在合同终止后保险费若已交付,投保人对于已交付的保险费,则有返还的请求权。如保险标的非因保险合同所载的保险事故所致完全灭失或部分损失而终止合同,如终止后的保险费已交付的,就应返还。但保险费以时间为计算基础的(例如,以航程为计算基础),则不必归还。

第七节 保险合同的履行

保险合同的履行是保险合同的当事人根据生效的保险合同的约定或法律的直接规定履行各自的义务。在保险实践中,保险合同履行的内容主要是被保险人或者受益人向保险人行使保险金请求权,而保险人依约履行保险责任,向被保险人或者受益人支付保险金。这在保险实务中对于保险人一方而言就是理赔,对投保人一方而言就是索赔,保险合同当事人各方的其他义务的履行是索赔与理赔的前提。因此,要想弄清理赔与索赔的程序和内容,必须先掌握保险合同当事人各方的合同义务。

一、保险合同当事人的义务

(一)投保人的义务

1. 支付保险费

保险合同为强制性的有偿合同,交付保险费是投保人保险合同义务之一,也是保险人承担保险给付义务的前提。我国《保险法》第 14 条规定:"保险合同成立后,投保人按照约定交付保险费,保险人按照约定的时间开始承担保险责任。"据此,保险费是投保人交付于保险人作为其负担危险对价的金钱,投保人交付保险费是保险合同义务,而非合同的效力要件,亦非成立要件。我国《保险法》第 57 条第 2 款规定:"合同约定分期支付保险费的,投保人应当于合同成立时支付首期保险费,并应当按期支付其余各期的保险费。"保险合同成立后,保险费即为既得债权,保险人可以容许投保人迟延交付保险费。若到期不获交付,则保险人有权终止合同或请求投保人交付保险费。

2. 危险增加的通知义务

我国《保险法》第 52 条规定:"在合同有效期内,保险标的的危险程度显著增加的,被保险人按照合同约定应当及时通知保险人,保险人有权要求增加保险费或者解除合同。被保险人未履行前款规定的义务的,因保险标的的危险增加而发生的保险事故,保险人不承担赔偿责任。"

我国现行《保险法》第 52 条第 2 款规定了怠于通知的法律后果是保险人对因该危险增加而致的保险事故不负保险给付义务。依当然解释,自行增加保险费或解除合同,这对保险人较为有利。在危险增加怠于通知时,由于危险增加使合同双方的对价平衡状态破坏,而又应通知而未通知,同时破坏了诚信原则,因此,法律自可规定义务人承担比适当履行通知义务情形为重的后果。鉴于此种情况与主观危险增加的情形皆违反了公平与诚实信用原则,各国立法例多规定此时与主观危险增加产生相同的效果。

3. 防险的义务

我国《保险法》第 51 条规定:"被保险人应当遵守国家有关消防、安全、生产操作、劳动保护等方面的规定,维护保险标的的安全。根据合同的约定,保险人可以对保险标的的安全状况进行检查,及时向投保人、被保险人提出消除不安全因素和隐患的书面建议。投保人、被保险人未按照约定履行其对保险标的安全应尽的责任的,保险人有权要求增加保险费或者解除合同。保险人为维护保险标的的安全,经被保险人同意,可以采取安全预防措施。"我国《保险法》将防险减损义务置于"财产保险合同"章节之下,由此可见,它并不适用于人身保险合同。

4. 保险事故发生的通知义务

我国《保险法》第 21 条第 1 款规定:"投保人、被保险人或者受益人知道保险事故发生后,应当及时通知保险人。"我国《海商法》第 236 条规定:"一旦保险事故发生,被保险人应当立即通知保险人。"根据我国保险法的规定,出险通知义务人是投保人、被保险人及受益人。只要其中任何一人或数人通知,保险事故发生的通知义务即为履行,无须所有保险合同当事人及关系人均为通知。

我国现行保险法对出险的通知期限没有具体规定,仅要求投保人、被保险人或受益人"及时"通知保险人。"及时"一词颇具弹性,更能涵盖一切保险事故发生通知义务人的具体情况。在我国保险实务中,许多保险合同条款对此有明确规定,如保险监督管理委员会制定的《机动车辆保险条款》第 28 条第 1 款规定:"保险车辆发生保险事故后,被保险人应当采取合理的保护、施救措施,并立即向事故发生地交通管理部门报案,同时在 48 小时内通知保险人。"

关于保险事故发生通知的方式方法,我国《保险法》并无特别规定,所以可以采取任何方法,义务人可以口头方式通知保险人,也可采用书面形式。若当事人在合同中约定通知方法的,以其约定不得不利于投保人或被保险人为准;无约定的,可以任何方法通知保险人。

保险事故发生后,义务人只以通知发生保险事故的事实为已足,无须将损失数额等一并通知保险人为必要,即出险的通知并不包括保险给付义务的详细内容。

5.保险事故发生时的施救义务

所谓保险事故发生时的施救义务,是指保险合同约定的危险事故发生时,投保人、被保险人除及时通知保险人外,亦应采取积极、合理的措施,抢救出险的保险对象,以避免或减少损失。

我国《保险法》第57条规定:"保险事故发生时,被保险人应当尽力采取必要的措施,防止或者减少损失。保险事故发生后,被保险人为防止或者减少保险标的的损失所支付的必要的、合理的费用,由保险人承担;保险人所承担的费用数额在保险标的的损失赔偿金额以外另行计算,最高不超过保险金额的数额。"

6.其他义务

(1)维护保险标的的安全。保险人有权对保险标的的安全工作进行检查,经被保险人同意,可以对保险标的采取安全防范措施。

(2)提供保险单证。向保险人索赔时,被保险人有义务提供与确认保险事故的性质材料,包括保险单、批单、检验报告、证明材料等。

(3)协助保险人追偿。在第三人行为造成保险事故发生的情况下,保险人向被保险人履行赔偿责任后向第三人进行追偿的权利,被保险人应当协助保险人进行追偿。

(二)保险人的义务

1.保险人的通知义务

现代保险法诚信原则由单方面约束投保人或被保险人的职能而扩及约束保险人方面,其表现之一为规定了保险人在合同履行过程中的各种通知义务等,以弥补相对方对保险合同关系理解力的不足。

(1)保险标的的一部分受损失的终止合同通知。

因保险事故发生致保险标的部分损失时,保险人在保险金额范围内承担保险给付义务,保险合同仍可继续其效力。但在保险标的发生部分损失,保险人应权利人请求履行保险给付义务的过程中,双方彼此的信赖发生动摇,而不想再维持合同效力时,法律上赋予当事人终止合同的权利。而在保险人行使该终止权时,善尽通知义务。我国《保险法》第58条规定:"保险标的发生部分损失的,在保险人赔偿之日起30日内,投保人可以终止合同;除合同约定不得终止合同的以外,保险人也可以终止合同。保险人终止合同的,应当提前15日通知投保人,并将保险标的未受损失部分的保险费,扣除自保险责任开始之日起至终止合同之日止期间的应收部分后,退还投保人。"据此,保险事故发生致保险标的部分损失时,保险人可以终止合同,但须经15日宽限期,即保险人终止合同,须先通知投保人,在通知到达后经过15日的期间,合同效力才终止。

(2)行使保险标的勘查权而终止保险合同的通知。

我国《保险法》第51条规定:"被保险人应当遵守国家有关消防、安全、生产操作、劳动保护等方面的规定,维护保险标的的安全。根据合同的约定,保险人可以对保险标的的安全状况进行检查,及时向投保人、被保险人提出消除不安全因素和隐患的书面建议。投保人、被保险人未按照约定履行其对保险标的的安全应尽的责任的,保险人有权要求增加保险费或者解除合同。保险人为维护保险标的的安全,经被保险人同意,可以采取安全预防措施。"这是关于保险人行使保险标的勘查权的法律规则。在保险合同成立并生效后,为了控制危险,保险法赋予保险人对保险标的安全状况进行检查,及时向投保人、被保险人提出建议的权利。若合同义务人不履行维护保险标的安全的义务,则保险人有权要求增加保费或解除合同,但其并未明确规定一定合理期限以及保险人先予通知的义务,这可能不利于保护保险人一方的合同相对人。

2. 危险减少时减收保险费的义务

保险人在危险减少时有减收保险费的义务。我国《保险法》第53条规定:"有下列情形之一的,除合同另有约定外,保险人应当降低保险费,并按日计算退还相应的保险费:(1)据以确定保险费率的有关情况发生变化,保险标的的危险程度明显减少;(2)保险标的的保险价值明显减少。"危险高低,是计算保险费的重要基础,当危险增加时,固然存在义务人的通知义务,保险人则有解除合同或增加保险费的权利;而当危险减少时,投保人或被保险人虽无通知保险人的义务,但可以请求保险人重新评估危险,确定其保险费给付义务的范围,减轻其义务负担,以求公平。若保险人不同意,投保人则可以依我国《保险法》第15条的规定解除保险合同。①

3. 保险金给付义务

保险金给付义务是保险人依保险合同而生的危险承担义务的具体化。在定额保险中,保险事故发生后,保险人皆以金钱给付为保险给付义务的履行,且保险人应给付的范围只限于实际产生的损失数额。在损失保险中,保险人的保险给付义务以金钱给付为原则,例外情况下,亦有以其他方式给付的,如恢复原状。保险人可在合同中约定,若损毁可恢复的,以修复损毁发生前与原状相似的状况为给付。

---

① 《保险法》第15条规定:"除本法另有规定或者保险合同另有约定外,保险合同成立后,投保人则可以解除合同,保险人不得解除合同。"

4. 保险事故发生后的其他保险给付义务

(1)承担必要的合理费用的义务。

在财产保险合同中,保险人除了承担合同约定的基本义务以外,在某些情况下还要承担支付必要的合理费用的义务。

保险法上的救助费用,指投保人或被保险人在保险事故发生时,为防止或减轻损失为必要行为所支出的费用损失。此种费用由保险人承担。我国《保险法》第57条第2款规定:"保险事故发生后,被保险人为防止或者减少保险标的的损失所支付的必要的、合理的费用,由保险人承担;保险人所承担的费用数额在保险标的损失赔偿金额以外另行计算,最高不超过保险金额的数额。"施救费的计算是否受保险价值、保险金额相等与否的影响,我国保险法没有明确规定,而我国海商法则规定,当保险价值与保险金额相等时,施救费的最高限额以保险金额为准;当保险价值与保险金额不相等时,即投保人未足额投保,保险金额低于保险价值,施救费应当按照保险金额与保险价值的比例计算。中国人民银行1996年印发的《财产保险基本险条款》第14条规定:"发生保险事故时,被保险人所支付的必要的、合理的施救费用的赔偿金额在保险标的的损失以外另行计算,最高不超过保险金额的数额。若受损保险标的按比例赔偿,则该项费用也按与财产损失赔款相同的比例赔偿。"如投保人投保的金额相当于保险标的的价值的50%,那么由保险人承担的施救费也以50%的比例计算;若被保险人支出的施救费用共1 000元,则保险人承担的部分是:1 000×50%=500(元)。将施救费的计算与保险金额和保险价值的比例结合起来考虑,有其合理性。因为当投保人进行不足额投保时,保险人对保险标的只承担保险金额范围内的风险,其他风险由被保险人自己承担。保险事故发生时,被保险人的施救行为不仅是为保险人的利益,也是为自己的利益而实施的,为此支出的费用当然也应由双方按比例承担。

(2)为查明和确定保险事故的性质、原因和保险标的的损失程度所支付的必要的、合理的费用。

查明和确定保险事故的性质、原因和保险标的的损失程度是保险人履行合同义务的一个必经程序。勘察和确定的结果关系到保险人是否承担保险给付义务以及义务的额度,这亦影响到被保险人的利益。在保险实务中,确定保险事故的性质、原因和保险标的损失程度一般由保险人与被保险人协商进行。若协商不成,当事人则可能会请有关的技术专家或公估机构的技术人员进行专业调查和评估。不论是应保险人的请求还是应被保险人的请求而为的专业调查和评估,为此而支出的费用,均应由保险人承担。我国《保险法》第64条规定:"保险人、被保险人为查明和确定保险事故的性质、原因和保险标的的损失程度所支付的必要的、合理的费用,由保险人承担。"

(3)仲裁或者诉讼费用。

根据我国《保险法》第 66 条规定,在责任保险合同中,因被保险人给第三人造成损害的保险事故发生而被提起仲裁或者诉讼的,除合同另有约定外,由被保险人支付的仲裁或者诉讼费用以及其他必要的、合理的费用,亦由保险人承担。

5. 保险人的保密义务

保险人与投保人缔约时要向投保人询问保险标的或被保险人的有关情况,投保人亦须履行如实告知义务,这必将使得保险人对投保人、被保险人或受益人的业务情况(当其为法人或其他组织时)、财产情况或被保险人个人的身体状况有所了解,只要投保人、被保险人不愿将这些情况对外公开或传播,保险人均依法应负保密义务。

二、保险索赔

(一)保险索赔的主体

投保人和保险人是保险合同的当事人,被保险人和受益人是保险合同的关系人。保险合同涉及的四方主体中被保险人和受益人享有保险金请求权,投保人只有在同时为被保险人或者受益人的情况下,才以被保险人或者受益人的身份享有保险金请求权。

被保险人和受益人是享有保险金请求权的人,也是发动保险理赔程序的人。根据保险法的一般原理,我国《保险法》把受益人只确定在人身保险中,财产保险中无受益人的概念。那么在财产保险中,被保险人享有保险金请求权。在人身保险中,已指定受益人的,受益人享有保险金请求权;未指定受益人的,被保险人享有受益权。《保险法》第 42 条规定的被保险人死亡又没有受益人的情形,由被保险人的继承人享有保险金请求权。[①]

(二)保险索赔的一般程序

被保险人或受益人在不同的险种险别中提出索赔的具体程序不尽相同,但是,一般均包括以下步骤:

1. 通知出险和提出索赔要求

在保险事故发生后,被保险人或受益人应当将保险事故发生的时间、地点、原因以及造成损失的情况,以最快的方式通知保险人,便于保险人及时调查核实,确认责任。同时,被保险人或受益人也应当把保险单证号码、保险标的、保险的险种险别、保险期限等事项一并告知保险人。

[①] 《保险法》第 42 条规定:被保险人死亡后,有下列情形之一的,保险金作为被保险人的遗产,由保险人依照《中华人民共和国继承法》的规定履行给付保险金的义务:
(1)没有指定受益人,或者受益人指定不明无法确定的;
(2)受益人先于被保险人死亡,没有其他受益人的;
(3)受益人依法丧失受益权或者放弃受益权,没有其他受益人的。
受益人与被保险人在同一事件中死亡,且不能确定死亡先后顺序的,推定受益人死亡在先。

为了避免因失误而使索赔期限届满,被保险人或受益人最好在通知出险的同时提交"出险通知书"(财产保险)或者"给付申请书"(人身保险)给保险人,向保险人提出索赔请求。如果是因保险合同期限届满而要求给付保险金的,则被保险人或受益人通知保险人,其保险合同已经期限届满,告知保险单证的号码、保险期限等,并提出索赔要求。

2. 合理施救,保护事故现场

合理施救是被保险人承担的一项义务,从而,对于发生的保险事故,被保险人应当采取必要的、合理的抢救措施,进行抢救,例如,灭火、抢救遇险财产等,并对受损的保险标的进行必要的整理。

在保险事故发生之后,未经保险人查勘、核损或同意之前,被保险人或受益人应当保护好事故现场,不要先行清理事故现场,也不需自行拆修、处理受损财产;否则,会给此后的理赔工作造成困难,增加定损、赔付的麻烦。因为,事故现场被破坏,现场查勘也就失去了意义,进而影响到理赔的及时、准确、合理。

3. 接受保险人的检验

从索赔和理赔的整体角度讲,保险人有权进行现场勘验,而被保险人负有接受检验的义务。因此,被保险人应根据保险人的要求,提出检验申请,接受保险人或其委托的其他人员(如保险代理人、检验机关)的检验,并为其进行检验提供方便条件,以保证保险人及时、准确地查明事故原因,确认损害程度和损失数额等。

4. 提供索赔单证

被保险人或受益人在提出索赔时应当根据有关法律和保险合同的规定,向保险人提供相应的索赔单证,保险人才会接受其索赔。被保险人或受益人所应提供的索赔单证的具体范围包括:保险单或保险凭证的正本、证明保险事故及其损害后果的文件、索赔清单、其他按规定应当提供的文件。

5. 向保险人开具权益转让书

财产保险具有补偿性,被保险人不能在补偿其保险财产损失的范围以外获取利益,因此,在财产保险的索赔和理赔中适用代位求偿和委付制度,从而在涉及第三人赔偿责任的时候,被保险人应当向保险人开具转移其对第三人的索赔权给保险人的证明文件,保险人赔付后享有向第三人追偿的权利。

此外,在推定财产保险的保险标的全损的情况下,被保险人可以向保险人申请委付,但是被保险人必须出具转移保险标的的一切权利给保险人的书面文件。

6. 领取保险赔款或者人身保险金

享有索赔权的被保险人或受益人接受保险人的赔付,领取保险赔款或保险金。不过,在被保险人或受益人领取了保险赔款或保险金之后,其据以索赔的保险单是否继续有效,则要区别具体情况来处理。

对于财产保险来说,被保险人领取了全部保险金额赔偿后,其保险单的效力终止;而领取了部分保险金额赔偿的,则根据保险合同的约定,保险单或者继续全额有效至保险期限届满(例如,家庭财产两全保险单),或者是扣除了已赔款额后保险金额的余额继续有效(例如,家庭财产保险单)。责任保险单原则上是在保险人赔付后继续有效至保险期限届满;若该类保险单规定了累计限额,则在扣除赔款额后的余额范围内继续有效。

而对于人身保险的保险单,在保险人就被保险人死亡或保险期限届满而予以给付,或者保险单兑款给付后,保险单效力经保险人注销而终止;但是,对于被保险人残疾而为给付条件的,保险单原则上继续有效至保险期限届满。

(三)保险金请求权的诉讼时效

保险金请求权也是一种民事权利,一般来说,它遵守民法关于诉讼时效的一般规定,故许多国家的立法对保险金请求权的诉讼时效并未作出特殊规定。如英国规定,因为保险合同而产生的请求权,适用《时效法》规定的时效制度,但我国的《保险法》和《海商法》对保险金请求权的时效作出了特别规定。根据特别法与普通法的关系,我们可以这样推定:在海事保险中,海商法有规定的,优先适用海商法;海商法无规定的,适用保险法;保险法无规定的,适用民法典关于诉讼时效的一般规定。

我国《保险法》第 26 条是关于保险金请求权的诉讼时效的特别规定,该条规定:"人寿保险以外的其他保险的被保险人或者受益人,对保险人请求赔偿或者给付保险金的权利,自其知道保险事故发生之日起两年不行使而消灭。人寿保险的被保险人或者受益人对保险人请求给付保险金的权利,自其知道保险事故发生之日起五年内不行使而消灭。"我国海商法对海上保险中的保险金请求权也作了不同于保险法的规定。

由此可见,我国《保险法》上的诉讼时效不但在时间长短上区别于《民法典》的规定,而且在性质上也不同,《保险法》上的时效属于消灭时效,《民法典》上规定的时效属于胜诉时效。

三、保险理赔

保险理赔,即保险金的赔偿或给付,是指保险人收到被保险人或受益人的索赔请求后,对被保险人或受益人提供的证明、资料进行审核、调查,作出给予赔付或拒绝赔付的过程。保险赔付是一项复杂的系统工程,既涉及事实的认定,又涉及法律的适用;既涉及法律知识,又涉及与保险事故有关的其他专业知识。[①]

---

① 邹海林:《保险法》,人民法院出版社 1998 年版,第 233 页。

(一)保险理赔的一般程序

在被保险人或受益人向保险人作出保险事故发生通知,并且提出索赔要求后,保险人便应当进行理赔工作。保险理赔一般包括下列程序:

1.受领事故发生的通知

在投保人、被保险人或受益人向保险人作出保险事故发生通知后,保险人应立即接受该通知,详细记录被保险人或受益人的姓名或名称、保险单号码、事故发生的时间和地点、原因及损失等事项。

2.要求及时提供并审核索赔单证

保险事故发生后,依照保险合同请求保险人赔偿或者给付保险金时,投保人、被保险人或者受益人应当向保险人提供其所能提供的与确认保险事故的性质、原因、损失程度等有关的证明和资料。保险人依照保险合同的约定,认为有关的证明和资料不完整的,应当及时一次性地通知投保人、被保险人或者受益人补充提供有关的证明和资料。[1]

3.现场调查

保险人在接受事故发生通知并审核了索赔单证后应及时赶赴事故发生现场。只有进行了现场核查,保险人才能获得第一手客观资料,以便准确地确定损失、责任并赔付保险金。现场调查的内容主要有:(1)查看事故发生地点;(2)调查事故发生时间;(3)查明事故发生的原因;(4)查明保险标的损失情况。

4.确定责任

在确定责任时,保险人应实事求是、全面分析,并根据合同约定、法律规定,准确地确定责任。在确定责任时,保险人主要应考虑以下方面的内容:

(1)事故发生的对象是否为保险标的。保险人仅对保险标的的损失予以赔偿。如果受损对象不属于标的范围,则保险人不承担赔偿责任。

(2)事故发生的地点是不是保险合同载明的地点。合同中约定保险标的不得擅自转移,而投保人、被保险人、受益人擅自移转保险标的,发生保险事故的,保险人不予赔偿。合同中未约定标的是否可转移,保险标的转移后发生保险事故的,保险人应予赔偿。

(3)事故发生的时间是否在保险期限内。保险人仅对在保险期限内发生的保险事故所造成的损失负赔偿责任。在保险理赔中,有两种比较特殊的情况需要注意:第一种是保险事故发生在保险期限以前,损失发生在保险期限内;第二种是保险事故发生在保险期限内,而遭受的损失却发生在保险期限届满以后。这两种情况应如何承担责

---

[1] 《保险法》第22条。

任尚有争议。一般认为,这两种情况下,保险人是否承担保险责任应以保险事故发生的时间为准,即保险事故发生在保险期限内,保险人承担保险责任;保险事故发生在保险期限外(包括保险期限前和后),保险人不承担保险责任。

(4)保险事故是否为损失发生的近因。根据近因原则,只有损失的近因是保险事故时,保险人才承担保险责任。当损失的发生系某一种事故所造成,即原因只有一个时,很容易确定该事故是否为保险事故的近因。当损失的发生系多个事故所造成,即导致损失的原因有多个,且其中包括保险事故时,则有必要确定保险事故是否为损失发生的近因。具体的确定原则与方法见前文所述。

(5)要求赔偿的人是否具有保险金请求权。在确定承担保险责任时,保险人还应审查索赔者是否具有保险金请求权即索赔权。如果其无索赔权,则保险人有权拒绝向其承担保险责任。此外,索赔权人在索赔时效期间内未提出索赔的,丧失了索赔权,保险人的赔偿或给付保险金的责任也归于消灭。

5. 保险金数额的确定

在确定了保险公司应赔付之后,还有一个关键的问题就是确定赔付的保险金的具体数额。对于绝大多数的人身保险合同而言,由于实行的是定额给付保险制度,即双方在订立保险合同时就已经对将来要给付的保险金做出了明确而具体的约定,因此,确定人身保险的保险金数额并没有多大的问题。但是,对于财产保险合同而言,由于其实行的是根据保险事故发生后的实际损失来确定补偿数额的方式,因而前文已经论述过的"损失补偿原则"就成为财产保险人确定赔付具体数额的基本原则,保险人无不以此作为确定赔偿数额的依据。

6. 保险金的给付

我国《保险法》第 23 条规定:"保险人收到被保险人或者受益人的赔偿或者给付保险金的请求后,应当及时作出核定,并将核定结果通知被保险人或受益人;对属于保险责任的,在与被保险人或者受益人达成有关赔偿或者给付保险金额的协议后 10 日内,履行赔偿或者给付保险金义务。保险合同对保险金额及赔偿或者给付期限有约定的,保险人应当依照保险合同的约定,履行赔偿或者给付保险金的义务。保险人未及时履行前款规定义务的,除支付保险金外,应当赔偿被保险人或者受益人因此受到的损失等。"此处的详细内容,请参见总论"保险条款的保险金"部分。

7. 保险金的拒绝赔付

拒绝赔付简称拒赔,指保险人对被保险人或受益人提供的索赔的有关证明、资料审核后,认为事故不属于保险责任,拒绝支付赔款或给付保险金,或者对索赔金的不合理部分拒绝支付赔款或给付保险金。

我国《保险法》第 27 条规定了几种保险人可以拒绝赔付的情况:

(1) 欺诈。我国《保险法》第 27 条第 1 款规定："被保险人或者受益人在未发生保险事故的情况下，谎称发生了保险事故，向保险人提出赔偿或者给付保险金的请求的，保险人有权解除保险合同，并不退还保险费。"在未发生保险事故的情况下谎称发生了保险事故，属于欺诈行为。因实际未发生保险事故，保险人当然理应拒绝赔偿或给付保险金。同时，《保险法》允许保险人解除合同，是因为保险合同是最大诚信合同，要求当事人双方都要具有诚意，当被保险人或受益人有欺诈行为时，应允许保险人不再与其继续保持合同关系。允许保险人不退还保险费，则是对欺诈行为的惩罚。

(2) 故意制造保险事故。我国《保险法》第 27 条第 2 款规定："投保人、被保险人或者受益人故意制造保险事故的，保险人有权解除保险合同，不承担赔偿或者给付保险金的责任，除本法第 43 条规定外，也不退还保险费。"当投保人、被保险人或受益人故意制造保险事故时，保险人不负赔偿或给付保险金的责任。但是，已产生现金价值的人寿保险合同，当发生投保人、受益人故意造成被保险人死亡、伤残或疾病的事件时，保险人应向其他享有权利的受益人退还保险单的现金价值。[①] 这是因为应当剥夺故意造成被保人死亡、伤残、疾病的投保人或受益人的权利，但不应剥夺其他受益人的权利。

(3) 虚报损失。我国《保险法》第 27 条第 3 款规定："保险事故发生后，投保人、被保险人或者受益人以伪造、变造的有关证明、资料或者其他证据，编造虚假的事故原因或者夸大损失程度的，保险人对其虚报的部分不承担赔偿或者给付保险金的责任。"依据这一规定，如被保险人或者受益人为了多获得赔偿或保险金，以虚假的证据向保险人索赔，保险人对虚假的损失，当然不予赔偿或给付保险金，但对于确有证据证明的实际损失，保险人仍应赔偿或给付保险金。

我国《保险法》第 27 条第 4 款规定："投保人、被保险人或者受益人有前三款所列行为之一，致使保险人支付保险金或者支出费用的，应当退回或者赔偿。"

(二) 保险理赔的特殊处理——保险金的先予支付

1. 保险金先予给付的含义

保险金的先予给付，又称"预付赔款"[②]，是指保险人对给付请求权人提供的证明、资料进行认定后，认为事故属于保险给付义务范围，在最终确定给付金额之前，预先给付其可以确定的最低数额的金钱。在某些情况下，给付金额在短期内无法确定，如海上保险中发生共同海损事故，往往需要一年或更长时间才能理算完毕。在保险人与被保险人或受益人对给付金额发生争议的情况下，经协商、仲裁或诉讼等程序解决，亦需

---

① 《保险法》第 43 条。
② "赔款""预付赔款"是保险公司业务中的习惯称呼，实际上为保险合同的给付义务。

一定时间。如汽车车身损失保险或第三者责任保险中,若其发生保险事故致车身受损,亦产生对第三人的赔偿责任。保险事故发生时,被保险人往往需要资金恢复生产或生活。若保险人须经过较长时间才能最终确定给付金额,被保险人若为企业,则有可能停产、停业;若为自然人,则可能生活已陷入困境。为此,保险人应依可确定的最低给付金额预付,待全部给付金额最终确定后,再补足差额。

2. 保险金先予给付的适用条件

(1)须已经认定事故属于保险给付范围。只有在已经认定事故属于保险责任的条件下才能预付赔款;如果保险人认为事故不属于保险责任,则应向保险人明确表示拒绝赔付。如果保险人与被保险人对于事故是否属于保险责任还存在争议,应通过协商、仲裁或诉讼等手段,首先认定事故是否属于保险责任,在认定之前不能预付赔款。

(2)须满足在收到给付请求或有关证明、资料60日内不能最终确定给付金额的条件。保险金的先予支付有其特定的适用条件,即必须是在收到给付请求或有关证明、资料60日内对赔偿或者给付的数额不能确定的。

(3)预付金额是可以确定的给付的最低数额。由于预付金额一旦履行,若将来确定的最终给付金额低于预付金额,则势必增加保险人追回多付的预付赔款的成本,甚至不能追回,所以预付金额一般不超过可以确定的最低给付金额。

3. 预付赔款的处理程序

依据保险法的规定,预付赔款的处理程序和要求一般如下:

(1)保险人在收到索赔或有关证明、资料60日内不能最终确定赔款金额时应预付赔款。假如保险人收到被保险人索赔时提供的有关证明、资料后,如果认为不完整,则可以要求补充提供,一旦证明资料完整后,保险人应及时进行调查、核定,在60日内已经认定事故的属于保险责任,只是不能最终确定赔偿金额,那么应当预付赔款。[①] 这就意味着,自被保险人提供的索赔证明、资料完整齐全60日内,如果保险人不能提供拒绝赔付证明的,那么就应当预付赔款。预先给付是保险业的惯例。我国保险法对迟延履行保险金(预先)给付的责任予以规定。根据我国《保险法》第24条第2款规定,保险人未及时履行给付保险金义务所应承担的违约责任,包括承担给付保险金以及赔偿被保险人或者受益人因此受到的损失。

(2)预付赔款的金额是可以确定的赔款最低数额。由于一旦预付,如果将来确定的最终赔款金额低于预付金额,则保险人很难追回多付的赔款,所以预付赔款的金额一般不超过可以确定的最低赔款金额。

---

① 《保险法》第25条规定:"保险人自收到赔偿或者给付保险金的请求和有关证明、资料之日起60日内,对其赔偿或者给付保险金的数额不能确定的,应当根据已有证明和资料可以确定的数额先予支付;保险人最终确定赔偿或者给付保险金的数额后,应当支付相应的差额。"

（3）预付金额须从最终给付金额中抵销。最终给付金额系指保险人最终确定应对保险事故给付的保险金总额。最终给付金额确定后，保险人应履行给付义务。由于在此之前已支付预付赔款，所以保险人应从最终给付金额中扣除已预付的金额，只向权利人给付最终确定的保险金额与预付金额间的差额。

本章关键词

保险合同　　保险合同当事人　　保险合同的订立　　保险合同成立　　保险合同生效
保险合同无效　　基本条款　　附加条款　　保险合同解释　　保单　　暂保单　　保险凭证
保险合同变更　　保险合同转让　　保险合同中止　　复效　　保险合同解除　　保险合同终止
保险合同效力　　索赔　　理赔　　近因原则　　拒绝赔付　　预先给付

思考题

1. 简述保险合同的概念和法律特征。
2. 试述保险合同的基本分类。
3. 试述保险关系主体及其类别。
4. 试述保险合同的成立与生效的关系。
5. 试述保险合同生效所需要的条件。
6. 试述保险合同变更的具体表现。
7. 试述保险合同效力中止与复效的要件和法律后果。
8. 解除保险合同应当具备哪些条件，其后果如何？
9. 试述保险合同的终止与保险合同的解除、中止的区别。
10. 试述保险合同的基本条款(法定条款)和解释原则。
11. 试述保险合同常见的书面形式。
12. 试述保险理赔的一般程序和特殊程序。

第四章 财产保险合同

内容提要

财产保险合同是保险合同两大基本类型之一,是以财产或财产性利益为保险标的的保险合同,以损失填补为基本原则,并由此派生出重复保险、代位求偿、委付等特有的制度。常见的财产保险合同有财产损失保险合同、责任保险合同、保证保险合同、信用保险合同、再保险合同等。而这些类型财产保险合同又各自包括许多更具体的分类。

第一节 财产保险合同概述

一、财产保险合同的概念和特征

(一)财产保险合同的概念

财产保险合同是以被保险人的财产或责任利益为保险标的,投保人向保险人交纳保险费,在被保险人因自然灾害、意外事故等保险事故的发生而遭受经济损失或应当承担民事赔偿责任时,由保险人按照合同约定对被保险人承担赔付保险金的责任。它与人身保险合同共同构成保险合同的两大基本种类。

(二)财产保险合同的特征

财产保险合同不仅具有一般保险合同的共同属性,而且相较于人身保险合同而言,它还具有如下方面的特点:

1. 财产保险合同的保险标的物是财产,故又称其为产物保险

狭义的财产保险合同的保险标的仅限于有形财产,即包括动产和不动产在内的各种有形财物,英、美等国的保险立法在此意义上解释财产保险合同;而广义上的财产保险合同的保险标的不仅包括有形财物,还包括与物质财产有关的某种经济利益或损害赔偿责任等无形财产,如责任保险合同、保证保险合同、信用保险合同的保险标的。我国《保险法》是从广义的角度来定义财产保险合同的。而人身保险合同的保险标的物是人的寿命和身体。

2. 财产保险合同是补偿性合同,故又称损害保险合同

财产保险合同适用损失填补原则。在财产保险的保险事故发生后,权利人仅得以

实际损失为限请求保险人给付,保险人以损失填补为基础来对其损失进行经济补偿,不能使请求权人获得超过其损失的补偿。"无损失无保险"的理念鲜明地体现在财产保险中。补偿方法主要通过支付货币。基于财产保险合同的补偿性,形成了代位求偿和委付两项特有制度。

3. 保险价值的概念只有在财产保险中才有存在的必要

财产保险中保险人的给付责任以保险价值为计算依据。依《保险法》第 55 条第 1、2 款规定:"投保人和保险人约定保险标的的保险价值并在合同中载明的,保险标的发生损失时,以约定的保险价值为赔偿计算标准。""(如果)投保人和保险人未约定保险标的的保险价值的,保险标的发生损失时,以保险事故发生时保险标的的实际价值为赔偿计算标准。"

需要说明的是,尽管财产保险合同在订立时与人身保险合同一样,也会在合同中明确约定保险金额,但是,财产保险合同订立时约定的保险金额与人身保险合同订立时约定的保险金额的性质和作用大不相同。财产保险订立时在合同中约定的保险金额仅仅是对保险人的保险金给付责任的最高限额的约定而不是对保险人的赔付金额的具体约定。财产保险的保险人具体赔付的金额要等到合同约定的保险事故发生之后,对保险标的物实际损失进行价值核算后才能最终确定,这是财产保险合同贯彻"损失补偿原则"的结果,不同于人身保险合同。人身保险合同的标的是人的身体或寿命,它们是无法用金钱估算其价值的,故人身保险合同中的保险金额就是对保险人承担的保险金给付责任的明确约定,而且它只能在订立人身保险合同时事先加以明确约定而不能在保险事故发生后再进行价值核算。从这个角度来说,人身保险合同中不存在"保险价值"一说,也正因为此,绝大多数人身保险合同又被称为"定额给付保险合同"。

4. 财产保险合同一般是短期性保险合同

在市场经济条件下,财产保险合同所承保的各类财产都是具有使用价值和交换价值的商品,由此决定了其具有流动性。因此财产保险合同的期限一般按年度计算,特殊情况下也可以按某一经济活动过程确定保险责任期限,这不同于以长期性为主的人身保险合同,由此导致保险利益原则在财产保险合同和人身保险合同中存在时点上的差异:根据保险法的相关规定,财产保险的被保险人在订立保险合同时不必具有保险利益,而在保险事故发生时须对保险标的具有法律上承认的利益;人身保险的被保险人在订立保险合同时须具有保险利益,而在保险事故发生时可以不具有保险利益。

二、财产保险合同的分类

传统的财产保险的种类一般分为火灾保险合同、海上保险合同、运输保险合同、责任保险合同以及其他保险合同。在国际保险市场上,财产保险合同常分为三类,即火灾保险合同(简称火险)、海上保险合同(简称水险)和意外保险合同。[①] 此三类财产保险合同又统称为非寿险合同,以区别于寿险合同。

我国《保险法》第 95 条第 2 款规定:"财产保险业务,包括财产损失保险、责任保险、信用保险、保证保险等保险业务。"我国《保险法》的规定与传统上关于财产保险及其合同的分类大体上是一致的。按照这一分类标准,我国现行的财产保险合同主要有以下分类:财产损失保险合同(包括企业财产保险合同、家庭财产保险合同、运输工具保险合同、运输货物保险合同等);责任保险合同(包括第三者责任保险合同、公众责任保险合同、产品责任保险合同、雇主责任保险合同、职业责任保险合同等);信用、保证保险合同;海上保险合同;再保险合同。

三、财产保险合同的主要内容

各类财产保险合同的具体内容虽然不尽相同,但是保险标的、保险金额、保险费、保险责任等均是财产保险合同共有的主要内容。

(一)财产保险合同的保险标的

财产保险合同的保险标的,是投保人寻求保险保障的财产或其他能够用货币衡量的有关利益,也是保险人同意承保并负担保险责任的目标。故保险标的是财产保险合同的首要条款。

在保险实务中,财产保险的保险标的大致有两类:其一,物质财产。物质财产所指的是各种有形财产,依其存在形式,具体包括生产过程中所涉及的财产(如厂房、设备、原材料、产成品等),流通过程中所涉及的财产(如运输中的货物、运输工具等),消费过程中所涉及的财产(如各种家庭财产),建造过程中所涉及的财产(如在建工程、在造船舶等)。物质财产是财产保险合同最为常见的保险标的。其二,与财产有关的利益。所谓"与财产有关的利益"是一种无形财产,具体表现为运费损失、利润损失、经济权益、民事赔偿责任、信用、保证责任等。而且,根据具体内容的不同,与财产有关的利益可进一步分成预期利益和免损利益。前者是指待一定的事实发生后可以实现的利益,如利润;后者则指本应由被保险人支出但因保险人的保险赔付而免支出的费用,如责任保险合同承保的民事赔偿责任和保证责任等。但是,这种利益在财产保险合同中必须与相关的物质财产存在着直接或间接的关联。例如,被保险人因保险的机动车辆发生交通事故而应当向第三者承担的赔偿责任,就是依附于该机动车辆的利益,故而将此类财产保险合同的保险标的称为"与财产有关的利益"。

(二)财产保险合同的保险金给付责任

1.保险金给付责任的确定方法

[①] 意外伤害保险合同包括除海上保险合同和火灾保险合同以外的各种物质财产保险合同和各种相关利益的保险合同,如责任保险合同,另外,还可包括短期的健康险和人身意外伤害保险合同。也正因为这一点,我国《保险法》第 95 条第 3 款规定:"保险人不得兼营人身保险业务和财产保险业务。但是,经营财产保险业务的保险公司经国务院保险监督管理机构批准,可以经营短期健康保险业务和意外伤害保险业务。"

正确确定保险金给付责任,对于财产保险合同的订立和履行都十分重要。财产保险合同的损失补偿性质决定了其保险金给付责任只能根据保险标的的实际价值(此实际价值就是保险财产在某一时间或某一地区的市场价格,又称为保险价值)来确定。在保险经营实践中,财产保险合同的保险金给付责任可以通过以下几种方法予以确定:

(1)以不定值方法确定保险金给付责任,称为不定值保险。大多数财产保险采用此种方法来确定保险金给付责任。它表现为投保人和保险人在订立财产保险合同时不具体确定保险标的的实际价值,只是列明保险金额作为保险人承担的赔付责任的最高限额,等到保险人需要保险赔付时,再以保险标的在发生保险事故之时的实际价值(市价)计算赔偿数额。

(2)以定值方法确定保险金给付责任,称为定值保险。此种确定保险金给付责任的方法多用于保险标的物的市场价格变化较大或其本身的价值难以确定的少数种类的保险财产,即投保人和保险人根据订立保险合同时的保险标的物的价值在合同中事先约定保险金给付责任,保险人将依此进行保险赔付,无须考虑保险标的在发生保险事故致损之时的实际价值。海上货物运输保险合同多采用定值保险方法来确定保险金额,此种定值方法类似于人寿保险的保险金给付责任的确定方法,而与大多数的财产保险有所不同。

(3)以重置价值的方法确定保险金给付责任。它是指在财产保险合同中按照保险标的的重置价值或重建价值来确定保险金额的一种方法。所谓重置价值,指的是保险财产因灾受损后重新购置的成本及所需费用。例如,被保险人将其所有的一幢旧房屋按相当于重建一幢新房屋的价值进行投保,当旧房屋在保险事故中受损时即可以旧换新,按重建价值获取赔付。这实质上是一种超值保险,多用于资信较好的投保人,而且要在相应的财产保险合同中订立重置价值条款。

(4)以第一危险保险方法确定保险金给付责任。这种保险方法表现为经投保人和保险人协商后,不按保险财产的全部实际价值确定保险金给付责任,而是将第一次保险事故发生可能造成的最高损失金额约定为保险金给付责任。家庭财产损失保险常用此种方式。

(5)以原值加成的方法确定保险金额。这种方法表现为经保险人与投保人约定,财产保险合同的保险金给付责任是按照保险财产投保时的账面原值,增加一定的成数或倍数来确定的。从而,按原值加成的方法投保的财产一旦发生保险责任范围内的损失时,保险财产全部损失的,保险人按保险金给付责任予以赔偿,如果市场价格低于保险金给付责任的,则按市场价格赔偿;保险财产部分损失的,保险人按受损时的实际损失金额承担保险金给付责任。财产保险实务中,建筑物的造价一般是不断上涨的,故多以原值加成的方法确定保险金给付责任。

2.保险金额的适用

投保人在订立财产保险合同时可以根据投保财产的实际情况、危险发生的概率和自身的具体条件，选择投保相应的保险金额。所以，在财产保险的实务中，因投保人投保的保险金额不同而可能出现以下三种情况：

(1)足额保险。投保人以保险标的的全部保险价值作为保险金额向保险人投保，使得财产保险合同的保险金额等于或接近于保险财产的实际价值，即为足额保险，又称为全额保险或等额保险。基于足额保险，被保险人可以从保险人那里获得等于或接近于保险财产价值的足额赔偿。

(2)不足额保险。投保人以保险标的的保险价值的一部分作为保险金额投保的，财产保险合同的保险金额小于保险财产的实际价值，即为不足额保险，又称为低额保险，这意味着保险财产的实际价值与保险金额的差额部分由被保险人自行负担。[1]

(3)超额保险。投保人以高于保险标的的保险价值的保险金额投保，致使保险金额大于保险财产的实际价值的，构成超额保险，又称为超值保险，对此，应当区别情况加以处理。如果是投保人的善意行为所致的超额保险，保险人在保险标的的实际价值范围内承担赔偿责任，而其超额部分则归于无效，保险人不负保险责任。[2] 如果是投保人的恶意投保导致的超额保险，则保险人有权解除所订立的财产保险合同。

(三)财产保险合同的保险责任范围

财产保险合同的保险责任范围，是指保险人对于保险事故造成的保险标的损失的，依财产保险合同约定的承保责任范围进行赔偿。财产保险合同一般都采用列举方式规定基本责任、除外责任以及特约责任，以便保险人明确遵照合同的约定义务范围去履行合同义务。

1. 基本责任

基本责任即保险责任，是指财产保险合同中载明的保险人承担保险金赔付责任的承保危险的范围。一般而论，基本责任大致有三大类：

(1)自然灾害。一般包括暴风、洪水、海啸、地震、雪灾、冰雹等。

(2)不可预见的意外事故。一般包括火灾、爆炸及因自然灾害或意外事故导致的停水、停电、停气损失等。

(3)为抢救保险财产或者防止保险事故发生或损失扩大而采取的必要措施所产生的施救、保护、整理等合理费用的支出。

2. 责任除外

责任除外，也称责任免除，是指保险合同中明确约定或法律明文规定的不属于保险人的保险金赔付责任范围内的特定风险损失。

---

[1] 《保险法》第55条第4款规定："保险金额低于保险价值的，除合同另有约定外，保险人按照保险金额与保险价值的比例承担赔偿保险金的责任。"

[2] 《保险法》第55条第3款规定："保险金额不得超过保险价值。超过保险价值的，超过部分无效，保险人应当退还相应的保险费。"

第一,财产保险合同的责任免除条款中列明的灾害事故造成的损失,保险人不承担保险赔偿责任。一般来说,战争、军事行动、暴力行为、核子辐射的污染、被保险人的故意行为等,多列入责任除外条款。

第二,财产保险合同的责任免除条款中未列明、基本责任(保险责任)条款也未列入的灾害事故造成的损失,原则上也属于责任免除,保险人也无须承担保险金赔付责任。

3. 特约责任

特约责任又称附加责任,是指经投保人和保险人协商,将基本责任以外的灾害事故附加一定条件予以承保的赔偿责任。它实质上是通过特约扩大了保险人的保险金赔付责任,目的是满足被保险人特殊的保险保障需要。例如,机动车辆保险合同中的第三者责任保险、家庭财产保险合同附加的盗窃保险等多为特约责任。

(四)财产保险合同双方当事人的义务

根据合同法的原理及保险法的规定,财产保险合同双方当事人分别有以下义务:

1. 投保方的义务

财产保险合同投保方的危险增加的通知义务、交付保险费义务、防灾减损义务和保险事故证明义务等,准用保险合同总论的一般规定。财产保险的特别之处主要在于被保险人不得放弃对第三人的索赔权的义务。如果在保险人给付保险赔偿金之前放弃索赔权,保险人则不承担赔偿保险金的责任;如果在保险人给付保险赔偿金之后放弃索赔权,则该放弃行为无效。

2. 保险人的义务

财产保险合同保险人的保险金给付义务和必要费用给付义务,准用保险合同总论的一般规定。其特别之处主要在于保险标的发生保险责任范围内的损失,应当由第三者负责赔偿的,投保人可以将其向第三者追偿的权利转让给保险人,从而向保险人提出保险金赔付请求,而保险人应按保险合同规定先予赔付投保人,然而再向第三者追偿。

四、财产保险合同的履行

(一)重复保险制度

1. 重复保险的含义

重复保险(double insurance)简称复保险。它可分为广义和狭义两种。狭义的重复保险是指投保人对同一保险标的、同一保险利益、同一保险事故,在同一期间与数个保险人分别订立数个保险合同的行为,且各保险合同约定的保险金额总和超出保险标的的价值。广义的重复保险是指投保人对同一保险标的、同一保险利益、同一保险事故,在同一保险期间与数个保险人分别订立数个保险合同的行为,而不论各保险合同约定的保险金额总和是否超出保险标的的价值。狭义重复保险和广义重复保险的区别在于是否以各保险合同约定的保险金额总和超出保险标的的价值为成立要件。英国、法国、德国及日本等国的保险立法所规定的重复保险,均指狭义重复保险。我国台湾地区保险法规定的重复保险指广义重复保险。我国《保险法》第56条第4款规定:"重复保险是指投保人对同一保险标的、同一保险利益、同一保险事故分别与两个以上保险人订立保险合同,且保险金额总和超过保险价值的保险。"可见,我国《保险法》采用了狭义重复保险的概念。

2. 重复保险的构成要件

依照保险法的规定,成立重复保险应当具备以下要件:

(1)须有同一保险标的和保险利益。投保人向不同的保险人请求承保的保险标的以及对该保险标的所具有的保险利益应当同一,才能成立重复保险。保险标的不相同,不能成立重复保险。

(2)须对同一保险事故或保险危险投保。不同的保险人对同一保险标的的承担的危险或者保险事故在范围上相同,才能成立重复保险。保险标的相同但保险事故不同的保险合同,不能成立重复保险。例如,货物所有人就同一货物,一方面订立火灾保险合同,另一方面订立盗窃保险合同,二者非同一保险事故,所以不构成重复保险。

(3)须有同一保险期间或重合的保险期间。重复保险的保险期间应当相同或重合,才能成立重复保险。所谓同一保险期间,是指数个保险合同,不必始期和终期完全相同,仅其一部分的期间有交叉关系,即为重复保险。若投保人以同一保险标的和保险利益、同一保险事故与数个保险人订立保险合同,但其保险期间并不重合,则意味着保险人不会同时对保险事故的发生承担保险责任,因而各个保险合同均是合法、有效的单独保险合同。

(4)需投保人与数个保险人分别订立数个保险合同。投保人只有以同一保险标的和保险利益、同一保险事故分别与两个以上的保险人分别订立保险合同,才能成立重复保险。如果投保人与同一个保险人订立数个保险合同,即使其保险金额的总和超过保险价值,这种保险仅为超额保险而非重复保险。如果投保人与数个保险人订立一个保险合同,无论其保险金额的总和是否超过保险价值,这种保险仅是数个保险人共同承担保险责任的共同保险,也不构成重复保险。

(5)须投保人与数个保险人分别订立数个保险合同的保险金额的总和超过保险价值。

3. 重复保险的法律后果

(1)投保人负有重复保险的通知义务。重复保险,除另有约定外,投保人应将其他保险人的名称及保险金额通知各保险人。我国《保险法》第56条第1款对重复保险投保人的通知义务做了明确规定:"重复保险的投保人应当将重复保险的有关情况通知各保险人。"不过,我国保险法未对投保人违反重复保险的通知义务的法律后果做出明确的规定。

(2)重复保险下的各保险人对因保险事故所造成的损失承保保险责任的方式。重复保险的责任承担方式如下：

①财产保险合同中有约定的，从其约定。在很多存在重复保险的情况下，每个保险合同对本合同是否承担保险责任以及如何与其他保险合同分担保险责任，都可能有自己的约定。保险合同中所约定的这种条款在保险实务中被称为"重复保险条款"或"其他保险条款"。如《公众责任保险单》中的重复保险条款规定："本保险单负责赔偿损失、费用或责任时，若另有其他保障相同的保险存在，不论是否由被保险人或他人以其名义投保，也不论该保险赔偿与否，本公司仅负责按比例分摊赔偿的责任。"而《第三者综合责任险条款》中的其他保险条款规定："本保险对用被保险人名义或为其利益另行投保有效的，且可获得的保险合同项下可予承保的全部或部分损失不具保险效力，但这对其他保险项下偿付金额的超额损失部分除外。"关于这种约定，只要不违反法律的强制性规定，就是合法、有效的。当发生保险事故时，应当遵从当事人的约定来确定各保险人应承担的损失赔偿责任。当然，只要在法律允许的范围内，在保险合同中订立什么样的重复保险条款或其他保险条款，是当事人的自由。但是不同的重复保险条款或其他保险条款可能会产生冲突，影响被保险人的利益。对此冲突的解决，法律并没有明确的规定。我们认为应当本着公平、诚信的原则，本着不能使被保险人的利益落空的原则来解决这些矛盾。

②财产保险合同中没有约定的，各保险人按比例分摊责任。由于损害补偿性质的财产保险的金额不得超过保险标的价值，超过保险标的价值的部分无效，因此在发生保险事故时，重复保险的各个保险人对保险标的的保险责任，以该保险标的的保险价值为限。如果重复保险的保险金额总和超过保险标的的保险价值，被保险人则不得请求超过保险价值部分的给付，各保险人依照保险合同对被保险人的给付金额之和不得超过保险标的的保险价值。在这个原则下，保险合同对各保险人给付保险赔偿金的责任没有明确约定时，由各保险人按照其保险金额与各保险合同约定的保险金额的总和之比例承担保险责任。这种做法采纳了保险实务中的最大责任分摊法，用公式可表示为：

赔款＝(每个保险人保险合同约定的保险金额/各保险人保险合同约定的保险金额的总和)×损失金额

除此之外，针对重复保险，保险实务中还存在单独责任分摊法、共同责任分摊法与顺序责任分摊法等方式。

单独责任分摊法指假定在没有重复保险的情况下，各保险人按单独应负的最高赔偿责任与几个保险人应负的最高赔偿责任之和的比例分摊承保的损失，用公式可表示为：

赔款＝(每个保险人单独依合同实际应当承担的最高赔偿责任金额/各保险人单独依合同承担的最高赔偿责任金额的总和)×损失金额

共同责任分摊法指首先将各保险人都承担责任的损失部分视为共同责任,由各保险人分摊,而后超出共同责任的损失部分由承担了较高保险责任的保险人承担。

顺序责任分摊法指由先订立保险合同的第一保险人按"第一危险赔偿方式"先行支付保险赔偿金,而后订立保险合同的保险人只负责支付前一保险合同尚未足额赔付的部分。

(3)投保人有权要求保险人退还超额部分的保险费。投保人是否有权要求保险人退还超额部分的保险费,各国法律规定不尽相同。比较而言,相对科学、合理的规定如下:善意的重复保险,在保险事故发生之前,投保人有权要求保险人按超额部分的比例退还保险费;在保险事故发生之后,投保人无权要求保险人退还超额部分的保险费。恶意的重复保险,不论保险事故发生与否,投保人都无权要求保险人退还超额部分的保险费。我国《保险法》第56条第3款规定:"重复保险的投保人可以就保险金额总和超过保险价值的部分,请求各保险人按比例返还保险费。"与前述国外的立法相比,我国的这一规定显得比较粗疏,有进一步完善的必要。

(二)保险人的代位求偿制度

1. 代位求偿的概念

代位求偿是指保险人在向被保险人进行保险赔偿之后,取得该被保险人所享有的依法向负有民事赔偿责任的第三人追偿的权利,并依据此权利予以追偿的制度。因为财产保险合同是为了补偿被保险人因保险事故遭受的财产损失,而不是被保险人获取额外利益的手段。所以,被保险人对于因第三者的法律责任造成保险财产的损失,或者向负有法律责任的第三者追偿,或者从保险人那里得到保险赔偿,不能两者兼得。由此可见,代位求偿是财产保险合同履行中特有的法律制度。[①] 代位求偿制度为各国保险法所普遍承认,我国《保险法》第60条第1款规定:"因第三者对保险标的的损害而造成保险事故的,保险人自向被保险人赔偿保险金之日起,在赔偿金额范围内代位行使被保险人对第三者请求赔偿的权利。"

2. 代位求偿的构成要件

(1)保险事故的发生必须是由于第三者的违法行为引起的。只有第三者的违法行为导致保险事故的发生,才可能产生第三者对被保险人的民事赔偿责任,这是被保险人享有求偿权的前提。而且,第三者造成的损失又必须是在财产保险合同约定的保险责任范围之内,这是保险人得以代位求偿的必要条件。在财产保险实践中,第三者应对侵权行为、合同责任、不当得利、共同海损等承担民事赔偿责任,相应地得以适用代位求偿。

(2)被保险人必须向第三者享有赔偿请求权。被保险人对第三者有损失赔偿请求权是代位求偿权发生的前提。当第三者的侵权或违约行为导致被保险人与保险人约

---

① 需要说明的是,虽然在人身保险中,由于其基本不被看成补偿性保险,一般不存在代位求偿,但有的保险险种具有补偿性,因而成为例外。如在健康保险合同中,保险人所赔付的是被保险人本应自己支付的医疗费用,具有补偿性保险的性质,因此大部分经营健康保险的保险人将代位求偿权条款写入健康保险合同中。

定的保险事故发生时,就在被保险人与第三者之间形成了一种债权债务关系,即损害赔偿关系,同时也产生了被保险人与保险人之间的保险赔偿关系。此时,被保险人可在两种请求权中选择行使。当被保险人从保险人处得到赔偿后,就不应再向第三者行使其原有的对第三者的损害赔偿请求权,而必须将该权利转让给保险人。值得注意的是,此处的第三者不包括被保险人的家庭成员或其组成人员,但上述人员如果故意造成保险事故发生,则不在此限。

(3)保险人已向被保险人给付赔偿金。保险人在向被保险人给付赔偿金前,对造成保险标的损害的第三者不能行使代位求偿权。保险人要行使该权利,必须首先给付赔偿金。这一限制一方面是避免被保险人因损害赔偿请求权已转移而无法向第三者求偿,另一方面是防止将来被保险人因故未获赔偿而处于未得先失、两俱落空的困境,所以保险人须先给付保险赔偿金之后才能取得代位权。

(4)代位求偿权的范围不得超过保险人的赔偿金额。上述保险人对第三者的代位求偿权范围不得超过第三者本来对于被保险人的赔偿义务范围,这是就第三者的地位而言的。除此之外,如果保险赔偿金少于第三者应赔偿的金额,那么保险人只能在其保险赔偿范围内向第三者代位求偿,剩余的部分仍归被保险人所有。[①]

3. 代位求偿权的行使

通过代位求偿权的行使而获得损害赔偿,使第三者承担其违法行为带来的不利后果,防止致害人因被保险人和保险人订立的保险合同而获益,是保险人取得代位求偿权的意义所在。保险人能否正确行使该权利,直接关系到有关各方的合法权益,因此保险人应严格依照法律规定行使代位求偿权。

(1)行使代位求偿权的名义。早期的保险人在行使代位求偿权时,均以被保险人的名义进行。随着保险业的不断发展和各国保险法律制度的完善,各国司法实践中已普遍承认保险人取得代位求偿权以后,既可以被保险人的名义,也可以保险人自己的名义向有责任的第三者求偿。我国保险法对此问题没有明确的规定。但根据合同法的相关规定,债权人可以自己的名义代位行使债务人的债权。由于代位求偿权本质上是一种债权的转移,即被保险人将其对第三者享有的损害赔偿请求权(债权)转移给保险人,原债权债务关系内容不变,保险人因替代被保险人的地位成为新债权人。因此,保险人作为新的独立的债权人,应当以自己的名义向其债务人即负有责任的第三者求偿。事实上保险人以自己的名义行使代位权,可以避免以被保险人的名义行使代位权所可能产生的诸多不便,从而取得独立的请求权人的地位或者诉讼地位。

(2)行使代位求偿权的对象及限制。一般而言,任何对保险标的的损害负有赔偿责任的第三者,都可以成为保险人代位求偿权的对象,但实际上不少国家的保险立法对代位求偿权的对象都有限制性规定,这主要是为了保护被保险人的利益,防止被保

[①] 《保险法》第 60 条第 3 款。

险人本人承担损害赔偿责任的局面。因为如果是由于被保险人的家庭成员或者其组成人员的行为造成保险事故发生以致保险标的损害的,保险人向被保险人赔偿损失后,仍然向造成损害的被保险人的家庭成员或者组成人员行使代位权,实际上等于被保险人自己承担责任。但是,当被保险人的家庭成员或组成人员故意造成保险标的发生保险事故时,保险人向被保险人给付保险赔偿金后,可以向该家庭成员或其组成人员行使代位求偿权,这一方面有助于防止道德危险的发生,另一方面也是对故意违法行为的一种制裁。①

(3)行使代位求偿权时被保险人的协助义务。由于代位求偿权是被保险人转移其债权的结果,因此被保险人与第三人之间的权利义务关系如何,以及被保险人是否协助保险人求偿,对保险人能否真正实现其代位求偿权至关重要。

第一,保险人行使代位求偿权时,被保险人具有协助义务。我国《保险法》第63条规定:"保险人向第三者行使代位请求赔偿权利时,被保险人应当向保险人提供必要的文件和其所知道的有关情况。"此为被保险人的协助义务,它主要反映在两个方面:一是提供必要的文件。凡是与第三者造成保险标的损失有关的文件,被保险人应当尽可能地提供给保险人。二是向保险人提供其知道的有关情况。凡与保险事故发生以及第三者责任有关的一切情况,被保险人应当提供给保险人。

第二,被保险人不得放弃对第三者的权利。保险人对第三者行使代位求偿权,第三者可以以对抗被保险人的理由对抗保险人。原则上,不论有无保险合同或者保险事故是否发生,若被保险人放弃对第三者的赔偿请求权,或者同第三者就损害赔偿的数额达成和解,第三者因此取得的利益可以对抗保险人的代位求偿权。

至于被保险人放弃对第三者的权利,或其过错行为致使保险人丧失代位求偿权的情况,我国《保险法》第61条作出了调整。《保险法》第61条第1款规定:"保险事故发生后,保险人未赔偿保险金之前,被保险人放弃对第三者的请求赔偿的权利的,保险人不承担赔偿保险金的责任。"保险人在保险合同订立后保险事故发生前若已放弃对第三者的损害赔偿请求权,那么从理论上讲保险人可以不承担保险责任。但实务中为了交易的安全与稳定,保险人不能简单地以此为由免予承担保险责任,而是要看被保险人是否故意或者有重大过失。我国《保险法》第61条第3款规定:"被保险人故意或者因重大过失致使保险人不能行使代位请求赔偿的权利的,保险人可以扣减或者要求返还相应的保险金。"

当然,被保险人若在保险人已经给付保险赔偿金后放弃对第三者的损害赔偿请求权的,那么对保险人不产生任何效力。因为,保险人的代位求偿权有效成立于保险合同订立时,自保险人给付保险赔偿金之日起,保险人的代位权即转化为既得权,债权主体已经变更,第三者不得以被保险人放弃损害赔偿请求权为由对抗保险人。此点在我

---

① 《保险法》第62条规定:"除被保险人的家庭成员或者其组成人员故意造成本法第60条第1款规定的保险事故外,保险人不得对被保险人的家庭成员或者其组成人员行使代位请求赔偿的权利。"

国《保险法》第 61 条第 2 款中有所体现,即"保险人向被保险人赔偿保险金后,被保险人未经保险人同意放弃对第三者请求赔偿的权利的,该行为无效"。

4.代位求偿权的诉讼时效

代位求偿权作为保险人依法享有的权利,在性质上应当从属于被保险人对第三者的赔偿请求权。第三者造成保险标的发生损害而应当承担的赔偿责任,或为侵权责任,或为违约责任,被保险人以此对第三者享有的损害赔偿请求权,属于债权请求权的范畴,保险人的代位权虽源于保险法的直接规定或者依照保险合同的约定,但也属此列。债权请求权受到法律规定的诉讼时效的限制。我国《保险法》第 27 条规定的是保险给付请求权的时效期间,并不适用于保险代位求偿权。代位求偿权在保险法没有专门规定的情况下应当适用民法的相关规定。至于代位求偿权的时效类别、期间长短,应当依照被保险人对第三者的请求权性质加以决定,保险人的代位求偿权时效因被保险人对第三者的请求权的时效的完成而完成。

关于代位求偿权的时效期间的起算点,是自保险人知道有赔付义务时开始,还是自被保险人知道保险事故发生之日开始?我们认为,保险法所规定的代位求偿权是债权的法定转移,其性质为损害赔偿请求权的主体变更,赔偿请求权的内容并不因此而有所变动。保险人以自己的名义直接对第三者行使代位求偿权,这项请求权是从被保险人处转移而来,该第三者原可对抗被保险人的事由也可以对抗保险人。而且第三者虽然不能主张因被保险人存在保险合同,其无须承担赔偿责任而受益,但也不宜使其因此遭受不利,所以保险人的代位求偿权的诉讼时效,应自被保险人知道保险事故发生之日开始计算。此种规定虽然对保险人而言似乎不利,但从促使保险人早日确定赔偿责任、迅速给予被保险人补偿的角度来说,有积极意义。

第二节 财产损失保险合同

财产损失保险合同是狭义上的财产保险合同,是财产保险合同中一类最重要的合同,是以补偿有形的物质财产的损失为目的的合同,是在实务中运用最广泛的一种财产保险合同。它又可分为普通的财产损失保险合同(家庭、企业等财产保险合同)、货物运输保险合同、运输工具保险合同、工程保险合同等主要类别。不同类别的财产损失保险合同以其保险标的不同而细分为不同的险种。

一、普通的财产损失保险合同

(一)普通的财产损失保险合同的概念和特征

1.普通的财产损失保险合同的概念

普通的财产损失保险合同是由火灾保险发展演变而来的狭义的财产损失保险,故又被称为"火灾保险"。普通的财产损失保险合同是指投保人与保险人达成的,由保险人对于承保的处于合同约定的固定地点的有形财产(动产和不动产)及其产生的特定利益因发生保险事故所造成的损失承担保险赔偿责任的保险合同。

2. 普通的财产损失保险合同的特征

普通的财产损失保险合同是一种传统意义的狭义的财产损失保险合同。与其他财产损失保险合同相比,普通的财产损失保险合同的突出特色在于其保险标的。与其他财产保险合同相比较,其保险标的具有一般性,这就是说,其他各类财产保险合同所承保的均是特定范围内的财产。例如,运输工具保险合同承保营运中的运输工具,货物运输保险合同承保的财产限于在途运输的货物。而普通的财产损失保险合同的保险标的则为其他各类财产保险合同所承保的有形财产以外的一般性的有形财产,包括动产和不动产、固定资产和流动资金、生产资料和生活资料。而且,作为普通的财产损失保险合同的保险标的,这些财产相对静止地处于保险合同约定的固定地点。如果投保人投保的标的不符合这一规定,则不可能从保险人处获得普通的财产损失保险的保障。如果被保险人确实需要变动保险财产存放地点,则须征得保险人的同意。这一限制实际上将处于流动状态的货物、运输工具以及处于生长期的各种农作物、养殖对象排除在外,从而在标的范围上局限于各种固定资产、流动资产和生活资料。

(二)普通的财产损失保险合同的主要险种

1. 企业财产保险的主要险种

企业财产保险主要由财产保险基本险、财产保险综合险、机器损坏险、利润损失险及其他附加险等险种构成。

(1)财产保险基本险。财产保险基本险指以企事业单位、机关团体等的财产为保险标的,承担财产面临的基本险责任的保险。财产保险基本险采取列明风险方式确定保险责任,保险标的只有遭受保险条款中列明的灾害事故造成损失时,保险人才承担赔偿责任。

(2)财产保险综合险。财产保险综合险与财产保险基本险一样,是企业财产保险的主要险种之一,它与基本险的主要区别在于保险责任和除外责任方面内容不同。在财产保险综合险中,保险人的责任范围较基本险要广泛得多。

(3)机器损坏险。机器损坏险是最近几十年国际上新开办的一种保险,专门承保各种工厂、矿山安装完毕并已转入运行的机器设备,在运行过程中因人为、意外或物理因素造成突然发生的、不可预见的损失。在保险期限内,由于特殊原因引起或构成突然的、不可预料的意外事故,造成被保险机器及附属设备损坏或灭失的,保险人应承担赔偿责任。

(4)利润损失险。利润损失险指承保由于财产险或机器损坏险中因保险事故而使被保险人营业中断或营业受到影响所造成的预期利润损失和受灾后在营业中断期间仍需开支的必要费用。

2. 家庭财产保险的主要险种

家庭财产保险主要由普通家财险、家财两全险、团体家财险、附加盗窃险、专项家财险等险种构成。

(1) 普通家财险。普通家财险是一种保险人专门为城乡居民家庭开设的一种通用型家财险,保险期限为1年,保险费率采用千分率,由投保人根据保险财产实际价值确定保险金额以作为保险人赔偿的最高限额。

(2) 家财两全险。家财两全险是在普通家财险的基础上衍生的一种家财险。它不仅具有保险的功能,而且兼具到期还本的功能,即被保险人向保险人交付保险储金,保险人以储金在保险期内所产生的利息为保险费收入,当保险期限届满时,不管是否发生过保险事故或者是否进行过保险赔偿,其本金均须返还给被保险人。

(3) 团体家财险。团体家财险指以团体为投保单位,以该团体的职工为被保险人,并承保其家庭财产风险的家财险。该险种是为了适应机关、团体、学校、企事业单位为职工统一办理家财险及附加盗窃险的需要而实行的一种承保方式。它有利于节约经营成本,适用优惠费率。

(4) 专项家财险。专项家财险是保险人根据投保人的要求开设的专门险种,如家用液化气罐保险、家用电器保险、摩托车保险、家庭建房保险等,投保人可以根据需要选择投保。

(三) 普通的财产损失保险合同的基本内容

1. 保险标的

与其他保险合同相比,普通的财产损失保险合同的标的异常复杂。根据我国人民银行发布的《财产保险基本险条款》《财产保险综合险条款》及其条款解释,以及中国人民保险公司的《家庭财产保险条款》和《家庭财产两全保险条款》,普通的财产损失保险合同一般约定有可保财产、特约可保财产和不保财产。

(1) 可保财产。可保财产是保险人可以承保的财产。普通的财产损失保险合同的保险标的是存放在固定场所且处于相对静止状态中的财产。投保人必须对保险标的具有保险利益,方可投保普通的财产损失保险合同。

(2) 特约可保财产。特约可保财产指必须经保险双方当事人特别约定,并在保险单上载明才能成为保险标的的财产。特约保险财产主要有三类:一是价值高、风险较特别的财产。如堤堰、水闸、铁路、道路、涵洞、桥梁、码头等,这些标的的价值较高,虽然不易发生火灾,但有洪水、地震等风险。二是市场价格变化比较大、保险金额难以确定的财产。如金钱、珠宝、钻石、玉器、首饰、古币、古玩、古书、古画、邮票、艺术品、稀有金属等财产。三是风险较大,需提高费率的财产,如矿井、矿坑内的设备和物资等。承保此类财产,主要是为了满足某些行业的特殊需要。

(3) 不保财产。不保财产是保险人不予承保的财产。普通的财产损失保险合同的不保财产主要包括:一是不能用货币衡量其价值的财产或利益,如土地、矿藏、矿井、森林、水产、资源及文件、账册、图表、技术资料、电脑资料等。二是非实际的物资,容易引起道德风险的财产,如货币、票证、有价证券等。三是承保后与有关法律、法规及政策规定相抵触的财产,如违章建筑、危险建筑、非法占用的财产等。四是应投保其他专项险种的财产,如未经收割或收割后尚未入库的农作物,在运输过程中的物资,领取执照并正常运行的机动车、牲畜、禽类和其他饲养动物等。

2. 保险金额和保险期间

(1)家庭财产保险合同的保险金额与保险期间。

家庭财产保险的保险期间与企业财产保险一样,一般为1年,即从保险合同约定开始保险当日的零时起至保险期满日的24时止,到期可以续保,但要另行办理手续。当然家庭财产保险中也有长于1年期的保险,如家庭财产两全保险,其保险期既可以为1年,也可以为3年甚至5年。

家庭财产保险合同的保险金额一般由投保人确定,且通常以千元为计算单位。已确定的保险金额须按照保险单上规定的被保险财产项目分别列明。与其他财产保险业务所不同的是,保险期间的长短可以由保险人与被保险人协商确定。

(2)企业财产保险合同的保险金额与保险期间。

企业财产保险合同的保险金额一般分项确定,主要分为固定资产和流动资产两类,其中,固定资产还要进一步分类分项,每项固定资产仅适用于该项固定资产的保险金额。流动资产则不再分项确定。

企业财产保险合同的保险期间为保险合同约定开始保险当日零时起至保险期满日24时止。保险合同有效期不超过1年;期满时,需要继续保险的,应另行办理续保手续。在保险期间,保险标的发生保险责任范围的部分损失,保险人给付保险赔偿金后,保险合同继续有效,但其保险金额应当由保险人出具批单批注相应减少,保险费不退。

3. 保险人的责任范围与免责事项

普通的财产损失保险合同的保险人根据保险合同承担的保险责任范围,同其他险种一样,一般通过在保险合同条款中规定基本责任、特约责任和免责事项予以确定。

(1)保险人的基本责任。

保险人的基本责任因险种不同而有所差别,但通常包括以下几方面内容:一是因自然灾害或意外事故导致保险标的的损失,如火灾、爆炸、雷击、暴风、龙卷风、暴雨、洪水、破坏性地震、地面突然塌陷、崖崩、突发性滑坡、雪灾、雹灾、冰凌、泥石流、飞行物体及其他空中运行物体坠落等造成的损失;二是被保险人的供电、供水、供气设备因上列灾害或事故遭受损害,以致引起停电、停水、停气,直接造成保险标的的损失;三是在发生保险事故时,为了抢救财产或防止灾害蔓延,采取合理的必要措施而造成保险标的的损失;四是保险事故发生后,被保险人为防止或减少保险标的损失所支付的必要的、合理的费用。

(2)保险人的特约责任。

保险人的特约责任,是指为满足被保险人的某些特殊保障需求,在承保火灾基本险的基础上增加保险费特约承保各种附加险,因附加危险的实际发生造成保险标的损失的,保险人负赔偿责任。常见的附加险有:矿下财产损失险、露堆财产损失险、盗窃险、橱窗玻璃意外险、企业停工损失险等。

(3)保险人的免责事项。

普通的财产损失保险合同一般都规定有除外责任条款,即免责事项,在发生免责事项所规定的损失时,保险人不负赔偿保险金的义务。此部分准用保险合同一般规定。

4.被保险人的义务

被保险人的义务主要有支付保险费的义务,防损、减损和通知义务,单证提示和协助义务,准用保险合同一般规定。

5.保险索赔与理赔的规则

保险事故发生后,对于被保险人的损失赔偿请求,保险人得依照财产保险的一般理赔程序和赔偿原则开展理赔工作。对此我国《保险法》明确了一般规定,但实务中对于普通的财产损失保险合同的理赔,应注意下列事项:

(1)固定资产应分项计赔,每项固定资产仅适用于自身的赔偿限额。

(2)企业财产保险一般采用比例赔偿方式计算赔偿金额,即保险标的发生全部损失时,按照保险标的出险时的实际价值赔偿,并以保险金额为限;保险标的发生部分损失时,根据实际损失,按照保险金额与出险时保险标的的实际价值的比例来计算赔偿金额。家庭财产保险一般采取第一危险赔偿方式计算赔偿金额。

(3)理赔中要扣除残值和免赔额。为了维护保险人的合法权益,必须扣除残值和免赔额。保险事故发生后,往往会存在着一些残余物资,保险人在赔偿时应当作价抵充赔偿金额。

二、货物运输保险合同

(一)货物运输保险合同的概念与特征

1.货物运输保险合同的概念

货物运输保险合同属于普通的财产损失保险合同的范畴。该保险合同所承保的货物,主要是指具有商品性质的贸易货物。货物运输保险合同是指投保人与保险人约定以各种运输货物作为保险标的,当发生保险合同约定的事故时,保险人负责向被保险人赔偿损失的保险合同。

2.货物运输保险合同的特征

货物运输保险合同承保的风险范围广泛、保险标的繁杂、赔偿处理复杂,使得该保险合同与其他财产保险合同相比,具有自身的特色。

(1)承保标的具有流动性。货物运输保险所承保的标的,通常不经常处于流动过程中,为解决异地出险导致保险人理赔困难问题,实践中通常采用委托查勘理赔的方式来处理运输保险赔偿案件。

(2)承保对象具有多变性。在其他保险业务中非常少见保险单辗转过程中无法确定具体的承保对象,直至最后持有保险单的收货人出现为止的现象。基于经营贸易需要,按照惯例,货物运输保险单可以经保险人空白背书同意随货运提单的转让而转移。

(3)承保价值具有确定性。与普通的财产损失保险不同,货物运输保险通常采用定值保险单,而保险金额被视为保险财产的结论性价值。保险货物遭受保险责任范围内的损失时,直接以货运保险单上列明的保险金额作为计算赔偿的标准,不再考虑它是不是真正代表保险货物的实际价值。

(4)承保期限具有双重性。货物运输保险的承保期限一般不受时间限制,而以一次航程为准。自被保险货物离开起运地的仓库或储存所时开始计算,至到达目的地收货人的仓库或储存所时为止。

(二)货物运输保险合同中的保险种类

按照适用范围,货物运输保险合同被划分为国内货物运输保险合同和涉外货物运输保险合同两大类型,而各类型又有自己独立的险种。

1. 国内货物运输保险合同

属于国内货物运输保险合同的险种主要有:(1)水路、铁路货物运输保险。该险种承保利用船舶和火车运输的货物。它是国内货物运输保险的主要业务,分为基本险和综合险,并设有多种附加险,在此基础上还衍生出鲜活货物运输保险和行包保险等独立险种。(2)公路货物运输保险。该险种承保通过公路运输的物资,保险责任与水路、铁路货物运输保险的保险责任基本相同,也包括基本险和综合险,但综合险一般不负责盗窃或整体提货不着的损失。(3)航空货物运输保险。该险种专门承保航空运输的货物,其责任范围除了自然灾害和意外事故外,还包括雨淋、渗漏、破碎、偷盗或提货不着等危险。(4)货物联运保险。该险种指运输的货物需要经过两种或两种以上不同的主要运输工具联运,才能将其从起运地运送到目的地的保险。协助运输的辅助工具不在此范围。

2. 涉外货物运输保险合同

属于涉外货物运输保险的险种主要有:海洋货物运输保险、海洋运输冷藏货物保险、海洋运输散装保险、陆上运输货物保险、陆上运输冷藏货物保险、航空运输货物保险。

(三)保险人的责任范围与免责事项

在货物运输保险合同期限内,发生保险事故时,保险人承担保险责任的范围,是从基本险责任、附加或特约承保危险责任和除外责任三个方面加以规定的。

1. 基本险责任

(1)国内货物运输保险人的基本责任。

国内货物运输保险中保险人应承担的基本责任主要有：①因火灾、爆炸、雷电、冰雹、暴风、暴雨、洪水、海啸、地震、地陷、崖崩、滑坡、泥石流所致保险货物的全部或部分损失。②因运输工具发生火灾爆炸、碰撞造成所载保险货物的损失，以及运输工具在危难中进行卸载对所载保险货物造成的损失和支付的合理费用。③在装货、卸货或转载时发生意外事故造成的损失。④利用船舶运输时因船舶搁浅、触礁、倾覆、沉没或遇到码头坍塌所造成的损失，以及依照国家法律或一般惯例应分摊的共同海损和救助费用。⑤利用火车、汽车、人力及畜力车、板车运输时，因车辆倾覆、出轨、码头、隧道坍塌或人力、畜力的失足所造成的损失。⑥利用飞机运输时，因飞机遭受碰撞、坠落、失踪、在危难中发生卸载，以及恶劣气候或其他危难事故实施抛弃行为所造成的损失。⑦保险事故发生过程中在采取必要施救措施时纷乱中保险货物遭受碰破散失、雨淋、水渍或盗窃所致的损失。⑧发生上述灾害事故时，因施救和保护、整理受损货物支出的必要的直接费用。[1]

(2)涉外货物运输保险人的基本责任

涉外货物运输保险人的基本险责任因险种不同而不同。其中，海洋货物运输保险设平安险、水渍险和一切险。而陆上货物运输保险和邮包险不设平安险，但都相应地设了一切险和基本险险别。该基本险责任范围相当于海洋货物运输保险的水渍险。

2. 附加或特约承保危险责任

在基本险责任以外，投保人可以和保险人约定特约附加险，以便在保险标的发生基本险责任以外的保险事故时保险人依约承担附加责任。在保险实务中，附加险通常可以分为一般附加险、特别附加险和特殊附加险。一般附加险有：偷窃、提货不着险；浸水雨淋险；短量险；沾污险；渗漏险；碰损破碎险；串味险；受潮受热险；钩损险；包装破裂险；锈保险。特别附加险有：交货不到险；进口税险；舱面险；拒收险；黄曲霉素险等。特殊附加险有：战争险、罢工险等。

3. 货物运输保险人的免责事项

保险标的在运输途中或者在存放期间因为下列原因发生的损失，保险人不承担保险责任：(1)除非保险合同有特别约定，由战争、军事行动、罢工、核事件所造成的损失。(2)除非合同有特别约定，由于被保险货物本质上的缺陷或者自然耗损、市价跌落以及由于运输迟延所造成的损失或费用。(3)被保险人的故意行为或者过失行为所造成的货物损失。(4)发货人违反贸易合同或国家有关规定(如包装不规范，不符合规定标准)造成货物损失。(5)除非合同有特别约定，被保险货物直接由于破碎、渗漏、偷窃、提货不着、短量、串味所造成的损失。(6)其他不属于保险责任范围内的损失，如被保险人在发生保险事故时不采取合理的施救措施致使被保险货物发生扩大的损失。

(四)货物运输保险的索赔与理赔

被保险人向保险人申请索赔时应当提供下列有关单证：保险单(凭证)、运单(货

---

[1] 邹海林、常敏：《中华人民共和国保险法释义》，中国检察出版社1995年版，第179页。

票)、提货单、发票(货价证明);承运部门签发的货运记录、普通记录、交接验收记录、鉴定书;收货单位的入库记录、检验报告、损失清单及救护货物所支付的直接费用的单据及其他有关理赔的单证。保险人接到被保险人的索赔单证后应当根据保险责任范围迅速作出核定。保险金额一经保险人与被保险人达成协议后,应在10天内赔付。至于保险金额的计算,按照比例赔偿方式确定。当然,货物的损失与因施救或保护货物所支付的直接合理费用应分别计算,并以不超过保险金额为限。同样,代位求偿权制度、诉讼时效制度均适用于货物运输保险。

三、运输工具保险合同

(一)运输工具保险合同的概念与特征

1. 运输工具保险合同的概念

运输工具保险合同指运输工具所有人或者经营管理人以运输工具为标的,与保险人订立的财产保险合同,当被保险运输工具发生保险责任范围的损失时,由保险人负责赔偿损失。现代运输工具保险合同不但承保各类运输工具因遭受自然灾害和意外事故造成的损失及采取施救、保护措施支出的合理费用,而且承保对第三者的人身伤害和财产损失依法应负的赔偿责任。

2. 运输工具保险合同的特征

运输工具保险合同是财产保险合同的一种,具有财产保险合同的基本特征,但同时它又是一种特殊的财产保险,具有其他一些特征:

(1)保险责任的选择性。如果投保人和保险人在运输工具保险合同中约定,那么当发生保险事故时,保险人可以选择承担恢复受损的运输工具原状的责任,或者选择赔偿被保险人因为保险事故而发生的损失即给付保险赔偿金。

(2)保险标的的特定性。运输工具保险一般要求运输工具必须符合一定条件,尤其是现代运输工具,如船舶,要具备适航能力和配备合格的驾驶人员。

(3)风险保障的综合性。运输工具保险合同一般约定有运输工具财产损失保险条款和运输工具第三者责任保险条款。究其原因,则是运输工具保险一般为综合性保险,它既承保被保险运输工具本身的经济损失,又承保被保险人因使用被保险运输工具造成第三者损害而应该承担的赔偿责任。

(4)保险标的坐落地点的变化性。运输工具合同一般约定一定的地域范围或者特定行驶路线(航程)作为承担保险责任的限度。运输工具的所有人、使用人以及其他管理人占有运输工具的目的是使用运输工具,其结果使运输工具的坐落地点经常发生变化。

(二)保险人责任范围及免责事项

运输工具合同保险人责任范围除保险合同一般规定外,综合归纳机动车辆保险、国内船舶保险、飞机保险、海上船舶保险等几种主要运输工具保险,因为下列原因发生的全部或者部分损失,承担保险责任:(1)失盗、失踪;(2)第三者责任,即被保险人或其允许的合格驾驶员在使用运输工具过程中造成第三者人身伤害或者财产损失的,保险人以保险合同约定的最高赔偿为限,向被保险人承担的保险责任。

在除外责任方面,除一般规定外,还有其各自的特殊规定:

(1)在机动车辆保险合同中,保险人对以下原因造成的损失不承担赔偿责任:①无证驾驶或者酒后驾驶、人工直接供油;②受本车所载货物的撞击;③二轮及轻便摩托车失窃或者停放期间翻倒;④驾驶人员的故意行为;⑤被保险车辆遭受保险责任范围内的损失后,未经必要修理,致使损失扩大的部分;⑥被保险车辆由于保险事故而致使被保险人因为停运、停驶的损失以及其他间接损失。

(2)在国内船舶保险合同中,保险人对下列原因造成的损失不承担赔偿责任:①超载、浪损、搁浅引起的事故损失;②因保险事故导致停航、停业的损失以及因海事造成第三者的一切间接损失;③木船、水泥船的锚及锚链(缆)或子船的单独损失;④清理航道、清除污染的费用。

(三)运输工具保险的赔偿处理

被保险的运输工具发生的损失属于保险责任范围的,保险人应当依照合同的约定向被保险人给付保险赔偿金。运输工具保险的赔偿一般采取重置价值赔偿法,具体体现如下:若运输工具发生全损,保险人则应当按照保险合同约定的保险金额赔偿。如果保险金额高于发生保险事故时被保险运输工具的重置价值,则以重置价值为限予以赔偿。被保险运输工具残余部分,可以协商作价折归被保险人,并在赔款中扣除。若被保险运输工具发生部分损失,保险人则应当根据实际损失,即"修损如新"的费用,按照保险金额与出险时运输工具的重置价值的比例赔偿,但实际修理费用仅以经过保险人明确的修理范围和项目进行修理花费的费用为限。

(四)运输工具保险合同中的保险种类

由于运输工具保险专门承保各种机动运输工具,包括机动车辆、船舶、飞机、摩托车等各种以机器为动力的运载工具,故实务中人们常依据运输工具的类型来划分保险。

1.机动车辆保险

机动车辆保险是运输工具保险中的主要险种,以各种以机器为动力的陆上运输工具为保险标的,包括汽车、摩托车、拖拉机等。具体而言,机动车辆保险包括车辆损失保险、第三者责任保险及附加保险。其中,机动车辆附加险主要有全车盗抢险、车上责任险、无过失责任险、车载货物掉落责任险、玻璃单独破碎险、车辆停驶损失险、自燃损失险、新增加设备损失险、不计免赔特约险等。

2.船舶保险

船舶保险是传统财产损失保险中的重要险种之一,以各种船舶、水上装置及碰撞责任为保险标的。船舶保险要求投保人有港务监督部门签发的适航证明和营业执照。通常人们将船舶保险分为国内船舶保险和远洋船舶保险两大类。国内船舶保险承保的船舶仅限于国境内以及沿海的各种船舶,如铁壳轮船、木壳轮船、机帆船、铁壳驳船、水泥船、钢板船、木船等;远洋船舶保险承保的船舶按照财产的概念具有较为广泛的定义,可以是从事运输的各种船舶,包括干货船、散装船、集装箱船、油轮、木材船、滚装船、子母船以及生产、生活的专用船舶,也可以是建造中的船舶、水上仓库(量船)、浮码头和海上钻井平台(不论是否装有推进器)或其他各项设备等。

3. 飞机保险

飞机保险是以飞机及其相关责任风险为保险对象的一类保险,又称为航空保险。由于飞机作为现代高速运输工具,单机价值高、风险大,因此保险人往往采取多家共保或承保后寻求分保的措施来控制风险。飞机保险主要包括机身保险、战争及劫持保险、第三者责任保险、旅客责任保险、货物责任保险等险别。

四、工程保险合同

(一)工程保险合同的概念与特征

1. 工程保险合同的概念

工程保险合同是以各种工程项目为保险标的的一种普通的财产损失保险合同。传统的工程保险,仅指建筑工程保险和安装工程保险。

2. 工程保险合同的特征

(1)承保风险责任广泛而集中。保险人不仅承担着普通的财产损失保险合同的风险,而且承担着工程建设本身所具有的各种风险以及相关责任风险。因此,工程保险的风险责任是相当广泛而且集中的。

(2)涉及较多的利益关系人。工程保险中,保险标的涉及多个利益关系人,如项目所有人、承包人、分包人、技术顾问甚至贷款银行等,各方均对保险标的具有保险利益。

(3)承保的主要是技术风险。现代工程建设的技术含量很高,专业性极强,许多工程事故的发生往往是技术不良或未按照技术规程操作所酿成的。

(4)不同工程保险险种的内容相互交叉。如建筑工程中往往包含安装工程项目,安装工程中也通常有建筑工程项目,科技工程中既有建筑工程又有安装工程。

(二)建筑工程保险合同

1. 建筑工程保险合同的适用范围

建筑工程保险合同承保的是各类建筑工程,适用于民用、工业用和公共事业用的建筑工程。如房屋、道路、桥梁、港口、机场、水坝、娱乐场所、管道以及各种市政工程项目等,均可以投保建筑工程保险。[1]

2. 保险人的责任范围与除外事项

建筑工程保险合同中保险人的保险责任可以分为物质损失部分的保险责任和第三者责任险的保险责任与除外责任两大部分。

---

[1] 邹海林:《保险法教程》,首都经济贸易大学出版社 2002 年版,第 176 页。

(1)物质损失部分的保险责任与除外责任。

该保险责任又可分为基本保险责任和附加特别保险责任。基本险责任指保险人承担因自然灾害、意外事故、人为风险等所造成的物质损失的赔偿责任。自然灾害、意外事故同一般规定,人为风险主要有盗窃、工人或技术人员缺乏经验、疏忽、过失、恶意行为。物质部分的附加保险责任可供选择的条款一般有:罢工、暴乱、民众骚乱条款;工地外储存物质条款;有限责任保证期条款;扩展责任保证期条款;机器设备试车条款;使用、移交财产条款;等等。

至于物质损失部分的除外责任,则包括:①设计错误引起的损失和费用;②换置、修理或矫正标的本身原材料的缺陷或工艺不善所支付的费用;③非外力引起的机械或电器装置的损坏或建筑用机器、设备装置失灵;④全部停工或部分停工引起的损失、费用或责任;⑤保险单规定应由被保险人自行负担的免赔额;⑥领有公共运输用执照的车辆、船舶、飞机的损失;⑦建筑工程保险的第三者责任险条款规定的责任范围和除外责任。

(2)第三者责任险的保险责任与除外责任。

该保险责任指保险人承保在保险期限内因发生与所承保工程直接相关的意外事故引起建设场地之内及邻近地区的第三者(指除保险人和所有被保险人以及与该工程有关的雇员之外的自然人和法人)人身伤亡、疾病或财产损失,依法应由被保险人承担的经济赔偿责任、诉讼费用及事先经保险人书面同意支付的其他费用。

第三者责任险中,对于下列原因引起的损失,保险人不负赔偿责任:①明细表中列明的应由被保险人自行承担的第三者物质损失的免赔额;②领有公共运输执照的车辆、船舶、飞机造成的事故;③被保险人或其他承包人或在现场从事有关工作的职工的人身伤亡和疾病,被保险人及其他承包人或他们的职工所有或由其照管和控制的财产损失;④由于震动、移动或减弱支撑而造成的其他财产、土地、房屋的损失或由于上述原因造成的人身伤亡或财产损失;⑤被保险人根据与他人的协议支付的赔偿或其他款项。

3.保险赔偿处理

在保险期限内,对因保险事故造成的损失,保险人有权选择三种方式进行赔偿:一是支付赔款,即根据保险财产受损的情况,核定准确的损失金额,以现金的形式支付给被保险人。二是修复,即在保险财产遭受部分损失并可以修复的情况下,保险人支付费用对保险财产进行修复。这种修复工作可以由被保险人自己进行,也可以委托第三者。如果修复中有残值存在,残值则应在保险人赔款中扣除。三是重置,即当保险财产的损失程度已经达到全部损失或者修复的费用已经超过保险财产原有的价值时,保险人支付费用对保险财产进行重置。保险期限是按照"损失发生之日"起算,而不是从"恢复之日"起算。

保险人在赔偿时应先按保险合同规定扣除每次事故的免赔额,若损失为第三者引起,则适用权益转让原则,保险人可以依法行使代位求偿权,被保险人应当履行协助义务。

(三)安装工程保险合同

1.安装工程保险合同的适用范围

安装工程保险是指以各种大型机器、设备的安装工程项目为保险标的的工程保险。保险人承保安装期间因自然灾害或意外事故造成的物质损失及有关法律赔偿责任。安装工程保险的承保项目主要是指安装的机器设备及安装费用,凡属安装工程合同内要安装的机器、设备、物料、基础工程(如地基、座基等)以及为安装工程所需的各种临时设施(如临时供水、供电、通信设备等)均包括在内。此外,为完成安装工程而使用的机器、设备等,以及为工程服务的土木建筑工程、工地上的其他财物、保险事故发生后的现场清理费等,均可作为附加项目予以承保。

2.保险人的保险责任范围与免责事项

安装工程保险在形式和内容上与建筑工程保险基本一致,是承保工程项目的两个相辅相成的险种,只是安装工程保险针对机器设备的特点,在除外责任方面与建筑工程保险有所区别。

安装工程保险物质损失部分的保险责任除与建筑工程保险部分相同外,还包括以下几项内容:(1)安装工程出现的超负荷、超电压、碰线、电弧、走电、短路、大气放电及其他电气引起的事故;(2)安装技术不善引起的事故。与建筑工程保险一样,安装工程保险在基本保险责任下可附加诸如罢工、暴乱、民众骚乱等保险责任。安装工程保险物质部分损失的除外责任,多数与建筑工程保险相同,所不同的是建筑工程将设计错误造成的损失一概除外,而安装工程保险对设计错误本身的损失除外,对由此引起的其他保险财产的损失予以赔偿。

安装工程第三者责任险的保险责任、除外责任与建筑工程第三者责任险的保险责任、除外责任相同,在此不赘述。

第三节 责任保险合同

一、责任保险概述

(一)责任保险的概念

责任保险系指保险人与投保人约定,以被保险人向第三人依法应负损害赔偿责任为保险标的的保险。我国《保险法》第65条第4款规定:"责任保险是指以被保险人对第三者依法应负的赔偿责任为保险标的的保险。"

(二)责任保险的法律特征

1.保险标的的特殊性

责任保险的保险标的的特殊性在于,它不是以被保险人的特定财产或身体或生命为保险标的,而是以被保险人对受害人的一定范围内的损害赔偿责任为保险标的。[1]

---

[1] 《保险法》第65条第4款。

2.保险金的限额性

责任保险转移的是依附于财产或人身之上的责任风险,责任的有无、大小,除取决于是否造成他人财产或人身损害及损害的程度外,还取决于相应的法律制度。因此,责任风险与财产风险、人身风险的不确定性相比有不同的特点。责任保险承保被保险人对第三人的赔偿责任,非被保险人的财产或利益的实际损害。被保险人的赔偿责任发生与否以及大小取决于未来的偶然因素,这决定了在缔约时不能确定保险事故发生所致的损害的大小。

3.保障目的的特殊性

责任保险是被保险人转移其对第三人的民事赔偿责任的一种方式,因此,责任保险实际上为受害人取得民事赔偿提供了有力的保障。责任保险承保的保险事故发生,保险人承担了被保险人的赔偿责任,居于被保险人的地位向受害的第三人给付保险金。受害第三人对被保险人的赔偿请求权是责任保险得以成立和存续的基础,否则,被保险人的赔偿责任无从发生,亦无责任保险的适用。受害第三人的地位与人身保险合同中受益人的地位颇为相似,因此,责任保险与一般的财产损失保险颇为不同:责任保险具有明显的第三人性,这是普通的财产保险所不具备的。

二、责任保险的受害第三人

责任保险合同与一般的财产保险合同的区别在于,它还拥有一个特殊的利益关系人:受害第三人。

（一）受害第三人的法律地位

关于责任保险合同的受害第三人概念、法律地位和权利行使的问题,本书在前面的第三章第二节中的"保险合同的主体"部分已经详细论述,这里不再赘述。

（二）保险人对受害第三人的义务

若被保险人已经支付第三人的全部损害赔偿,保险人则应当将保险单约定的保险赔偿金支付给被保险人;若被保险人尚未对第三人赔付全部赔偿金,保险人则在给付保险赔偿金时应当对第三人的利益尽法定的注意义务。

[典型案例分析]

2025年3月,肖某以其私有的面包车向A保险公司投保了机动车辆险、第三者责任险,保险期限为1年,最高赔偿限额为5万元。10月份的一天,肖某将乘客载至某站时,乘客赵某提一旅行袋下了车,向前走出几步后才想起自己将另一物品遗忘在车上,遂急忙返身欲登车取回,不料肖某已将汽车启动。赵某的旅行袋被车剐倒,车轮将价值5 000元的贵重工艺品碾碎。赵某要求肖某赔偿,肖某向A保险公司保险索赔。本案发生后,保险双方当事人各执己见,产生争议。肖某将A保险公司告上法院。

在法庭上,被告A保险公司辩称,被保险人肖某投保的机动车辆第三者责任险,只有当在被保险人使用保险车辆过程中发生意外事故,致使第三人遭受人身伤亡或财产的直接损毁时,保险人才能承担支付赔偿金的责任。而本案中被毁损的财产所有人赵某是车上的乘客,不属于机动车辆第三者的范畴,故保险人无赔偿责任。

原告肖某坚持认为,被毁损财产所有人赵某已经到站下车,应属第三人,由于被保险人应当依法支付赔偿金,A保险公司则应当依照保险合同给予赔偿。

一审法院在判决中认为,根据《机动车辆保险条款》第四条规定,被保险人允许的合格驾驶员在使用保险车辆过程中发生意外事故,致使第三人遭受人身伤亡或财产的直接损毁,依法应当由被保险人支付的赔偿金额,保险人依照保险合同的规定给予赔偿。简言之,由保险人按照责任保险的规定,直接向该受害第三人赵某赔付本应由被保险人肖某向赵某支付的损害赔偿金。宣判后,原、被告双方均未上诉,而第三人赵某也直接从A保险公司获得了赔偿金。

请分析:

本案中法院判决责任保险人直接向保险合同当事人之外的第三人——被保险人侵权行为的受害人直接赔付保险金是否正确?

三、责任保险合同的基本类型

责任保险依据不同的划分标准,可以有不同的分类,例如,以保险发生效力的方式,分为自愿责任保险和强制责任保险;以保险承保的险别,可以将责任保险合同分为产品责任保险、公众责任保险、雇主责任保险、职业责任保险、展览会责任保险、汽车第三者责任保险、飞机第三者责任保险、轮船旅客法定责任保险、矿山爆破责任保险等。下面简述其中最主要的公众责任保险、产品责任保险、雇主责任保险、职业责任保险、第三者责任保险。

(一)公众责任保险合同

公众责任保险合同又称普通责任保险合同或综合责任保险合同,以被保险人的公众责任作为保险标的,是责任保险合同中独立的、适用范围最为广泛的保险类别。所谓公众责任,是指致害人在公众活动场所的过错行为致使他人的人身或财产遭受损害,依法应由致害人承担的对受害人的经济赔偿责任。在一些非公众活动场所,如果公众在该场所受到了应当由致害人负责的损害,也可以归属于公众责任,例如,某人到某企业办事,在该企业厂区内受到了依法应由企业负责的损害,就是该企业承担的公众责任。

公众责任保险合同的保险期限按双方约定的时间为始终。只要事故发生在保险合同有效期间,即使损害事实是在合同终止日后发现的,保险人仍须承担赔偿责任。公众责任保险的赔偿限额的高低由保险双方根据可能发生的赔偿责任风险的大小协商确定。一般保险合同会规定每次事故或事件的保险单赔偿限额与保险单的累计赔偿限额(即保险单在一次有效期内通常为1年能够负责的最高赔偿限额)。除此之外,公众责任保险通常有免赔额的规定,在免赔额以内的损失均由被保险人自行承担。

(二)产品责任保险合同

产品责任保险合同是指保险人与投保人之间达成的以产品责任为保险标的,由保险人承保制造商或销售商因产品缺陷致使第三者人身伤亡或财产损失而应承担民事赔偿责任的协议。

产品责任保险作为为产品制造商和销售商提供转嫁法律赔偿责任风险的一种保险,其保险期限通常为1年,期满可以续保。保险人在产品责任保险中承担的责任,一般以两种方式即期内发生式与期内索赔式作为承保基础。期内发生式指只要产品是保险有效期内发生的事故(即使产品是保险生效前几年生产或销售的)并导致用户的损失,不论被保险人何时提出索赔,保险人均负赔偿责任。期内索赔式指不管保险事故发生在保险期限内还是保险期限之前,只要被保险人在保险期限内请求赔偿,保险人即予负责。现今各国多采用后者作为承保基础。对于赔偿金额,以保险双方在订立合同时确定的赔偿限额为最高额度,一般有每次事故赔偿限额和累计赔偿限额两种标准。

(三)雇主责任保险合同

雇主责任保险合同是以雇主责任为保险标的,以承保被保险人(雇主)因其雇员在受雇期间执行任务中遭受人身意外而导致伤残、死亡或患有职业病而依法应承担的经济赔偿责任为目的的保险合同。保险人只承担雇主的过失或无过失责任,对于雇主故意引起责任事故的行为,保险人不负赔偿责任。

雇主责任保险合同中的保险责任包括责任事故中雇主对雇员依法应负的经济赔偿责任和有关法律费用,导致这种赔偿的原因主要是各种意外的工伤事故和职业病。除此之外,为满足不同投保人的需求,保险人推出了若干超越雇主责任保险范围的附加险种,如附加第三者责任险、附加雇员第三者责任险、附加医药费保险。

雇主责任保险合同的责任期限通常为1年,期满可以续保。但有的合同以承包工程期确定责任期限。由于某些疾病,如职业病、癌症等发生索赔较晚,无法确定损失发生的准确时间或寻找过去的保险单较为困难,因而现在国际上多采用期内索赔式承保雇主责任保险。又由于构成雇主责任的前提是雇主与雇员之间存在着直接的雇佣合同关系,因而在处理雇主责任保险索赔时保险人首先须确定受害人与被保险人之间是否存在雇佣关系。现今国际上大致存在四种确定雇佣关系的标准:一是雇主具有选择受雇人的权力;二是由雇主支付工资或其他报酬;三是雇主掌握工作方法的控制权;四是雇主具有终止或解雇受雇人的权力。而其中雇主选择与解雇雇员的权力被看成最重要。受害人与被保险人的雇佣关系的认定,是雇主责任保险人承担赔偿责任的基础。

国外对雇主责任保险多提供无限额赔偿。目前我国的雇主责任保险没有法律规定的赔偿标准,实务中一般由保险人根据雇佣合同的要求,以雇员若干个月的工资额制订赔偿限额。比如,可以将死亡的赔偿限额选定为雇员的36个月的工资,将伤残的最高限额选定为雇员的48个月的工资。由于雇主责任保险的赔偿只涉及人员伤亡,不涉及财产损失,因而其理赔工作相对简单。

(四)职业责任保险合同

职业责任保险合同是以各种专业技术人员在从事职业技术工作时因疏忽或过失造成合同对方或他人的人身伤害或财产损失所导致的经济赔偿责任为承保风险的责任保险合同。目前国外办理较为普遍的有医生、药剂师、会计师、律师、设计师、工程师等职业责任保险。我国的职业责任保险起步较晚,不过随着我国法制的不断完善,各种职业责任保险很快发展起来。

在职业责任保险中,由于职业技术服务的连续性要求保险服务也具有连续性,因而职业责任保险的承保对象不仅包括被保险人及其雇员,而且包括被保险人的前任与雇员的前任,这是其他责任保险所不具有的特色。职业责任保险合同的保险期限通常为1年,但由于职业责任事故的产生到受害人提出索赔,有可能相隔较长时间,故保险人又通常在合同中规定一个责任追溯日期或后延日期作为限制性条款。保险人规定的追溯日期或后延日期一般以前置3年或后延3年为限。在此期间发生的职业责任事故,保险人才负赔偿责任。在赔偿方面,保险人承担的仍然是赔偿金与有关费用两项,其中,赔偿金通常有一个累计的赔偿限额,法律诉讼费用则在赔偿金之外另行计算;但若保险人的赔偿金仅为被保险人应给付受害人的总赔偿金的一部分,则法律诉讼费用应按两者的比例分摊,用公式可表示为:

保险人应分摊费用=保险单的赔偿限额/被保险人应负的赔偿

(五)交通事故侵权责任强制保险(交强险)

机动车交通事故侵权责任强制保险(Motor Compulsory Liability Insurance),简称"交强险",是指由以救济机动车交通事故受害人为目的,通过法律强制机动车所有人、管理者或驾驶人(简称"机动车一方")以法定的责任限额进行投保,并由保险公司以"保本微利"原则经营的一种法定的强制性第三者责任保险。它以机动车一方依法应对车祸受害人承担的交通事故无过错的侵权损害赔偿责任(简称"机动车事故无过错责任"或"机动车事故责任")为保险标的,各保险公司必须依法承保,无法定理由不得拒保或解除该保险合同。[1]

交强险与纯商业性的机动车第三者责任任意保险(简称"三责险")相比,它具有社会性、公益性和强制性的特征。建立交强险制度,有利于机动车事故受害人获得及时的保险金赔付和医疗救治;有利于减轻机动车事故责任人的经济负担,化解事故责任纠纷;有利于社会安全与和谐。随着机动车的普及,道路交通事故也越来越频繁。为了强化对交通事故受害人的保护,我国《道路交通安全法》第17条规定:"对机动车交通事故实行无过错的侵权损害赔偿责任。"同时,该法还规定以此种无过错侵权责任为保险标的,建立机动车交通事故侵权责任强制保险,并配之以交通事故社会救助基金(简称"救助基金"),实践中将它们统一称为交强险制度。

---

[1] 丁凤楚:《机动车交通事故侵权责任强制保险制度》,中国人民公安大学出版社2007年版,第12页。

四、责任保险合同的主要条款

责任保险合同条款因保险种类不同而异,一般都包含责任范围、除外责任、赔偿限额以及赔偿处理等,除准用保险合同的一般规定外,还有以下特别之处:

(一)责任范围

责任保险合同的保险责任,其范围可由当事人双方协商限制。若未经限制,则一般包括以下几个方面:

(1)被保险人依法对造成第三者人身伤亡或财产损失应承担的赔偿责任。
(2)被保险人依约定应承担的违约责任。
(3)被保险人的受雇人或其所有的物(包括财产和动物)所致损害的责任。

(二)赔偿限额

责任保险中的保险金额是保险合同约定的赔偿限额,即保险人承担保险金给付责任的最高额度。保险合同一般规定两项赔偿限额:一是每次意外事故(包括同一原因引起的一系列事故)的赔偿限额;二是保险期限内累计的赔偿限额。被保险人对受害人的赔款超过约定赔偿限额的部分,由被保险人自行负责。有些责任保险只规定每次事故和同一原因引起的一系列事故的限额,不规定累计限额,即除每次事故的赔偿受限额限制外,不论在保险期间内发生多少次事故,保险人均应负责。

(三)赔偿给付方式

责任保险的保险金的给付方式有两种方式:第一种方式是保险人向被保险人支付,但有一个限制,即只有在保险责任事故发生后受害第三人已经提出了赔偿请求,保险人才承担对被保险人的经济损失赔偿责任,以免发生被保险人领取保险金后不向第三者赔偿的情况。保险惯例也常在契约中订有"不得起诉"条款,即"被保险人非经受害第三人追诉并已支付赔偿金及费用后,不得对保险人请求赔偿"。第二种方式是保险人得到被保险人的通知后直接向第三人支付保险金。保险人在支付保险金后如果被保险人对他人有损害赔偿请求权,保险人则可以在其支付赔偿金的限度内行使保险代位权。例如,机动车交通事故强制责任保险的保险人应当向车祸受害人直接赔付保险金。

五、责任保险合同的效力

责任保险合同作为一种较为特殊的财产保险合同,其效力方面的特殊性主要体现在以下方面:

(一)被保险人的协助义务

为了对第三人请求给付的抗辩与和解进行控制,保险人有要求被保险人提供必要的协助的权利,被保险人相应承担提供必要协助的义务。被保险人的协助义务的内容主要有:

(1)对受害人索赔的抗辩或和解的协助,包括但不限于:被保险人未经保险人的同意,不承担赔偿责任或与受害人达成和解;被保险人不得放弃对第三人的抗辩权;因有其他加害人或准加害人对被保险人应当承担赔偿责任的,被保险人不得放弃其请求赔偿的权利。

(2)提供必要的文件和其知道的有关情况。凡与被保险人致人损害的行为以及损害的后果有关的文件,被保险人应当尽可能地提供给保险人,并向保险人开具保险人进行抗辩或和解的全权授权委托的书面文件。

需要说明的是,被保险人的协助义务的履行是保险人承担保险责任的前提,因此,如果被保险人违反协助义务,保险人则可以不承担保险责任。但是,依照保险法的最大诚信原则,保险人也有为被保险人的利益而对受害第三人的索赔进行抗辩的义务,若保险人违反此抗辩义务,则被保险人将不再承担协助义务。

(二)保险人承担抗辩与和解费用的义务

我国《保险法》第66条规定:"责任保险的被保险人因给第三者造成损害的保险事故而被提起仲裁或者诉讼的,除合同另有约定外,由被保险人支付的仲裁或者诉讼费用以及其他必要的、合理的费用,由保险人承担。"保险人负有抗辩与和解费用的支付义务,但以对抗第三人请求权而实际发生的合理、必要的费用为限。

(三)保险人的参与和解与抗辩的权利

所谓责任保险的保险人的参与和解与抗辩的权利,是指当责任保险的保险事故发生后,保险人对于被保险人和受害第三人协商赔偿问题有参加的权利并拥有代替被保险人对受害第三人的请求进行合理抗辩的权利。在责任保险中,由于被保险人的赔偿责任已通过保险合同的建立转移到保险人身上,被保险人与第三者就其责任的承认、和解、抗辩以及赔偿金额的多寡等问题所达成的事项均与保险人的利益密切相关,因此,为了避免损害保险人利益,维护责任保险人的正当权益,需赋予保险人的参与和解和抗辩权,即未经保险人同意,被保险人不得在诉讼中或诉讼外与第三者达成和解协议,不得依此对第三者进行赔偿,否则所达成的协议对保险人不产生约束力,保险人可不依其协议所决定的责任范围对被保险人负赔偿责任。大多数国家或地区保险法通常都规定了保险人的参与权。我国台湾地区《保险法》第92条规定:"保险人得约定被保险人对于第三人就其责任所为之承认和解或赔偿,未经其参与者,不受拘束。"但我国保险法尚无此规定。

第四节　保证保险合同

一、保证保险合同的概念与特征

(一)保证保险合同的概念

保证保险是指由作为保证人的保险人为被保证人(即投保人)向投保人的债权人

或雇主(即被保险人)提供债务担保的一种形式,当债务人不能履行债务或因雇员的欺诈行为给雇主造成经济损失时,由保险人按照保险合同的约定负责赔偿被保险人的一种财产保险合同。保证保险合同承保的保险事故是债务人的信用危险,其保险标的是债权人或者雇主根据法律规定或合同约定而取得的财产利益。

(二)保证保险合同的特征

保证保险合同承保的是一种债务风险,保险人提供保证保险单,负责赔偿权利人因被保证人不履行合同义务而遭受的损失。在这种保险中,保险人起的是一种担保作用,因此保证保险合同与其他财产保险合同相比,有其自身的特征:

1. 保证保险合同主体之间的关系复杂

保证保险合同的主体涉及三方:债务的保证人,即保险人;债务的被保证人,即债务人;债务的权利人,即被保险人。权利人(被保险人)和义务人(被保证人)均可以作为投保人。依照保证保险合同,保险人地位实际为保证人,他以收取保险费为条件而为权利人提供担保。而一般的保险合同通常只涉及保险人与投保人之间的关系。

2. 保证保险的保险责任具有连带性

在保证保险合同中,只要保险事故发生,被保证人及保险人对作为被保险人的权利人都负有赔偿责任。作为被保险人的权利人既可以向被保证人主张权利,又可以向保险人要求赔偿。这种连带责任是由于保证保险合同中被保证人的违约或违法行为而产生的。

3. 保险人须严格审查被保证人的资信

保证保险是一种担保性质的保险,保险人承担赔偿责任的危险事故,不是意外事故或不可抗力,而是针对被保险人(被保证人)信用不良造成的主观性危害,这在一般财产保险合同中是被列为除外责任的。因此保险人在承保时会充分调查被保险人的声誉、信用记录,特别是履约记录和资产能力。

二、保证保险合同的种类

(一)合同保证保险

合同保证保险又称为契约保证保险,是投保人与保险人约定投保人交付一定金额的保险费,保险人在被保险人不履行合同约定义务而致权利人遭受损失时承担给付义务(赔偿责任)的一种保险。合同保证保险适用的主要对象是建筑工程的承包合同。

根据建筑工程的不同阶段,合同保证保险可以分为以下几种:供应保证保险、工程投标保证保险、工程履约保证保险、工程预付款保证保险、维修保证保险。投保人既可以按阶段投保上述险种,也可以投保综合性的合同保证保险。合同保证保险的保险金额与工程合同中规定的被保证人应承担的经济赔偿责任一致,一般不超过工程总造价的90%。而且在该保险中,保险人的赔偿责任仅以工程合同规定承包人应对工程所有人承担的经济责任为限。

(二)产品保证保险

产品保证保险又称产品质量保险或产品信誉保险,是投保人与保险人订立保险合同,约定投保人交付一定保费,保险人以保证人身份承担被保证人制造或销售的产品存在质量缺陷而产生的对买主的经济赔偿责任为保险标的的保险。

产品保证保险往往与产品责任保险综合承办,但它们不是一回事,在保险标的、性质、责任范围方面截然不同。产品责任保险承保的是产品质量低劣造成用户财产损失或人身伤亡时保险人依法应负的赔偿责任,这种赔偿责任不涉及产品损失本身;而产品保证保险承保的是投保人因制造或销售的产品质量有缺陷而产生的对产品本身的赔偿责任,如修理、更换产品的赔偿责任。但两种保险的赔偿责任往往紧密地联系在一起,因此在保险实务中,产品保证保险经常同产品责任保险综合承保。尤其在欧美国家,保险人一般同时开办上述两种保险,制造商或销售商则同时投保这两种保险。

(三)诚实保证保险

诚实保证保险又称雇员忠诚保险,主要承保雇主因雇员的不诚实行为或者疏于职守而受到的损失。在诚实保证保险中,保险人除享有一般权利外,还具有一些特殊权利,如保险人承保时要了解所承保雇员过去的工作经历、有无不诚实的记录。如果保险人了解到雇员的品行有问题,则可以不予承保。并且保险人有权审查雇主提供的索赔证明书、财务计算报告及其他单证。而雇主在诚实保证保险中应尽到相应的义务,如通知义务,即雇主及其代理人在发现雇员有某些欺骗或不诚实行为,并可能造成钱财损失时,应随时通知保险人;变更雇佣条件的协商义务,即雇主变更雇佣条件或减少雇员报酬等情况,均应事先征得保险人同意;协助追偿义务,即雇主除有责任向保险人提供有关情况外,还应积极协助保险人向犯有欺骗或不诚实行为造成钱财损失的雇员进行追偿或从雇主应给付上述雇员的报酬中扣回保险人在该保险单项下已支付的赔款。

三、保证保险的责任范围与免责事项

在保证保险中,由于保险人承担的保险责任人为因素较大,尤其是政治风险不可预测,所以需要已具备足够偿付能力和经营条件的保险人来经营此项业务。保证保险人除需要加强自身的清偿能力外,还需要对不同的保证保险险种确定具体的责任范围与免责事项。

(一)合同保证保险的保险责任与除外责任

合同保证保险根据工程承包合同内容来确定保险责任,一般以承包人对工程所有人承担的经济责任为限。如承包人不能按时、按质、按量交付工程导致的损失,这种损失是由被保证人的违约行为引起,保险人应负赔偿责任。合同保证保险的除外责任则包括:一是因人力不可抗拒的自然灾害造成的损失;二是工程所有人提供设备材料不能如期运抵工地造成工期延误所致的损失。

（二）产品保证保险的保险责任与除外责任

在产品保证保险中，保险人对有缺陷的产品本身以及由此引起的有关损失和费用承担赔偿责任，具体体现为：(1)使用者更换或修理有质量缺陷的产品所蒙受的损失和费用；(2)赔偿使用者因产品质量不符合使用标准而丧失使用价值的损失和由此引起的额外费用，如运输公司因汽车销售商提供的汽车质量不合格所引起的停业损失和为继续营业而临时租用他人汽车所支付的租金等；(3)被保险人根据法院的判决或有关政府当局的命令，收回、更换或修理已投放市场的存在缺陷的产品所承受的损失和费用。

产品保证保险的除外责任主要包括：(1)用户或他人故意行为或过失或欺诈引起的损失；(2)用户不按产品说明书或技术操作规定使用产品或擅自拆卸产品而造成产品本身的损失；(3)属于制造商、销售商或修理商保修范围内的损失；(4)产品在运输途中因外部原因造成的损失或费用等；(5)因制造或销售的产品存在缺陷而致他人人身伤亡的医疗费用和住院、护理等其他费用或其他财产损失；(6)经有关部门的鉴定不属于上述质量问题造成的损失和费用；(7)不属于上述所列责任范围内的其他损失。

（三）诚实保证保险的保险责任与除外责任

诚实保证保险承保雇员的不法行为致使雇主遭受的经济损失。不法行为包括贪污、盗窃、侵占、非法挪用、伪造、欺骗等行为。其保障的损失范围包括：(1)被保险人（雇主）的货币和有价证券损失；(2)被保险人拥有的财产的损失；(3)被保险人有权拥有的财产或对其负责的财产的损失；(4)由保险单指定区域的可移动财产损失。

在诚实保证保险中，对于下列原因造成雇主经济损失的，保险人不负赔偿责任：(1)因雇主擅自减少雇员工资待遇或加重工作任务导致雇员不诚实行为所带来的损失；(2)雇主没有按照安全预防措施和尽责督促检查而造成的经济损失；(3)雇主及其代理人和雇员勾结而造成的损失；(4)超过了索赔期限仍未索赔的损失部分；(5)因核裂变、核聚变、核辐射等引起的损失；(6)由于武装力量、暴乱造成的损失；(7)因地震、火山爆发、风暴等自然灾害引起的损失。

[典型案例分析]

某塑胶工业公司于 2024 年 4 月 1 日与某保险公司订立了为期 1 年的雇员忠诚保险合同。该企业缴纳 860 元保险费，就可以获得这样一种保障，即 250 名员工中，只要发生一起欺诈、背叛等有损于公司利益的行为，就能获得最高至 20 万元的赔偿。就在合同即将结束的 2025 年 3 月，该公司雇员周某卷走 42 万元贷款不知去向。同年 10 月 19 日，该企业在向公安机关报案无果后，向保险公司提出索赔，但该保险公司以种种理由拒绝。于是公司上诉至某区法院。

原告方诉称，有警方通缉令等事实表明员工周某卷款失踪，造成公司损失，应属保单载明的欺诈和不忠诚行为，要求被告理赔合同约定的 20 万元。被告某保险公司辩称，出险地是原告异地经营的分支机构，其未经当地工商管理机关登记，属非法经营，法律不能给予保护。同时,原告财务混乱导致这起事件发生,责任在原告本身。

分析提示:

本案中保险人的抗辩事由是否合理、保险事故是否属于忠诚保证保险的责任范围?

第五节 信用保险合同

一、信用保险合同的含义和特征

(一)信用保险合同的含义

信用保险合同,是指保险人与投保人为确定保险人对被保险人的信用放款和信用售货所产生的第三方信用担保的保险合同。信用保险的投保人和被保险人均为信用关系中的权利人,由保险人承保投保人的债务人的信用风险。如出卖人为防止买受人不能清偿届期债务而要求保险人保险,保证其在上述情况受到损失时,由保险人给予补偿。

(二)信用保险合同的特征

1. 保险人对投保人有不同于一般财产保险合同的高要求

信用保险承保的是信用风险,是一种无形财产,补偿的是因信用风险给权利人造成的经济损失,而不是承保有形财物由于自然灾害和意外事故造成的经济损失。

2. 信用保险合同是对权利人经济利益的担保

因该合同涉及三方利益关系,即保险人、投保人(被保险人)、权利人,保险人承担赔偿义务有条件限制,即合同约定的事故发生致使权利人遭受损失时,应由投保人先履行补偿义务,当其不能补偿损失时,才由保险人承担赔偿义务。

3. 保险费率的设定相对复杂与困难

从理论上讲,保险人经营信用业务只是收取担保服务费而无盈利可言,因为信用保险由直接责任者承担责任,保险人不是从抵押财物中得到补偿,就是行使追偿权追回赔款。因此,其保险费精算基础不同、信用保险费率涉及政治、经济和个人品德因素,难以把握,相对复杂与困难一些。

(三)信用保险与保证保险的区别

1. 两者的投保人不同

保证保险中,投保人是主合同的债务人自己,即债务人为了保证履行自己的主合同的债务,应其债权人的要求向保险人提出保险要约,由保险人充当主合同的担保人,保障债权人实现债权。信用保险中,投保人是主合同的债权人自己,即主合同的债权人为了实现自己的债权,向保险人提出保险要约,在债务人不履行债务时,由保险人承担代为履行的责任。

2. 从投保人与被保险人是否为同一人角度来看,两者的被保险人不同,从而两者

的实际受有利益的人是不一致的

保证保险中,投保人是主合同的债务人,保险人以保证人身份担保主合同的债务,在债务人不能履行债务时承担代主合同债务人向债权人履行债务的责任。因此,对保证保险合同实际受有利益的被保险人不是投保人本人。而信用保险中,投保人是主合同的债权人,保险人在主合同的债务人不履行债务的情况下,保证向债权人履行债务,所以信用保险的投保人与对保险合同实际受有利益的被保险人是同一个人。

总之,信用保险中的投保人与被保险人是同一人;而保证保险中的投保人与被保险人非为同一人。

二、信用保险合同的基本分类

根据信用保险的业务种类,信用保险合同大致可以分为国内信用保险合同、出口信用保险合同和投资信用保险合同三种。

(一)国内信用保险合同

1. 国内信用保险合同的概念

国内信用保险合同,也被称为国内商业信用保险合同,是指债权人因担心债务人的还款信用而向保险人支付保险费,在债务人不能偿还借贷或者赊欠的款项时,由保险人承担赔偿责任而订立的协议。

2. 国内信用保险合同的主要险种

国内信用保险合同也可以分为赊销信用保险合同、贷款信用保险合同和个人贷款信用保险合同。

(1)赊销信用保险合同。赊销信用保险合同是为国内商业贸易(批发)中延期付款或分期付款行为提供担保的一种信用保险合同。在这种合同中,投保人是制造商或供应商,保险人承保的是买方的信用风险,目的在于保证被保险人能按期收回赊销货款,保障商业贸易的顺利进行。

(2)贷款信用保险合同。贷款信用保险合同是保险人对银行或其他金融机构与企业之间的借贷合同进行担保并承保其信用风险的保险合同。

在贷款信用保险合同中,投保人是放款人,当保险单出立后即成为被保险人。因为金融机构对放出的款项具有全额保险利益,通过保险后,当借款人无法归还贷款时,可以从保险人处获得补偿,然后把债权转让给保险人追偿,其目的是保证金融机构资金的正常周转。

(3)个人贷款信用保险合同。个人贷款信用保险合同是指金融机构对自然人进行贷款时由于债务人不履行贷款合同致金融机构遭受经济损失,保险人承担其信用风险的保险合同。在国外,这是保险人面向个人提供的特别业务。由于个人的资信情况千差万别、居住分散等,其风险不一,保险人办理此项业务,必须对贷款人的基本情况、贷款用途、经营情况、日常信誉等做全面的调查了解,必要时还要贷款人提供反担保。

(二)出口信用保险合同

1. 出口信用保险合同的概念

出口信用保险合同,是指本国出口商作为投保人向保险人支付保险费,在不能按时收回出口商品的全部外汇时,由保险人赔偿保险金的保险合同。

在出口信用保险合同中,是由出口商投保进口商信用的保险。出口商是投保人,同时也是被保险人。保险人担保的是债务人的信用,使投保人的权利得到保障。

2. 出口信用保险合同的特征

(1)出口信用保险是政策性的。由于这种保险所应付的风险特别巨大,所需的资金较多,而且难以使用统计方法测算风险损失概率,故一般的商业保险人不愿经营。

(2)经营上实行非营利的经营方针。经营出口信用保险通常保险费比较低,承保的风险比较高,它的经营更侧重于社会意义,实行非营利经营。因此国家财政往往直接投资专业出口信用保险公司,拨付部分或全部资本金,或给予政府委托或办理信用保险业务的商业性公司经营性补贴。

(3)费率厘定方法不同于其他财产保险。在出口信用保险中,由于其风险的非物质性和投机性,在厘定费率时,需要考虑保险人的赔付记录、出口商资信、国际市场发展趋势等诸多因素,并根据新情况经常调整。不像其他财产保险中,以概率和大数定律进行费率厘定后,一般是固定不变的。

(4)投保人有特定对象。出口信用保险的投保人只能是本国公民或本国企业,投保的业务,一般应是本国生产或制造的产品的出口。

(三)投资信用保险合同

1. 投资信用保险合同的概念

投资信用保险合同,是指投资者作为投保人向保险人支付保险费,因投资引进国政治局势动荡或政府法令变动而引起投资风险,造成经济损失时,由保险人赔偿保险金的保险合同。

2. 投资信用保险合同的特征

(1)承保机构多为政府特设机构。在形式上,投资保险与其他商业保险相似,但由于承担的风险是政治风险、责任重大、人们难以预测,因此,通常由政府特设机构办理,民间保险机构较少开展此项保险。

(2)承保范围只限于投资者的直接投资,不包括间接投资。

(3)承保的风险只限于政治风险。

三、信用保险合同的基本内容

我国目前仅开办的信用保险业务主要有出口信用保险和投资信用保险。因此,本书仅对这两种信用保险合同的内容作阐述。

(一)出口信用保险合同的基本内容

1. 保险责任

出口信用保险承担的风险主要是商业风险和政治风险两类,对此造成的损失承担赔偿责任。

(1)商业风险,又称买方风险,包括:买方破产,无力偿还贷款,或买方经济走向崩溃,对所购货物已无能力支付货款;买方逾期不付款,即买方收货后拖欠货款;买方违约拒收货物致使货物被运回、降价转卖或放弃。

(2)政治风险,又称国家风险,是指与被保险人进行贸易的对象即买方所属国家内部的政治、经济状况的变化而导致的收汇风险,包括:买方所在国家实行外汇控制,限制汇兑;买方所在国家实行进口管制;买方的进口许可证被撤销;买方所在国或支付货款需经过第三国颁布延期货款令;买方所在国发生战争或骚乱等;买方所在国或任何有关第三国发生非常事件。

2. 保险人的除外责任

保险人的除外责任包括:被保险人违约或违法导致买方拒付货款所致的损失;汇率变动的损失;在货物交付时,已经或通常能够由货物运输保险或其他保险承保的损失;发货前,买方未能获得进口许可证或其他有关的许可而导致不能收货付款的损失。

3. 保险费和费率厘定

出口信用保险费率厘定,一般应考虑下列因素:买方所在国家的政治、经济及外汇收支状况;出口商的资信、经营规模、支付能力及出口贸易的历史纪录;以往向出口商赔付的纪录;贸易合同约定的付款方式和期限;投保的出口贸易额的大小、货物的种类;国际市场的经济发展趋势;等等。

在费率厘定之后,计算保险费。其计算公式为:

$$保险费 = 申报发票总额 \times 保险费率$$

(二)投资信用保险合同的基本内容

根据中国人民保险公司举办的投资保险业务,投资保险合同的基本内容包括:

1. 保险责任

中国人民保险公司的投资保险负责赔偿由于下列原因所遭受的损失:战争、类似战争的行为、叛乱、罢工及暴动;政府有关部门征用或没收;政府有关部门汇兑限制,使被保险人不能将按投资合同的规定应属被保险人所有并可汇出的汇款汇出。

2. 保险期限

投资保险的保险期限分长期和1年期两种。1年期保险到期后可以续保,条件另议,保险公司有权根据形势的变化重新决定是否续保以及费率是否优惠等。长期保险期限最长的为15年,最短的为3年,3年以后,被保险人有权注销保险;但若未满3年提前注销保险的,被保险人则需交足3年的保险费。

3. 保险费

1年期的保险金额是该年的投资金额乘以双方约定的百分比。保险金额规定为投资金额的90%。长期投资项目每年投资金额在投保时按每年预算投资金额确定,当年保额为当年预算金的 90%。长期投资项目需确定一个项目总投资金额下的最高保险金额。

第六节 再保险合同

一、再保险合同的概念

再保险合同,是指保险人以其承担的保险业务的一部分(或者全部)为保险标的,向其他保险人转保而订立的保险合同,又称为"分保合同"。保险合同的投保人为原保险合同的保险人,原保险人又称为再保险分出人,与原保险人订立再保险合同并承担原保险人的保险责任风险的他保险人,是再保险人,又称为再保险接受人。

二、再保险合同的性质

由于各国保险法没有明文规定再保险合同的性质,所以对其性质一度成为保险法学界讨论的热门话题之一,曾经出现过"合伙合同说""原保险合同继承说""普通的财产损失保险合同说"和"财产保险合同之责任保险合同说"(以下简称"责任保险合同说")等,并最终以我国台湾地区的郑玉波和大陆地区的学者邹海林、樊启荣等所主张的"责任保险合同说"占据我国法学界主流地位。[①] 然而,笔者通过对相关的法学理论仔细比较分析,并结合对再保险业实务的具体考察,发现将再保险合同视为一种责任保险合同并不妥当。诚然,再保险合同与责任保险合同一样,都是以填补损失为目的的财产保险合同的一种,但是,两者在性质上根本不同,笔者拟从法学和保险实务两个领域进行分析对比。[②] 从相关法学理论来考察,再保险并不是一种责任保险。

(一)两者的保险标的含义不相同

在主张再保险合同就是责任保险合同的学者们看来,再保险合同和责任保险合同的标的都是被保险人对他人应当承担的某种责任,而且这两种责任没有本质的区别。其实,只要仔细分析,就会发现,作为再保险合同标的的"责任"与作为责任保险合同标的的"责任"的含义并不相同。

就再保险而言,再保险合同的标的是原保险人向原被保险人所承保的责任,即原保险人对原被保险人的保险金给付责任,这是一种因合同而产生的"债务"。而这种"债务"是原保险人对原被保险人的当为的行为。只要原保险人及时、完全、适当地履行了债务,它就不会转化为民事责任,就是说,作为债权人的原被保险人就不能提起诉

[①] 覃怡、樊启荣:《再保险合同定位的若干问题探讨》,载《法商研究》2000 年第 1 期;邹海林:《试论再保险合同的基本问题》,载《法商研究》1996 年第 5 期。

[②] 丁凤楚:《再保险是责任保险吗?》,载《政治与法律》2006 年第 2 期。

讼,以请求国家强制原保险人履行其债务。此时,再保险合同的标的是一种纯粹的"债务"。

而就责任保险合同而言,其标的是被保险人因损害了第三人的某种合法权益而依法应当向第三人承担的民事赔偿责任,也就是说,责任保险合同的标的是被保险人对受害第三人的法定责任(包括侵权责任和违约责任),即"法律责任"。

由于在法治社会中,"债务"的履行是以法律责任为后盾的,而"法律责任"也往往意味着一定的债务存在。因此,人们时常将债务与责任(特别是违约责任)混为一谈,其实,法律责任和债务有着本质的不同。严格地说,"责任"本身并不是"债务","责任乃是债权与诉权的中间桥梁。"①责任之所以能成为保障民事权利的有效措施,是因为它具有诉权,从而使其成为联结民事权利与国家公权力之中介。责任与债务相比较,包含一种国家的强制性。可见,依照相关法学原理,责任与债务有质的区别,因此,再保险合同的标的与责任保险合同的标的其实不同。

需要说明的是,对再保险合同和责任保险合同的标的含义做如此严格的区分不是出于理论研究的偏好,更不是在咬文嚼字,玩文字游戏,而是出于保险经营的现实考虑。由于防范道德风险一直是保险业的重要任务之一,而责任保险与再保险的标的不同,其防范道德风险的要求也大不相同。对责任保险来说,其保险合同的标的是民事赔偿责任,它是由法院或仲裁机构依法裁定的,被保险人该不该赔偿受害第三人的损失,以及该赔偿多少,不是他和受害第三人之间可以私自决定的,因此,被保险人与第三者串通,为了骗取保险金故意制造或扩大保险事故的可能性较小。在这里,法院或仲裁机构实际上起到了防范被保险人或第三者制造道德风险的"防火墙"的作用;而对于再保险合同来说,其保险合同的标的是原保险人对原被保险人的债务,它是由原保险人与原被保险人通过合同约定的,不需要经过法院或仲裁机构的审查,因此,极易造成原保险人与原被保险人恶意串通制造事故,或被保险人怠于履行自己的风险防范义务的情况,而使得再保险的道德风险相对较大。因此,再保险人在防范道德风险方面必须多加小心。为此,我国《保险法》禁止原保险人将风险全部转移给再保险人,并强化再保险合同的被保险人的告知义务,例如,我国《保险法》第28条规定:"应再保险接受人的要求,再保险分出人应当将其自负责任及原保险的有关情况书面告知再保险接受人",而我国《保险法》对于责任保险合同却无类似强制性规定。

(二)两者的保险利益也不相同

再保险与责任保险合同在保险利益上也存在着根本的不同。而根据保险法学有关理论,财产保险的保险利益又可分为三类,即财产上的利益、责任上的保险利益以及合同利益。

就责任保险合同而言,其保险利益从性质上来说是一种责任利益,这是一种基于

---

① 林诚二:《论债之本质与责任》,载《中兴法学》总第19期。

现有财产而期待某种责任不发生的利益。具体而言,这种"责任利益"是在被保险人依法应当赔偿其受害人的经济损失时产生,这种赔偿的后果是使被保险人的现有财产(泛指其一切财产,而不是特指某项财物)的总数减少,即被保险人需要变换有形的财产为现金去赔偿别人的损失。如果赔偿的数额大的话也会形成很大的负担,所以也可以把"责任"当成保险标的,向保险人投保,以便分散危险。

就再保险合同而言,其保险利益从性质上看是一种"基于合同产生的利益"。这种"合同利益"是合同当事人之间基于意思自治和合同自由原则而相互创设的合同给付义务,是当事人之间依照彼此之间的承诺而自愿承担的一种债务,它不具有违法性,也不直接具有强制执行的效力,因此,与责任保险中的"责任利益"有着明显差异。

总之,再保险合同与责任保险人合同在保险利益上有着本质的差别。而保险合同,因险种之差别而有所区分,而险种之差别乃源于所承保之保险利益的差别。因此,再保险合同与责任保险合同在保险利益上的差别也导致两者在性质上根本不同。

值得注意的是,无论是责任保险中的"责任利益"还是再保险合同中的"合同利益",都是"为防止任何因法律规定、契约义务或事实上之必要费用而产生被保险人财产上之负担",因此,都属于一种"消极保险利益"。这也许是许多学者误将再保险合同解释为责任保险合同的又一个原因。

(三)两者在"被保险人是不是保险事故的责任人"这一点上不相同

正如我国台湾地区著名的保险法学家江朝国先生所说:"衡量责任保险与非责任保险的一个重要标志就是:责任保险的被保险人为依法应当负赔偿责任之人(加害人),但并非灾害的直接发生对象(受害人)。"[1]按照此标准,很显然再保险不是责任保险。

就责任保险合同而言,责任保险的被保险人往往是制造责任保险事故并依法应当对受害人承担法律责任的人。责任损失涉及三方:被保险人、保险人和第三人。第三人是由于被保险人而导致财产或人身伤害的受害方。如果,被保险人要对受害第三人负法律责任,那么保险公司将代表被保险人对索赔人进行赔偿。可见,责任保险的一个重要特征就是被保险人是依法应当对受害第三人负法律责任的人(换句话说,被保险人是依法认定为制造或引发保险灾害事故的人,即"加害人")。

而再保险合同则不同,再保险合同的被保险人(原保险人)之所以要向原被保险人支付保险金,是根据原保险合同的约定履行合同义务,而不是因为其违约或侵权行为给第三人带来某种灾害,并依法向受害第三人承担赔偿责任。易言之,原保险人的责任是"因契约而发生,故关于责任之内容及限制也应以保险单之订定为准"。[2] 再保险合同的被保险人不是原被保险人的加害人,即不是对原被保险人应负法律责任之人,而是应负合同属性义务之人。因此,保险合同在性质上并非责任保险。

---

[1] 江朝国:《保险法基础理论》,中国政法大学出版社 2002 年版,第 108 页。
[2] 桂裕:《保险法论》,台湾地区三民书局股份有限公司 1981 年版,第 95 页。

(四)两者在"第三人是否可以向保险人请求给付保险金"这一点上也不同

尽管再保险合同和责任保险合同一样,其保险金的最终去向都是保险合同双方当事人之外的第三人,因而终局意义上的受益人是该第三人,但是在"第三人是否可以向保险人请求给付保险金"这一点上两者并不相同。

就责任保险而言,第三人可以向被保险人请求履行法定的赔偿责任,也可以直接向被保险人的保险人请求给付保险金。《保险法》第 65 条规定:"保险人对责任保险的被保险人给第三者造成的损害,可以依照法律的规定或合同的约定,直接向该第三者赔偿保险金。"究其原因,责任保险合同虽然是合同当事人意思自治的产物,但"随着保险制度的演进,责任保险同时渐具社会利他思想"[①],并对"合同相对性"原则有所突破,允许第三人直接向保险人请求给付保险金。因此,责任保险有时又被称为"第三者保险"。[②]

再保险合同则不同,法律严格限制第三人向再保险人请求给付保险金的权利。根据我国《保险法》第 29 条第 2 款规定:"原保险的被保险人或者受益人不得向再保险接受人提出赔偿或者给付保险金的请求。"究其原因,再保险不是一种"第三者保险",它完全是再保险合同双方当事人之间"意思自治"的产物,在性质上是当事人"为自己利益"而订立的合同,体现了"合同自由"原则。有鉴于此,我国《保险法》还制定专门条款对再保险合同的"独立性"予以特别强调。因此,再保险合同与责任保险根本不同。

需要说明的是,有的学者主张将再保险解释为责任保险合同可以更加充分地保护再保险合同第三人的利益(前见本文第一段第三节),并以美国的司法实务倾向于认为再保险合同为责任保险合同和《韩国商法典》中有允许责任保险准用于再保险合同的规定作为佐证(前见本文第一段第四节)。对此笔者不敢苟同,我国《保险法》规定责任保险的受害第三人可以直接向保险人请求赔偿,是因为责任保险本来就是为了受害第三人的利益而存在的"第三方保险",故而为了使受害第三人能够更便利地获得损害赔偿,才对"合同独立性"做出适当修正。其考察因素如下:第一,如果机械地遵照"合同独立性"原则,则必须先由受害人向被保险人索赔之后,被保险人才能向保险人请求给付保险金,这样会给受害人索赔带来不必要的周折和麻烦。第二,如果机械地遵照"合同独立性"原则,则会出现一旦被保险人丧失对受害第三人偿付能力的情况,保险人无承担给付保险金的责任,而受害第三人却得不到任何补偿。这就造成了被保险人白白交纳了保险费,保险人获得了不当得利的局面,这显然违背了法律上最基本的原则:公平原则。因此,世界各国的保险法大多规定责任保险的第三人可以向保险人请求给付保险金,这实际上是以法的实质正义来修正法的形式正义带来的某些弊端。而对再保险合同而言,不可照搬责任保险的此做法,这是因为:第一,再保险合同中的第三人并不是

[①] 江朝国:《保险法基础理论》,中国政法大学出版社 2002 年版,第 108 页。
[②] 康斯坦斯·M.卢瑟亚特、巴里·D.史密斯等:《财产与责任保险原理》,英勇、于小东,译,北京大学出版社 2003 年版,第 22 页。

处于弱势地位的受害人,而是与被保险人处于平等地位的原保险合同的对方当事人;第二,原保险人购买再保险合同的目的并不是原被保险人的利益,而主要是分散自己的承保风险,以免自己由于要履行对原被保险人的义务而可能导致破产。因此,将再保险合同解释为责任保险合同,并赋予再保险的第三人直接向保险人请求给付保险金的权利,曲解了再保险合同的目的,从而违背再保险合同当事人的真实意愿,因而违背了私法自治原则和合同自由原则,这样做既违背了法的形式正义也不符合法的实质正义。

综上所述,再保险合同与责任保险在合同标的、保险利益、被保险人是不是保险事故的责任人、第三人有没有向保险人请求给付保险金的权利等方面都存在着根本的不同,从而再保险合同在性质上和根本目的上都与责任保险合同有很大差别。

三、再保险合同的种类

依不同的标准,再保险合同可分为临时再保险与合约再保险、比例再保险与非比例再保险。

(一)临时再保险与合约再保险

依其发生的形式或条件,再保险可分为临时再保险与合约再保险。临时再保险,为合约再保险的对称,实务上称为临时分保或者任意分保。合约再保险,实务上称为固定分保。在临时再保险与合约再保险之间,还有一种中间形态,即预约再保险。

临时再保险,是指原保险人通过自由选择再保险人而与之订立独立的个别再保险协议,以将其保险业务的一部分或者全部转移给再保险人承担的一种保险形式。

合约再保险,是指原保险人与再保险人事先订立协议,由再保险人对于协议指定的危险单位依照协议自动承担一定成数或者份额的危险责任的保险形式。依照合约再保险,原保险人对其承保的保险业务,只要属于再保险协议指定的危险范围,自动转移给再保险人,再保险人就必须接受。

(二)比例再保险与非比例再保险

依照再保险人分担原保险责任的方式,再保险分为比例再保险和非比例再保险。

比例再保险,是指再保险人按照保险金额的比例分担原保险责任的一种再保险。原保险人和再保险人通过再保险合同约定,原保险人将收取的保险费的一部分让与再保险人,再保险人则依照其从原保险人处所受让的保险费占全部保险费的比例,承担原保险责任的同一比例的风险的一种再保险形式。比例再保险的具体形式可分为成数再保险和溢额再保险两种。成数再保险,又称为比例分担再保险,是指原保险人与再保险人约定,原保险人将每一危险单位的保险金额依照一定的百分比分出,由再保险人接受并承担比例义务的保险。溢额再保险,是指原保险人与再保险人约定,原保险人将每宗保险业务超出其自留额的部分分出,由再保险人接受并承担溢额部分的保险义务的保险。

非比例再保险,是指以原保险人赔付的保险金数额或者赔付率为基础,确定原保险人的自负额和再保险人的分担额的一种保险形式。非比例再保险有超额赔款再保险与超额赔付率再保险两种基本形式。超额赔款再保险,是指再保险人以约定的最高额为限,对每一保险事故或者保险合同项下超过合同约定的原保险人的自负额的赔款部分承担保险责任的再保险。超额赔付率再保险,是指再保险人以约定的最高额为限,对于约定期间内原保险人超过约定的赔付率部分的赔款,承担保险责任的再保险。约定的赔付率,是指约定期间内的保险赔款总额与同期所收保险费的比例。

四、再保险合同与原保险合同的关系

再保险合同是相对于原保险合同的一种保险合同分类。无原保险合同的存在,也就无再保险合同订立的必要。再保险合同与原保险合同的关系,表现为独立性与从属性两个方面。独立性指两合同间内容的彼此独立,从属性指两合同效力上彼此关联。

(一)再保险合同的独立性

再保险合同属私法上的债权合同,基于债权合同的"相对性",原保险合同与再保险合同是两种各自独立存在的合同,各有其当事人,其权利义务关系应依个别独立的合同决定。原保险人依原保险合同对原被保险人负责;再保险人依再保险合同对原保险人负责,两种合同各自独立,合同的权利义务亦不相关联。

(二)再保险合同的从属性

再保险合同虽独立于原保险合同之外,然而实际上两者亦相互依存,再保险合同不能绝对地脱离原保险合同而单独存在,原保险合同有赖再保险合同分散其所承担之危险。若原保险合同有无效、撤销等原因而失其存在,则分出给再保险人的部分亦失其所附依。

五、再保险合同的效力

(一)再保险人给付保险金的义务

1.再保险人给付保险金的义务

(1)再保险人的给付义务的履行条件。

再保险人承保的风险为原保险人对于原被保险人承担的保险给付义务,再保险人仅以原保险人的给付义务为保险事故,当发生原保险人的给付时,再保险人相应地对原保险人为给付。再保险人的给付义务,不以原保险人对原被保险人履行给付为要件;至于原保险人对原被保险人是否实际为保险金给付,与再保险人的给付义务无关。实际上,再保险人的给付义务,发生在原保险人依原保险合同应当对原被保险人承担的给付义务确定之时。原保险人依原保险合同负给付义务时即使尚未对原被保险人履行保险给付,再保险人亦当向原保险人履行再保险给付义务。

(2)再保险人的给付义务的履行范围。

再保险人的给付保险金的范围以再保险合同约定的给付金额为限。再保险人的

给付义务,不得超过原保险人承担的给付范围,仅以再保险合同约定之原保险合同的部分给付义务为限。

(3)再保险人的责任期间。

再保险期间,由原保险人和再保险人约定,没有约定再保险期间的,可以依照原保险和再保险相互依存的理论,以原保险的保险期间为再保险期间;原保险责任开始之日为再保险人责任开始之日;原保险期间届满时,再保险亦告终止。

2.再保险人对其他必要的合理费用的承担

由于第三人的行为引起保险事故发生时,再保险人在对原保险人给付再保险金后,对第三人有损害赔偿的请求权。再保险人对这项权利的取得,即代位求偿权的取得,理论上是当然之事,但实际上,再保险人对这项损害赔偿请求权的取得,由再保险人自己行使颇为困难,故通常仍由原保险人行使此项损害赔偿请求权,向第三人取得赔偿金后,再返还再保险人。原保险人对这项权利的行使,在法律上可解释为事务管理,或习惯上解释为默示委托。但无论是事务管理还是默示委托,所需的管理费用或委托费用以及行使上述赔偿请求权时所需的费用再保险人应当负担。

(二)再保险人的权利

1.再保险人对原保险合同和解的一定参与权

我国保险法未有再保险人对原保险合同和解的参与权的规定。然而,根据再保险原理,我们不难推论:再保险人对于原保险人与原被保险人一方达成的和解协议应有一定的参与权。具体而言,再保险人的参与权应区分两种情况:(1)再保险合同约定有再保险人的参与权。当再保险合同约定有再保险人的参与权时,原保险人与原被保险人和解,应当尊重再保险人的参与权。原保险人未经再保险人同意,与原被保险人和解的,再保险人可以不受和解的约束。(2)再保险合同未约定再保险人的参与权。若再保险合同对再保险人的参与权缺乏相应的约定,除非原保险人与原被保险人的和解显属不当,再保险人不得以其未参与和解,对抗原保险人的保险给付请求。

值得注意的是,再保险人参与原保险合同的和解与责任保险人参与被保险人与受害第三人的和解有所区别,这是因为,笔者经仔细推敲发现:"再保险合同在性质上并不是责任保险合同。"[①]故而,再保险人对原保险人的保险给付义务的承担所享有的参与权,与责任保险人对被保险人的保险给付义务的确定所享有的求偿参与权,两者在效力上有所不同。再保险中的原保险人与原被保险人之间的和解,不同于责任保险的被保险人与受害第三人的和解:责任保险所填补的被保险人的损失,为被保险人的严格的法律上的责任;而在再保险的场合,再保险人则只受原保险人和原被保险人达成的合理和解协议的约束,除非和解的达成具有恶意,再保险人应当受该和解的约束,并对和解达成的保险给付额及适当分担的和解费用承担给付义务。但是,原保险人依原

---

① 丁凤楚:《再保险是责任保险吗?》,载《政治与法律》2006年第2期(《中国人民大学报刊复印资料·民商法学》2006年第8期全文转载)。

保险合同的约定不承担保险给付义务时,自愿向原被保险人给付,再保险人对原保险人的自愿给付不承担再保险给付义务。原保险人不得对原被保险人自愿给付。已经自愿给付的,不得请求再保险人给付其分担额。

2.再保险人的代位求偿权问题

(1)再保险的代位求偿权不容置疑。

我国《保险法》第60条第1款规定:"因第三者对保险标的的损害而造成保险事故的,保险人自向被保险人赔偿保险金之日起,在赔偿金额范围内代位行使被保险人对第三者请求赔偿的权利。前款规定的保险事故发生后,被保险人已经从第三者取得损害赔偿的,保险人赔偿保险金时,可以相应扣减被保险人从第三者已取得的赔偿金额。"其中的"保险人"应视为广义保险人,即再保险合同中的再保险人也应视为保险人;"被保险人"也应作广义解释,包括被再保险人,即分出人或原保险人。原保险人自向被保险人给付保险金之日起获得代位求偿权,在赔偿金额范围内代位行使被保险人对第三者请求赔偿的权利。这同样适用于再保险,即再保险人将再保险金给付于被再保险人(原保险人)后,再保险人也应取得代位求偿权,取得方式可以比照原保险人的代位求偿权的取得方式。

再者,我国《保险法》第60条立法的原意在于防止保险人因行使代位求偿权而获得双重补偿,但若再保险人的代位求偿权得不到保护,则会造成第三者(保险事故责任人)逃避其责任,而反使其有不当得利,这将有违再保险的宗旨。况且为防止保险人获得双重赔偿,而使再保险的合法权益受到损害,将使整个保险制度的基础受到破坏。因此,笔者认为由保险人行使代位求偿权,其金额为收回再保险金前的全部保险金额,并将追偿所得摊回给再保险人,这样既保护了再保险人的利益,又避免保险人、第三者获得不当得利。

(2)再保险人代位求偿权的行使。

再保险人代位求偿权应全部由原保险人代为行使,这是因为再保险有一重要原则:同一命运原则,即保险人和再保险人在利益和义务上有着共同命运,凡是有关保险费收取、赔款支付、法律诉讼或申请仲裁等事宜,保险人在维护双方共同利益的前提下有权单独处理,因此而产生的一切费用由双方按比例承担。该原则的目的在于使保险人充分发挥主动作用。但是我们不能根据该条款只要求再保险人与保险人共同承担义务,而不能与保险人共同分享权利。根据这一原则,笔者认为,原保险人行使的代位求偿权应及于再保险人,再保险人有权依据再保险的"同一命运原则"在向原保险人支付再保险金后,享有代位求偿权。对此,日本有独特见解:日本法院在类似案件上认为代位求偿权适用于再保险关系,原保险人可以自己的名义行使代位求偿权,所收回的相当于再保险金的部分应当还与再保险人,因为保险人与再保险人之间存在一种信托关系。这一见解值得我们重视。而美国判例均认定原保险人代位请求赔偿的金额为收回再保险金前的全部金额。

再保险人代位求偿权的行使须全部并绝对,且应将原保险人置于被保险人的地位看待。因为再保险人分布于全国各地甚至国外,要分别、单独行使代位权事实上不可能,也不经济。国际上的习惯做法是再保险人代位权皆由原保险人行使,并将追偿所得摊回给再保险人,这样既保护了再保险人的应得利益,又降低了总的保险成本,有利于保险业健康发展。

总之,对于再保险人有无代位求偿权,我国《保险法》第 60 条规定不明确,法院易拘泥于法条的字面解释,有违保险立法宗旨,也有碍于我国保险事业的发展。鉴于我国保险法对再保险法的规定过于粗泛,不利于再保险业的发展,因此笔者建议在今后的保险法修改时,可在该法第 60 条中再加条文,明确规定本条中的保险人包括原保险人和再保险人,以澄清该条款的含义,确认再保险人的代位求偿权,保护他们的合法权益,促进我国保险业的发展。

本章关键词

财产保险合同　　财产损失保险　　家庭财产损失保险　　企业财产损失保险　　运输工具保险　　货物运输保险　　工程保险　　不定值保险　　定值保险　　重置价值　　第一危险赔偿方式　　保证保险　　产品保证保险　　产品责任保险　　雇员忠诚保证保险　　信用保险　　出口信用保险　　投资保险　　责任保险　　第三者保险　　受害第三人　　再保险合同　　再保险分出人　　再保险分入人

思考题

1. 简述财产保险合同的概念、特征和分类。
2. 财产保险合同的基本赔偿方式有哪些?各自有什么特点?
3. 什么是财产损失保险?它有哪些主要险种?
4. 试述信用保险合同与保证保险合同的区别和联系,以及两者各自的主要险种。
5. 什么是责任保险合同?它有哪些特征和种类?
6. 再保险合同究竟是不是责任保险?

第五章　人身保险合同

内容提要

人身保险合同是指以人的寿命或身体健康等无法用金钱计价的人身利益作为保险标的的保险合同,它的最大特点是定额给付性、储蓄性、长期性等,不同于财产保险合同的特性,故而,法律为它规定了不可争议、年龄误告、宽限期、不丧失价值条款等一系列特殊条款。实践中,它主要包括人寿保险合同、意外伤害保险合同、健康保险合同三大类,而每一大类人身保险合同又有各自的特征、适用条件、责任范围、免责条款等和进一步的详细分类。

第一节　人身保险合同概述

一、人身保险合同的概念和特征

(一)人身保险合同的概念

人身保险合同是指以人的寿命或身体作为保险标的的合同。具体来说,它是投保人向保险人支付保险费,保险人于被保险人伤残、死亡或保险期限届满时向被保险人或受益人赔偿或给付保险金的保险合同。[①]

人身保险的保险对象是自然人,保险标的是自然人的生命和身体,保险事故是人的生、老、病、死以及伤残等。投保人与保险人签订保险合同,投保人交纳规定的保险费,在约定的期限内,当被保险人因疾病或者遭遇意外事故致死亡、伤残时,或当保险期满时,由保险人按合同约定给付一定数额的保险金或医疗费用。

(二)人身保险合同的特征

人身保险合同是以人的寿命和身体为保险标的的保险合同,即人身保险合同的标的是保险人承保的被保险人的人身利益。正是由于人身保险标的的特殊性,使得人身保险合同具有以下不同于财产保险合同和其他保险合同的特征:

---

① 《保险法》第 52 条。

1. 保险标的的不可估价性

人身保险合同以被保险人的寿命和身体为保险标的,并以其存在形式为保险利益,此种利益实际上属于人身或人格利益。这与财产利益完全不同,它不是一般意义的商品,不能用货币来计量、评价和表现其价值,客观上具有不可估价性,因此也就不能把保险金额与保险价值相比较。

2. 保险费率测算的技术性

人身保险合同承保的是自然人的生命和身体状况的变动所表征的风险,因此,生命表或伤残表便成为确定保险费收取标准的技术基础。所谓生命表或伤残表,是指对从属于某一范围内的人群在一定时间内的生命现象或伤残情况作综合考察,找出与死亡率或伤残率有关的因素的规律,尤其是不同年龄层次、职业的人的死亡或伤残的比例,并以列表的方式固定下来。

3. 保险金额的固定性

人身保险合同的保险金额不是以保险标的价值为依据确定的。由于人的生命和身体的价值无法用货币衡量,这就使得人身保险合同的保险金额无法像财产保险合同那样在保险事故发生以后再对保险标的价值进行测算,而是只能由保险人事先综合各种因素进行科学计算来规定的不同等级的保险金额,然后由投保人根据自己的投保能力选择适用,或者由投保人和保险人自由协商约定一个固定的数额,以此数额作为保险人将来给付保险金额的最高限额,在发生约定的保险事故时,保险人按照约定的保险条款向被保险人或者受益人给付保险金。因此,人身保险合同中约定的保险金额并不构成人身保险合同中被保险人的生命价值。

4. 保险责任的定额给付性

人身保险合同大多是给付性保险合同(个别险种除外,如医疗健康保险合同是补偿性保险)。人身保险合同中只要发生保险事故导致被保险人死亡、疾病或伤残的,或者合同约定的期限届满时,保险人按照约定的金额向被保险人或受益人给付保险金,而不以被保险人的实际损失为前提,也不论被保险人或受益人是否已从其他途径得到补偿。就是说,人身保险合同的保险人是按合同事先约定的保险金额给付保险金,而不是按保险事故发生后保险标的的实际损失来计算,因此,不存在重复保险、超额保险和保险人的代位追偿的问题。[①]

5. 人身保险保费的不可诉性

在人身保险合同中的人寿保险,投保人有义务按照合同约定给付保险费,保险费

[①] 当然,在人身保险合同中也有例外,如人身保险中的医疗保险,不仅可以采取约定给付方式,也可采取损失补偿方式。因为,医疗费用的发生是可以在事后确定的,这与一般的财产保险类似,反而与大多数的人身保险不同。

可一次清偿,也可按照合同分期给付。如果投保人未按合同约定给付保险费,保险人在催告无效后,可以中止保险合同或采取法律规定的其他救济方法,但保险人不得采用诉讼的方式强制请求投保人给付保险费。[①] 这是人身保险,尤其是人寿保险的储蓄性表现,而财产保险合同由于不具有储蓄性而具有损失补偿性,所以可以通过诉讼的方法进行催缴。

二、人身保险合同的分类

依据不同的标准,人身保险合同可以划分成不同的类别,概括起来,主要有如下几种分类方式:

(1)依据保险范围,主要有人寿保险合同(包括生存保险合同、死亡保险合同、生死两全保险合同)、健康保险合同(包括收入损失保险合同、疾病保险合同、医疗保险合同)和意外伤害保险合同(包括普通伤害保险、特种伤害保险、寿险附加伤害保险),这是我国人身保险合同的主要分类方式。[②]

(2)依据保险期限,主要有长期人身保险合同和短期人身保险合同。

(3)依据投保人数的不同,主要有个人人身保险合同、联合人身保险合同和团体人身保险合同。

(4)依据保险金的给付方式,主要有一次性给付人身保险合同和分期给付人身保险合同。

(5)依据被保险人是否参与保险人的利益分配,主要有分红人身保险合同和不分红人身保险合同。

(6)依据投保动因,主要有自愿人身保险合同和强制人身保险合同。

[典型案例分析]

2022年12月30日,某中外合资石化公司向某保险公司投保平安福寿险,每位员工保额为10万元,受益人栏空白。2025年2月1日晚,该公司的徐女士(以下简称徐女)因小事与丈夫(以下简称徐夫)争吵、打骂,被徐夫一气之下扼死。徐女新婚刚刚5天,无子女,父母均健在。第二天,犯罪嫌疑人向公安局自首。现公安局已结案,定性为"激发性故意杀人罪"。

分析提示:

本案中的徐夫是否属于保险合同的受益人?他的杀妻行为是将导致他本人无法

[①] 《保险法》第38条规定:"保险人对人寿保险的保险费,不得用诉讼方式要求投保人支付。"
[②] 《保险法》第95条第2款。

取得保险金或不是将导致被保险人的其他继承人都无法取得保险金?

三、人身保险合同的特别条款

由于人身保险合同的保险标的是人的生命或身体,因此人身保险合同主体之间的权利、义务关系与其他保险合同有着很大的区别。也就是说,除保险合同总论中提到的任何保险合同都具有的内容外,它还有法律规定的人身保险合同所特有的内容。

(一)不可争条款

不可争条款又称不可抗辩条款,是指自人身保险合同订立之日起在超过法定时限(通常规定为两年)后,保险人不得以投保人在投保时违反如实告知义务如误告、漏告、隐瞒某些事实,而主张合同无效或拒绝给付保证金。

人身保险合同是最大诚信合同,对于被保险人的年龄、健康状况、职业等足以影响保险人决定是否同意承保的因素,投保人或保险人应履行如实告知义务,不得有任何隐瞒和欺骗。如果在投保时投保人故意隐匿或因过失遗漏而做不实申报,并足以影响保险人对于风险的估计,保险人则有权解除合同。但由于涉及此条款的合同为长期合同,如果不加以限制,保险人则有可能滥用这一权利,而使被保险人的利益无法得到保障。同时,经过长时间后,要查明投保人投保时是否履行了如实告知义务非常困难,这样往往引起纠纷,而且引起纠纷后,也很难处理。因此,法律规定了一个期间,要求保险人在此期间内进行审查,并有权解除合同,一旦超过该期限,保险人不得再主张解除合同或不承担给付保险金责任,从而保护被保险人和受益人的利益及便于解决纠纷。

在国际上,通常是对被保险人的健康等方面适用这一条款,而在我国,这一条款只适用于年龄方面,其他方面则要靠保险合同来进行特别约定。

(二)年龄误告条款

年龄误告条款主要是针对投保人申报的被保险人年龄不真实,而真实年龄又符合合同约定年龄限制的情况而设立的。法律一般均规定年龄误告条款,要求保险人按被保险人的真实年龄对保险费或保险金进行调整。

根据我国法律规定[①],调整的对象不仅包括投保人申报的被保险人年龄不真实,而真实年龄符合合同约定年龄限制的合同,还包括投保人申报的被保险人的年龄不真实,并且真实年龄不符合合同约定年龄限制,自合同成立之日起已逾两年的有效合同。

年龄误报时保险费(或保险金)的调整有以下两种情况:

(1)合同约定时的保险事件尚未发生或期限尚未到达时,发现投保人申报被保险人的年龄不真实。在此种情况下,保险人应及时通知投保人补交过去少交的保险费或

---

① 《保险法》第 32 条。

按原交纳的保险费数额调整保险金额。发现投保人支付保险费多于应交保险费的,应予以清算并退还投保人。

(2)合同约定的保险事件发生或期限到达时,发现投保人申报被保险人的年龄不真实。在此种情况下,如果投保人支付的保险费少于应付保险费的,则保险人在给付保险金时只能按照实付保险费与应付保险费的比例给付。如果投保人实付的保险费多于应交保险费,那么保险人应该将多收的保险费退还投保人。如果由于投保人申报被保险人年龄不真实,导致保险人多支付保险金,被保险人或受益人或领取保险金的人应将多领的保险金退还保险人。

(三)宽限期条款

宽限期条款是指合同约定分期支付保险费的条款,在投保人支付首期保险费后,未按时支付续期保险费的,依法律规定或合同约定给予投保人一定的宽限时间(通常为1个月或两个月),在宽限期内,保险合同有效。

在一般情况下,分期支付保险费合同,投保人应于合同成立时支付首期保险费,并应当按期交纳其他各期保险费。但由于人身保险合同的保险期限较长,因一时疏忽或者经济困难或其他客观原因使得投保人未按时交纳保险费的情况也有发生。如果保险人据此解除保险合同,将使保险人、投保人、被保险人的利益均受到损害。为了防止上述原因造成保险合同失去效力,也为了巩固保险业务的发展,保险法规定有30—60天交付保险费的宽限日期。在宽限期内,即使投保人没有及时交纳保险费,合同仍然有效。如果发生保险事故,保险人则仍应承担给付责任。在超过宽限期后,投保人仍未支付当期保险费的,有两种结果:(1)保险合同效力中止;(2)保险人按照合同约定的条件减少保险金额,而保险合同的其他条款不变,投保人也不必再交纳保险费。①

(四)中止、复效条款

复效条款对投保人来讲要比重新订立保险合同更为有利。因此在保险实务中,保险人为了防止逆选择要仔细了解中止期间被保险人的情况,往往要求投保人在申请复效时提供一些必要的证明,如被保险人的身体健康证明、体检证明等。关于中止、复效条款的详细内容参见总论部分。

(五)自杀条款

自杀条款,是指人身保险合同的被保险人在投保一定期间内自杀的,保险人不承担给付保险金的义务,仅退还保险单的现金价值;但经过法定期间后自杀的,保险人则

---

① 《保险法》第36条规定:"合同约定分期支付保险费,投保人支付首期保险费后,除合同另有约定外,投保人自保险人催告之日起超过30日未支付当期保险费,或者超过约定的期限60日未支付当期保险费的,合同效力中止,或者由保险人按照合同约定的条件减少保险金额。被保险人在前款规定期限内发生保险事故的,保险人应当按照合同约定给付保险金,但可以扣减欠交的保险费。"

应承担保险金给付义务的一种约定。我国《保险法》第44条对此做出明确规定："以被保险人死亡为给付保险金条件的合同,自合同成立或者合同效力恢复之日起两年内,被保险人自杀的,保险人不承担给付保险金的责任,但被保险人自杀时为无民事行为能力人的除外。保险人依照前款规定不承担给付保险金责任的,应当按照合同约定退还保险单的现金价值。"

在人寿保险合同中,一般都将自杀作为责任免除条款来规定,主要是为了避免蓄意自杀者通过保险方式谋取保险金,防止道德危险的发生。但自杀毕竟是死亡的一种,有时被保险人遇意外事件的打击或心态失常亦会做出结束自己生命的行为,并非有意图谋保险给付金。为了保障投保人、被保险人、受益人的利益,在很多人寿保险合同中将自杀列入保险责任条款,但规定在保险合同成立或复效一定期限后(通常是两年),保险人才对被保险人的自杀行为承担给付保险金责任。根据心理学的调查,一个人在两年之前即开始自杀行为,这一自杀意图能够持续两年期限并最终实施是不可能的。此外,对于整个社会来说,妄图以自杀换得保险金的毕竟是极少数。而人寿保险的目的恰恰在于保障被保险人的亲属、家属或受益人的利益,若对自杀不分情况,一概不给付保险金,最终受影响的是受益人、被保险人亲属或家属的实际生活。因此,自杀条款的设置,是在冲突或重叠的利益间进行价值选择的结果,一方面,要防止发生道德危险而给保险人带来的不利后果;另一方面,又要保护被保险人的家属、亲属或受益人的利益。价值衡量的结果是保险人对投保或复效之日起满两年后发生的自杀承担保险给付义务,在保险合同订立后的两年内自杀的,保险人不承担保险给付义务,但对投保人已经给付保险费的保险人应按照保险单退还其现金价值。

值得注意的是,自杀条款不仅适用于以死亡为给付保险金条件的人寿保险合同,也适用于意外伤害保险等人身保险合同,但是不适用于无民事行为能力人的人身保险合同。另外,在保险业务中,根据长期险中止、复效条款的特点,计算自杀条款的责任年限还有另外一个始点,那就是自保险合同复效时起重新计算。

(六)不丧失现金价值条款

不丧失现金价值条款系指投保人交纳保费达2年时,若请求退保,则保险单具有的现金价值并不因此而丧失的条款。在保险实务中,这被称为"不没收价值"或"不没收给付"条款。我国保险法中虽然未对现金价值做直接而详细的解释,但其许多条款均体现出不丧失现金价值条款的精神。如《保险法》第44条、第45条、第47条等有关解除合同,保险人不承担给付保险金责任的规定中均有"退还保险单现金价值"的字样。至于人身保险合同开始具有现金价值的时间,从我国《保险法》第37条第2款、第43条第1款、第44条、第45条的有关规定来看,是2年。在美国,通常于合同生效2年或3年始有现金价值。

在人寿保险中，除短期或无须提存责任准备金的保险外，在终身死亡保险和生死两全保险场合，这两种保险合同的费率较高，合同期限较长。而较大数额的保险费一旦交付于保险人，保险人即取得所有权，得自主运用，投保人无法加以干涉。为确保保险人义务的适当履行，各国保险法特别规定必须将每张保险单所收取的保险费除去经营费用后所得纯保险费进行提存，累积成责任准备金。并且该基金不得由保险人任意运用，以备将来义务的履行。因此，该部分保险费及其利息的累积类似于存款人在银行的存款，根据保险精算，扣除每张保险单所需的营业费用后累积至一定年限便具有了不可丧失价值。即使投保人请求解除合同或终止合同，保险人对该部分保险费及其利息仍应负返还义务，此即保险法上所谓现金价值或保险合同"不丧失价值"条款中的不丧失现金价值。

(七)不丧失价值任选条款

不丧失价值任选条款是基于前述的人身保险单的现金价值的性质而适用于人身保险合同的特殊条款。其内容表现为投保人有权利任意选择特定方式，要求保险人返还保险单的现金价值，这一权利及其涉及的人身保险单的现金价值不因保险合同效力的变化而丧失。相应地，投保人就有权选择返还方式。

在适用不丧失价值任选条款的时候，应当注意两个问题：其一是投保人在人身保险单上享有的价值选择权益的大小。一般情况下，人身保险单的现金价值是以表列方式来表达其金额或在保险单上说明计算方法，让投保人据以了解其在保险期间针对保险单的现金价值所拥有的权益范围。其二是投保人选择返还保险单现金价值的方法，在保险实践中包括：(1)要求保险人给付现金，办理退保手续。例如，我国保险公司现行的简易人身保险条款就规定，投保人在交付1年以上保险费、保险期满1年的时候，可以申请退保，要求保险人给付退保金。(2)要求办理减额保险(交清保险)。即将保险人应返还的保险单现金价值作为保险费办理一次趸交手续，从而将原保险单改变为同一保险期间同一险种的新保险合同，不过，其保险金额为与所交清保险费相对应的已经减少了的数额。(3)要求办理展期保险。即将保险人应返还的保险单现金价值作为一次趸交保险费，用以将原保险单改为相同保险金额的新的定期保险合同，不过，其保险期限则根据返还保险单现金价值的数额计算所应维持的保险期间，或者缩短，或者不变，或者延长(展期)。[①] (4)要求自动垫付续期的保险费。投保人可以在投保时或保险费宽限期期满前书面声明，在分期保险费超过宽限期仍未交付时，将保险单当时的现金价值作为续期保险费进行垫付，但此项垫付的保险费，投保人要在一定时期内予以偿还并补交利息。在垫付保险费期间，保险合同持续有效，保险人承担保险责

---

① 保险实务中，投保人向保险人申请"延长(展期)"的定期保险主要适用于指定期死亡保险。

任;当现金价值垫付不足时,投保人也仍未补交的,保险合同效力终止。

需要说明的是,以上(2)、(3)所涉及的情况,必须在保险合同中约定有该类条款的基础上才可选择,否则,不适用于人身保险合同。

(八)自动垫交保险费条款

自动垫交保险费条款,是指投保人如果在宽限期内未交付保险费,除非投保人有相反的声明,保险人得在保险单的现金价值中自动扣除一定金额用以抵交保险费,使合同继续有效,直到累计的垫交数额达到保险单上现金价值的数额为止,若投保人届时仍不交保险费,则保险合同的效力即行终止。自动垫交保险费条款的目的在于防止保险合同非故意失效,既维持保险单的有效性,又可以保全保险人的业务量。

(九)保单质押贷款条款

1. 保单质押贷款的含义

一般认为,只要不是出于不道德或非法的考虑,在不侵犯受益人的权利的情况下,保单可以用于质押贷款。"保单质押贷款条款",又称"保单质押条款",是指在人身保险合同中约定,保险费交付满一定期间具有现金价值后,投保人可凭保险单现金价值为质押担保向保险人申请贷款,但其贷款的本金连同利息不得超过该保险单上的现金价值,并在约定的期限内偿还,若贷款本息达到保单上现金价值的数额,则合同效力终止。

2. 保单质押贷款的内容

保险单质押借款是投保人一方享有的保险单权益之一,其适用条件和内容包括:

(1)保单必须具有现金价值。保单质押是投保人以保险单上所载的现金价值请求权为质,设定权利质权。事实上,只有终身死亡保险和生死两全保险才属于资本性保险,其责任准备金经过一定年限才有累积为现金价值的可能。保险单的现金价值是保险人在投保人交付的平准保费中扣除营业费用、缔约费用和雇佣费用后累积的金额。在投保人投保之初,保险人投入了大量的原始费用,为了尽快收回投入的原始费用,发展新业务。保险人通常会订约1年或2年内收取的保险费,在扣除了分摊给付后的剩余部分后,全部用来摊销这些原始费用,因此保险单在当事人订约后的初始一定时间内基本上没有现金价值,在此期间内,投保人是无法向保险人申请贷款的。

(2)贷款的数额及利息不能超过保单的现金价值。如果贷款本息超过了保单上现金的价值,保险人应通知借款人按期归还贷款,届时未还贷款的,保险合同即行终止。合同终止后,无论发生保险事故与否,投保人都不能通过偿还本息的方式恢复合同效力。

(3)贷款并不影响该保险合同的效力,在此期间内若发生保险事故,保险人则仍负给付保险金义务;若投保人退保,保险人则应返还现金价值,不过,应从保险金或退还的现金价值中扣除贷款本息。

3.保单质押贷款的作用和限制

资本性人寿保险合同的保险事故必然发生,故大多采用均衡保费制,而均衡保费超过自然保费的部分及其利息必然会累积成现金价值,具有保险现金价值的不可丧失性,若不许投保人以保险单的现金价值请求权为质押向保险人借款,在投保人的资金暂时困难时,只有通过与保险人解除合同,领取保险单上的现金价值予以解决其生活困难。这样,对投保人而言,仅因一时之需而失去保险保障,尤其是对已投保多年的被保险人更为不利;对保险人而言,因只能解除该长期性的保险合同,势必会大大降低合同维持率,长此以往,必将不利于其经营。

我国保险法对此未作正面的具体规定,仅在第34条第2款规定:"按照以死亡为给付保险金条件的合同所签发的保险单,未经被保险人书面同意,不得转让或者质押。"按反对解释,可以推知我国现行保险法是允许用以死亡为给付保险金条件的合同所签发的保险单来设定质权的。[①] 在我国保险实务中,常在合同中约定保单质押条款。例如,中国人寿保险公司的《国寿千禧理财两全保险》(分红型)合同中的第15条规定:"本合同有效期间内,如果本合同当时已有现金价值,投保人可以书面形式向本公司申请借款,但最高借款金额不得超过本合同当时的现金价值扣除欠交保险费、借款及利息之后余额的70%。"该条第3款规定:"当本合同当时的现金价值不足以抵偿欠交的保险费、借款及利息时,本合同效力终止。"

不过,以死亡为给付保险金条件的合同所签发的保险单,未经被保险人书面同意,不得转让或者质押,这是为了防范投保人的道德风险。

(十)战争免责条款

战争免责条款规定了将战争和军事行为作为人身保险的除外责任。该条款是保险人的免责条款。在战争中往往有大量的人员死亡,远远超过正常的死亡率。对于按照正常死亡率计算的保险费而言,保险人若对此也承担给付责任,将会对保险人的正常经营造成很大影响,所以,一般都将战争或军事行为作为除外责任。

确定战争是否属于除外责任时有两种标准:一是造成死亡的直接原因是战争;二是被保险人在服兵役期间的死亡。无论是否因为战争死亡,我国均按照前一种标准进行判断。

(十一)死亡保险合同限制条款

1.对死亡保险合同进行限制的必要性

死亡保险合同,是以被保险人死亡为给付保险金条件的合同。它既包括人寿保险

[①] 保险单本身系一纸合同,无交换价值而言,又非有价证券。实际上,此处保险单指称的是保险单本身所表征的保险合同债权。保险单自身不能作为质权的标的,我国《保险法》第55条第2款中的用语实为不当,本文沿用,迁就之故使然。

中的死亡保险合同,也包括意外伤害保险和健康保险中的死亡保险合同。

死亡保险要在被保险人死亡后给付保险金,因此,被保险人本人不可能领受保险金,而只能由其他人受益,所以现实中有可能发生为获取保险金而故意致被保险人死亡的事件。若诱发故意致被保险人死亡的事件,则显然违背保险的宗旨。为防止故意致被保险人死亡的事件发生,各国法律均对投保死亡保险作出了若干限制。我国保险法对于死亡保险的被保险人条件、合同订立、保险单的转让或质押等,也作出了一些限制性规定。

2. 对被保险人的资格限制

一般情况下,死亡保险的被保险人不得为无民事行为能力人;在父母为其未成年子女投保的情况下,死亡保险的被保险人可以是无民事行为能力人,但是保险金额总和不得超过国家保险监督管理部门规定的限额。我国《保险法》第33条规定:"投保人不得为无民事行为能力人投保以死亡为给付保险金条件的人身保险,保险人也不得承保。""父母为其未成年子女投保的人身保险,不受前款规定的限制,但是死亡给付保险金额的总和不得超过金融监管部门规定的限额。"

法律所以禁止以无民事行为能力人为被保险人投保死亡保险,是由于无民事行为能力人不能辨认自己的行为性质或后果,无自我保护能力。如果投保人为获取保险金而为无民事行为能力人投保死亡保险,而后将其谋害,则很容易办到。法律允许父母为其未成年子女投保死亡保险,主要是考虑到父母与未成年子女之间有血缘和亲情关系,一般的父母不会谋害自己的骨肉,但父母为自己的未成年子女投保死亡保险,被保险人可以是不满10周岁的儿童,而不能是不能辨认自己行为的精神病人,这是对无民事行为能力人生命安全的一种保护措施。

3. 对合同金额的限制

我国《保险法》第34条第1款规定:"以死亡为给付保险金条件的合同,未经被保险人书面同意并认可保险金额的,合同无效。"第3款规定:"父母为其未成年子女投保的人身保险,不受第1款规定的限制。"所以在一般情况下,订立死亡保险合同必须经被保险人书面同意并认可保险金额,否则合同无效。在父母为其未成年子女投保死亡保险时,则无此要求。

订立死亡保险合同后,是否会发生图谋保险金而故意致害被保险人死亡的事件、被保险人的生命安全是否会受到威胁,被保险人可以根据其家庭状况、社会环境和所处地位做出判断,所以,最终应由被保险人决定是否投保死亡保险以及将保险金额限制在何种金额以内。如果被保险人认为保险金额过高以至于威胁到自己的安全,完全可以不同意,使合同无效。一般情况下订立死亡保险合同,未经被保险人同意并认可保险金额,合同无效。被保险人书面同意并认可保险金额,具体方式一般都是由被保险人在填写保险金额的投保单上签字或盖章。

当父母为其未成年子女投保死亡保险时,法律不要求被保险人书面同意并认可保险金额的,是因为被保险人是不满10周岁的儿童,无民事行为能力,不能独立进行民事活动,应由其法定代理人代理进行。依民法规定,父母就是他们的法定代理人,所以只能由父母代替被保险人在投保单上签字或盖章,表示同意订立合同并认可保险金额。这种情况下,投保人是父母,再由投保人在保险单上签字或盖章表示同意订立合同并认可保险金额,事实上已经毫无意义。在此情况下,我国保险法虽然不要求被保险人书面同意并认可保险金额,但对保险金额的总和有所限制。对保险金额限制的目的,在于使投保人及其他任何人不得因为未成年人发生死亡事故而谋取经济上的利益。由于人身保险发生重复保险时,保险事故发生后,各保险人均按承保的保险金额给付保险金,不存在分摊损失的问题。因此对保险金额总和的限制,使得这种保险金的给付只限于费用保险,即未成年人的生活费用和将发生丧葬费用的保险。

4. 对保险单转让或质押的限制

通常情况下,人寿保险合同的投保人支付保险费满2年以上,其保险单具有现金价值,可以转让或质押。

人寿保险单转让、质押后,保单的利益发生了转移,不仅可能损害被保险人的利益,而且可能危及被保险人的人身安全。所以我国《保险法》第34条第2款规定:"按照以死亡为给付保险金条件的合同所签发的保险单,未经被保险人书面同意,不得转让或质押。"就是说含有死亡为给付责任的人寿保险单转让或质押,必须经被保险人书面同意才能有效。被保险人可以根据保险单的转让或质押是否可能会危及自己的人身安全为标准,决定是否同意签字保险单的转让或质押。这样规定是保护被保险人的一种措施。

四、人身保险合同的效力

人身保险合同当事人在履行合同时除了要遵守所有的保险合同当事人共有的权利、义务外,还有在履行的方式及后果方面的特殊性。

(一)投保方的权利[①]

1. 投保人的合同解除权

除保险法明文规定或合同约定不得解除外,人身保险合同成立后,投保人可以解除保险合同,应当通知保险人。保险人应自接到通知之日起停止该合同的效力,并于

[①] 这里所指的投保方包括投保人、被保险人和受益人,虽然他们的权利和义务各不相同,在某些情况下还相互制约,但他们都属于要求保障和接受保障的一方。

30天内对已交足两年以上保险费的,退还保险单的现金价值;对未交足两年保险费的,按合同约定,在扣除手续费后退还保险费。

2.死亡保险合同的被保险人的同意权

死亡是人的生命的终止,被保险人是否愿意以其寿命或身体作为保险标的,应由被保险人自己决定。而且,以死亡为条件的保险合同涉及被保险人死亡所带来的损失,投保人与保险人约定保险金额也必须经其认可。为保护被保险人的权益、防范道德风险,法律专门规定了以死亡作为给付保险金条件的保险合同,只有经被保险人书面同意和认可保险金额后,保险合同才具有法律效力,否则合同无效。鉴于作为被保险人的未成年人是无民事行为能力人,无法行使同意权,所以,父母为其未成年的子女投保的人身保险不受此规定的限制,不过,其死亡保险金额总和不得超过保险监督管理部门规定的限额。

3.投保人和被保险人指定和变更受益人的权利

(1)投保人和被保险人指定受益人的权利。

指定与变更受益人是被保险人最根本的权益之一,因为这涉及他的死亡给谁带来利益。在一般情况下,受益人应该是被保险人认为自己死亡后最应该给予照顾和报答的人,补偿其亡后给他人带来的经济收入减少和生活水平降低,或补偿生前给他人带来的麻烦和损失。因此,法律规定,人身保险的受益人由被保险人或者投保人指定。[①] 被保险人为无民事行为能力人或者限制民事行为能力人的,可以由其监护人指定受益人。[②]

当投保人如果与被保险人不是同一人时,投保人指定的受益人须经被保险人同意。[③] 而根据相关司法解释,投保人指定受益人未经被保险人同意的,该指定行为无效。[④] 而且,投保人为与其有劳动关系的劳动者投保人身保险,不得指定被保险人及其近亲属以外的人为受益人。[⑤]

投保人或被保险人指定受益人的方式,一般只需记明受益人的姓名即可,无须说明受益人的身份或其与受益人的关系。但是,在保险实务中,投保人或被保险人常常以身份来标明受益人,如投保人或被保险人只指定继承人、配偶、子女等为受益人。此时,指定的受益人可能会存在争议,而当指定的受益人存在争议时,投保人、被保险人在保险合同之外另行约定争议解决办法。如果对争议没有另外约定解决办法的,根据

---

① 《保险法》第39条第1款。
② 《保险法》第39条第3款。
③ 《保险法》第39条第2款。
④ 最高人民法院《关于适用〈中华人民共和国保险法〉若干问题的解释(三)》第9条第1款。
⑤ 《保险法》第39条第2款和第3款。

相关司法解释,可按以下情形分别处理:①受益人约定为"法定"或者"法定继承人"的,以继承法规定的法定继承人为受益人;②受益人仅约定为身份关系的,投保人与被保险人为同一主体时,根据保险事故发生时与被保险人的身份关系确定受益人;投保人与被保险人为不同主体时,根据保险合同成立时与被保险人的身份关系确定受益人;③约定的受益人包括姓名和身份关系,保险事故发生时身份关系发生变化的,认定为未指定受益人。①

(2)投保人和被保险人变更受益人的权利。

应该注意的是,投保人或被保险人指定受益人后仍然有权对受益人加以变更,原受益人不得反对,但是,就当书面通知保险人。如果投保人或被保险人仅仅是以书面或遗嘱等方式变更受益人的,并未书面通知保险人,则保险人在获得通知前已经对投保人或被保险人原先所指定的受益人给付保险金后,对于变更后的受益人不再负有保险金给付义务。②

当投保人与被保险人不是同一人时,投保人变更已经指定的受益人也须经被保险人同意。③ 根据相关司法解释,投保人变更受益人未经被保险人同意,应认定变更行为无效,即认定受益人并未变更。④

需要说明的是,变更受益人必须在保险事故发生之前,保险事故发生之后再变更受益人的行为无效。⑤

4.受益人行使受益权

受益人又称保险金受领人,是指由投保人或被保险人在人身保险合同中指定的,在保险事故发生时享有赔偿请求权的人。受益人享有的保险金请求权就是受益权。受益人是人身合同所特有的关系人,在保险合同中有着独特的法律地位:除在保险合同约定的事件发生时有及时通知保险人的义务外,受益人不承担任何其他义务而只享有受益权。

(1)受益人的受益权的取得和确定。

如前所述,受益人的受益权的取得来自被保险人或投保人的合法指定。被保险人或者投保人可以指定一人或者数人为受益人。受益人为数人的,被保险人或者投保

---

① 最高人民法院《关于适用〈中华人民共和国保险法〉若干问题的解释(三)》第9条第1款。
② 《保险法》第41条第1款规定:"被保险人或者投保人可以变更受益人并书面通知保险人。保险人收到变更受益人的书面通知后,应当在保险单上批注或附贴批单。"
③ 《保险法》第41条第2款。
④ 最高人民法院《关于适用〈中华人民共和国保险法〉若干问题的解释(三)》第10条第3款。
⑤ 最高人民法院《关于适用〈中华人民共和国保险法〉若干问题的解释(三)》第11条规定:投保人或者被保险人在保险事故发生后变更受益人,变更后的受益人请求保险人给付保险金的,人民法院不予支持。

可以确定受益顺序和受益份额;未确定受益份额的,受益人按照相等份额享有受益权。①

然而,当指定的受益人全部或部分地在保险事故发生前死亡、放弃或丧失了受益权时,每个受益人的受益份额按如下规则处理:该受益人应得的受益份额按照保险合同的约定处理;保险合同没有约定或者约定不明的,该受益人应得的受益份额按照以下情形分别处理:①未约定受益顺序及受益份额的,由其他受益人平均享有;②未约定受益顺序但约定受益份额的,由其他受益人按照相应比例享有;③约定受益顺序但未约定受益份额的,由同顺序的其他受益人平均享有;同一顺序没有其他受益人的,由后一顺序的受益人平均享有;④约定受益顺序及受益份额的,由同顺序的其他受益人按照相应比例享有;同一顺序没有其他受益人的,由后一顺序的受益人按照相应比例享有。②

(2)受益人受益权的行使条件。

只有在被保险人死亡的情况下,被保险人或投保人在合同中指定的受益人才可行使受益权。

(3)受益人受益权的转让。

保险事故发生后,受益人有权将本次保险事故相对应的全部或者部分保险金请求权转让给第三人,但根据合同性质、当事人约定或者法律规定不得转让的除外。③

(4)受益人受益权的丧失。

受益人故意造成被保险人死亡、伤残、疾病的,或者故意杀害被保险人未遂的,该受益人丧失受益权。④

(二)投保方的义务

1. 如实告知义务

关于如实告知义务,这里着重强调告知被保险人的身体健康状况或既往病史。人身保险合同一般要求被保险人是身体健康的人。被保险人的身体健康状况或既往病史对保险事故的发生与否显然是起关键性作用的。既往病史的告知内容一般是那些可能对保险合同中约定的责任有较大影响的疾病。有时,保险人还需要对被保险人进行体检,以确定其身体健康状况。但是,体检并不能免除投保人的如实告知义务。

2. 交付保险费义务

保险事故发生的通知义务,提供有关证明或资料等义务此处不再赘述。

---

① 《保险法》第40条。
② 最高人民法院《关于适用〈中华人民共和国保险法〉若干问题的解释(三)》第12条。
③ 最高人民法院《关于适用〈中华人民共和国保险法〉若干问题的解释(三)》第13条。
④ 《保险法》第43条第2款。

(三)保险人的权利

1.中止合同和恢复合同

投保人在宽限期后仍不交保险费的,保险人可行使中止合同效力的权利。待投保人同意继续交纳保险费并补交合同中止前及中止期间的保险费后,保险人可根据被保险人是否符合保险条件来决定是否恢复保险合同的效力。

2.解除保险合同

(1)投保人申报的被保险人年龄不真实,并且其真实年龄不符合合同约定的年龄限制的,保险人可以解除保险合同,但自合同成立起逾两年的除外。

(2)合同效力中止后两年内双方仍未达成协议的,保险人可解除保险合同。

3.享有法定的保险责任免除

(1)以死亡作为给付保险金条件的合同,被保险人在合同成立之日起两年内自杀的,保险人不承担给付保险金责任,但对投保人已付的保险费,保险人应按照保险单退还其现金价值。[1]

(2)因被保险人故意犯罪或者抗拒依法采取的刑事强制措施导致其伤残或者死亡的,保险人不承担给付保险金的责任。投保人已交足两年以上保险费的,保险人应当按照合同约定退还保险单的现金价值。[2]

(四)保险人的义务

保险人的义务除了说明合同条款、给付保险金、返还保险单的现金价值义务、保密义务,还应当承担及时签发保单等义务。保险人义务的全面、认真履行,是人身保险达到预期目的的重要环节。

第二节 人寿保险合同

一、人寿保险合同的概念和特征

(一)人寿保险合同的概念

人寿保险,是指投保人和保险人约定,被保险人在合同规定的年限内死亡,或者在合同规定的年限届至时仍然生存的,由保险人按照约定向被保险人或者受益人给付保险金的合同。其中,单纯以生存为保险事故的,是生存保险合同;以死亡为保险事故的,包括死亡保险合同及生死两全保险合同。人寿保险的标的为被保险人的寿命,保

---

[1] 《保险法》第44条。
[2] 《保险法》第45条。

险事故为被保险人的生存或者死亡。

(二)人寿保险合同的特征

1. 人寿保险合同的标的为人的生命

这是人寿保险合同与其他人身保险合同的最主要区别。人寿保险以人的生命为保险标的,而以人的生存或者死亡为保险事故。这里所谓的死亡也包括依法宣告死亡,而不问死亡的原因如何。

2. 人寿保险合同的期限长

人寿保险合同是一种带有储蓄性质的自我救济手段,主要是为了解决被保险人在约定期限届满后的生活问题,或者是解决在被保险人死亡之后由其供养之人的生活问题。因此,人寿保险合同一般为长期保险,其期限多则几十年,少则几年,并且人寿保单通常具有现金价值。

3. 人寿保险合同为定额保险合同

保险人应支付的保险金额无法在保险事故发生后准确估计,故其保险金额的多少完全由当事人在保险合同中事先商定,该保险金额并不反映被保险人的生命价值。

4. 人寿保险单通常具有现金价值

人寿保险具有长期性和储蓄性,因此,投保人交纳2年以上保险费的人寿保险单,具有现金价值。具有现金价值的人寿保险单,可以转让或者质押贷款。

二、人寿保险合同的种类

(一)普通人寿保险

以保险事故为标准,人寿保险合同可以分为死亡保险合同、生存保险合同、生死混合保险合同,这也是人寿保险合同最普通的分类。

1. 死亡保险合同

死亡保险合同是指以被保险人的死亡为保险事故,在约定期间内死亡时,保险人将依照约定数额给付保险金的人寿保险合同。死亡保险合同的目的是避免由于被保险人死亡而使其家属或依赖其收入生活的人陷于困境。

2. 生存保险合同

生存保险合同是指以被保险人至一定期日仍然生存为保险事故发生,保险人应给付受益人(也就是被保险人)约定数额的保险金的人寿保险合同。当一定的保险期限届满,而被保险人仍然健在时,由保险人按照合同约定给付其保险金的一种保险。若不附死亡条件,即为单纯的生存保险。

3. 生死混合保险合同

生死混合保险合同,是指当事人约定被保险人于合同生效后一定期间死亡的,保险人应给付一定数额的保险金额,若该期间届满而被保险人仍然生存的,保险人则亦应给付约定数额的保险金的人寿保险合同。也就是说,被保险人在保险合同期限内不论其死亡或生存到保险期限届满时,均可领取约定的保险金。如果在保险期限届满前死亡,保险人即按约定给付保险金;如果在期限届满而被保险人仍然生存的,保险人也可给付约定的保险金并加付利息。

(二)特殊人寿保险

按照人寿保险的经营方法的不同,人寿保险可以分为简易人寿保险合同、团体人寿保险合同和年金保险合同。由于这种分类方法并不普遍,所以它们通称为特殊的人寿保险。

1. 简易人寿保险合同

简易人寿保险合同是指投保人或被保险人与保险人之间以人的身体为保险标的,明确相互权利义务关系的协议。

简易人寿保险合同是指投保手续简单,保险金额较小,免验体格,分期交纳保险费,带有储蓄性的"两全"人寿保险。被保险人只要按月交纳保险费,在保险合同规定的有效期限内无论其是不幸死亡或伤残,还是生存到保险期满仍然健在,都可以领到多于保险费的保险金。

2. 团体人寿保险合同

团体人寿保险合同是指投保人与保险人之间以团体每一个人的人身为保险标的,明确双方保险权利义务关系的协议。

团体人寿保险合同是以集体投保方式进行的,是被保险人在保险合同有效期间内被保险人发生疾病、死亡或意外伤残时,由保险人按照保险合同约定给付全部或部分保险金的人寿保险合同。

订立团体人寿保险合同,从雇主角度看,是为了给雇员提供保障,消除其后顾之忧,增加劳资之间的感情与信任,甚至可能是完成法律上的义务。从保险人角度讲,订立团体人寿保险合同,可以简化手续,降低经营成本或开支,增加经营的安全性。

3. 年金保险合同

年金保险合同是指被保险人在约定的期间届满时仍生存,保险人将按照合同约定,按年定期或者分期向被保险人支付保险金,直到被保险人死亡时为止的人寿保险合同。通常长期生存人寿保险中,保险人按年定期、分次支付的保险金,就称为"年金"。

三、人寿保险合同的内容和效力

(一)人寿保险合同的内容

人寿保险合同应当包括保险人和投保人的名称(姓名)和住所,被保险人和受益人的姓名、住所、年龄、性别;保险事故的范围和除外责任;保险期间;保险费及其缴纳;保险金额及保险金的给付;争议处理;保险金额减少的条件;人寿保险合同所具有的特殊条款和订立合同的时间;等等。

(二)人寿保险合同的效力

人寿保险合同作为三大人身保险合同之一种,其合同的效力与另外两种人身保险合同(健康保险合同、意外伤害保险合同)相比有着一些特殊的规定,具体列举如下:

1. 投保人一方的权利和义务

(1)如实告知的义务。

人寿保险合同的投保人负有如实告知的义务,主要有:职业的危险性、事故发生的可能性,最主要的是告知被保险人的真实年龄。

(2)交付保险费的义务。

人寿保险合同成立后,投保人应当按照约定一次支付或分期支付保险费。此项义务并非专属性,利害关系人,如受益人或被保险人等均可代投保人缴付保险费。

(3)保险金给付请求权。

被保险人在保险期间发生事故或者生存到保险期满时,被保险人或者受益人有权请求保险人给付保险金。被保险人生存到保险期满或者在保险期间发生保险在责任范围内的伤残,则保险金给付的请求权人为被保险人,被保险人本人或其委托代理人可以向保险人请求给付保险金。被保险人在保险期间死亡的,受益人或者被保险人的法定继承人可以向保险人请求给付保险金。

(4)保险合同质押借款的权利。

人寿保险合同的投保人如已交足保险费两年以上的,可以人寿保险单为质押,向保险人申请质押借款,应向保险人支付利息并按期归还,但是借款的本息合计不能超过保险单约定的退保金额,否则保险单效力终止。保险人在接到投保人的借款通知后,应于法定或者约定期限内贷给可质押借款的金额。此为保险法赋予投保人的权利,保险人不得拒绝。

2. 保险人的权利和义务

(1)给付保险金的义务。

给付保险金是指按照人寿保险合同的约定,在被保险人生存至保险期满,或者被保险人在保险期内因保险事故死亡或者伤残,保险人负有给付全部或部分保险金额的责任。

(2)返还责任准备金的义务。

责任准备金,即保险单的现金价值或退保金,是人寿保险人为准备将来履行给付保险金的义务而积存起来的金额。人寿保险具有长期储蓄性质,保险费交付后可将一部分予以保留，尤其对超收保险费更应积存起来，以便将来返还给投保人或其指定的受益人。这些保险费的累积就是责任准备金的来源。

(3)不得行使代位追偿的义务。

人寿保险合同生效以后，被保险人因第三者的行为而发生死亡、伤残或者疾病等保险事故的，保险人向被保险人或受益人给付保险金后，不得享有对第三人追偿的权利。因为人寿保险以被保险人的生命为保险标的，被保险人因保险事故所发生的对于第三人的赔偿请求权，具有身份上的专属性，故不得由保险人代位行使。而健康保险合同和意外伤害保险合同中，保险人在特定场合是可以行使代位追偿权的。

(4)收取保险费的权利和相应的义务。

保险人按照人寿保险合同的约定，有权向投保人收取保险费。投保人不按照保险合同的约定向保险人交纳保险费的，除非保险合同另有约定，保险人有权催告投保人缴纳保险费，但是，不能以诉讼方式强制投保人缴纳。此外，投保人不能支付保险费的，被保险人或者受益人代替缴纳的，保险人不得拒绝。

第三节　意外伤害保险合同

一、意外伤害保险合同的概念和特征

(一)意外伤害保险合同的概念

伤害保险合同，又称为意外伤害保险合同，是指在保险合同有效期内被保险人由于意外事故造成身体的伤害，并以此为直接原因致使被保险人死亡或残疾时，由保险人按合同规定向被保险人或受益人给付死亡保险金、残疾保险金或医疗保险金的一种保险，简称意外险。

(二)意外伤害保险合同的特征

意外伤害保险合同，作为三大人身保险合同之一，与其他两种人身保险合同相比，具有如下特点：

1.保险事故为意外伤害

意外伤害保险合同中，被保险人由于意外事故所致而死亡、伤残，或者因此支付医疗费用的，保险人承担保险责任。因此，被保险人由于年老而死亡，或者因疾病而死亡、伤残的，意外伤害保险合同的保险人不承担保险责任，而应当分别由人寿保险合同和健康保险合同予以承保。而作为保险事故的"意外伤害"是被保险人因为不可预料或者不可抗力所造成的人体天然部分的伤害，为被保险人非所预见、非所意图、非所期待的伤害事故，不论该事故的发生是由于被保险人自己的过失还是第三人的故意。但

是,被保险人因残疾而死亡的,不属于意外伤害。因此,意外伤害不包括疾病和其他的自然原因过程。如《韩国商法典》第737条规定,伤害保险以被保险人因激烈的外部偶然原因而导致身体伤害为保险事故。因此,被保险人因为手术而死亡时,不属于伤害保险事故。

2. 保险金具有定额给付性

意外伤害保险合同仍属于定额给付性合同,而非损失补偿性合同(财产保险合同)。其给付的依据是投保人与保险人在伤害保险合同中约定的保险金额,而约定的保险金额与受伤害保险标的的价值无关,保险人应当按照保险合同约定的保险金额,向被保险人、受益人给付保险金,不得有所增减;若第三人对被保险人的人身伤亡应承担赔偿责任,被保险人或其继承人、受益人在请求保险金时仍可向第三人请求损害赔偿,保险人则无代位求偿权适用的余地。

3. 保险费率的厘定方法的特殊性

由于意外事故风险与被保险人的职业和其所从事的活动关系密切,而较少受到被保险人的年龄、性别的影响,所以厘定意外伤害保险合同的保险费率主要取决于被保险人的职业和其所从事的活动所涉及的危险程度,根据损失率来计算,而不考虑被保险人的年龄、性别,不适用生命表。从而,意外伤害保险合同的保险费率一般低于其他人身保险合同。

4. 保险期限通常较短,且不具有储蓄性

意外伤害保险合同是针对意外事故给被保险人造成的伤害,除依附于人寿保险合同的伤害给付条款外,一般均采取保险期间为一年以下的短期保险,这也导致意外伤害保险合同不具有储蓄性。具有长期性的人寿保险合同的保险条款不适用于意外伤害保险合同。例如,旅客意外伤害保险合同,仅限于旅行期间或旅程中出现的意外事故,该保险期限可能仅几天或几小时,一旦旅行完毕,安全到达目的地或者发生意外事故不能完成旅行时,保险关系也告结束。

5. 被保险人的受限制性

为预防或减少意外事故发生,伤害保险合同通常对被保险人从事的职业及行为加以约束。因为不同职业在工作期间有不同危险,若发生岗位或职业的变动,则应在合同续约时向保险人声明。在被保险人的行为上通常限制或避免其从事危险性活动。而且,意外伤害保险合同的保险标的限于被保险人的自然人体,故经过人工而安装于被保险人身体之上的假肢、假牙、义眼等不能成为意外伤害保险合同的保险标的,而应当纳入财产保险的范围。

二、意外伤害保险合同的种类

意外伤害保险合同从实例上看主要有以下几种:

(一)普通意外伤害保险合同

所谓普通意外伤害保险,是指被保险人在保险有效期内因遭受普通的一般意外伤害而致死亡、残疾时,由保险人给付保险金的保险。

普通意外伤害保险适合保障单个自然人作为被保险人因意外伤害事故导致的身体伤害。普通意外伤害保险的给付,通常包括因伤害致死的死亡保险金的给付和因伤害致残的残疾保险金的给付,而医疗保险金的给付则要经过当事人双方的协议,以特约条款方式附加于保单之中。普通意外伤害保险的保险期限都比较短,通常是1年以下的短期险或就某一事件的全过程投保意外险。普通意外伤害保险投保时一般不需要进行严格的身体检查,但是一般要对未成年人、超高年龄者在保额上加以限制或加入相关的加费标准。

(二)团体意外伤害保险合同

这是指由社会组织或团体为投保人,以其全体成员或者雇员为被保险人而统一签发一张保险单的意外伤害保险合同。这种保险合同在于提供一种团体性安全保障,一般由团体从其成员或雇员的薪金中扣除保险费给保险人,也可由团体负担一部分保费。

凡机关、团体、企事业单位的在职人员,身体健康,能正常工作或劳动的,都可作为被保险人,由其所在单位向保险公司办理集体投保手续。团体意外险一般期限为1年,期满可申请续保。被保险人在保单有效期间发生意外事故而导致死亡、残疾或就医治疗的,保险人按事先约定给付全部或部分保险金。

(三)特种意外伤害保险合同

所谓特种意外伤害保险合同,是针对被保险人遇到的特定种类的危险,限定保险人的责任范围,在约定的某种专项活动中发生意外伤害,致被保险人残废或死亡,保险人应给付保险金的人身保险合同,其主要应包括:

1. 旅行意外伤害保险合同

旅行意外伤害保险合同是指被保险人在约定的旅行途中因意外事故遭受伤害为保险事故的保险。此种保险的危险因被保险人的旅行期间或旅行路线不同而有差异,被保险人不能擅自改变预定的旅程。

2. 交通事故意外伤害保险合同

交通事故意外伤害保险合同是指因火车、汽车、电车、轮船、飞机等交通工具发生交通事故导致被保险人伤害、残废或死亡为保险事故的保险。交通事故意外伤害保险的危险主要限于运输工具发生交通事故导致被保险人伤害、残废或死亡,其赔偿范围除包括交通工具本身之外,还扩大到交通工具以外的场所,如在交通工具搭乘或等候场所遭受意外伤害,以及在道路上行走时因建筑物倾倒、空中物体坠落等所致意外伤害。至于旅行伤害保险则不包括这些范围。

3. 职业意外伤害保险合同

职业意外伤害保险合同是指以从事某种职业的人为被保险人,在被保险人因执行职务遭受意外伤害及其致残或死亡,导致暂时或永久丧失劳动能力时,由保险人给付保险金的保险。一般地,职业意外伤害保险采取团体伤害保险形式。

此外,就特种危险不同而言,意外伤害保险合同还包括人寿保险附加意外伤害残废条款合同、电梯乘客意外伤害保险合同等。

三、意外伤害保险合同的内容和效力

(一)意外伤害保险合同的内容

1. 保险金额

一般认为,意外伤害保险合同以被保险人的身体为保险标的,所以该类合同只能采用定值保险方式,由保险人结合生命的经济价值、损失发生率、平均费用率以及当时的总体工资收入水平,确定总的保险金额,再由投保人加以认可。目前,意外伤害保险的保险金额一般在 1 000—20 万元之间,由投保人自由选定,但也有投保人投保上百万意外伤害保险的。在特种人身意外伤害保险中,保险金额一般由保险条款或法规规定,如我国保险监管机关于 1998 年制定使用的《航空旅客人身意外保险条款》就规定,航空旅客人身意外伤害保险的保险金额按份计算,每份保险的保险金额为 20 万元,同一被保险人的最高保险金额为 200 万元;每份保险的保险费为 20 元。

2. 保险费

意外伤害保险的保险费率的厘定一般不考虑被保险人的年龄、性别等因素。因为被保险人所面临的主要风险并不因被保险人的年龄、性别不同而有较大的差异,所以被保险人遭受意外伤害事故的概率多取决于其职业、工种或所从事的活动。在其他条件相同的情况下,被保险人的职业、工种或所从事活动的危险性程度越高,应交纳的保险费就越多。因此,费率厘定时不需要以生命表为依据,而是根据损失率来计算。一般的意外伤害保险不具有储蓄性,保险费率较低,仅为保险金额的千分之几,投保人只要交纳少量保险费,就可以获得较大保障。

3. 保险期限

普通意外伤害保险合同和团体意外伤害保险合同的保险期限一般为 1 年,最多为 3 年或 5 年,自保险单签发之日开始计算,届满后可以续签。有些短期意外伤害保险

的保险期限往往只有几天、几个小时,甚至更短时间,如旅游保险,索道游客意外伤害保险,火车、飞机、轮船旅客意外伤害保险等,但每个保险凭证的有效期限与旅行期相同。

4. 保险责任

被保险人在责任期间内死亡或残疾或支付医疗费用,是构成意外伤害保险的保险责任的必要条件。如果被保险人在保险期间开始以前遭受意外伤害,而在保险期间内死亡或残疾或支付医疗费用,则不构成保险责任。

还应当注意,在意外伤害保险合同中,被保险人在保险期间内遭受意外伤害,并且在责任期间内死亡或残疾或支付医疗费用,并不意味着必然构成保险责任。只有当意外伤害与死亡、残疾或支付医疗费用之间存在着因果关系,即意外伤害是死亡或残疾或支付医疗费用的直接原因或近因时,才构成保险责任。例如,被保险人在保险期间因车祸而受伤,在受伤期间又因心脏病突发而死亡,则由于被保险人的死亡与意外伤害无因果关系,保险人不对被保险人的死亡承担保险责任。

(二)意外伤害保险合同的效力

1. 投保人一方的通知义务

意外伤害保险合同的投保人或被保险人应承担的通知义务主要有:

第一,职业变更的通知义务。为预防或减少意外事故发生,意外伤害保险合同通常对被保险人从事的职业及行为加以约束。因为不同职业在工作期间有不同危险,若发生岗位或职业的变动,致危险程度有所增加时,投保人应书面通知保险人,保险人有权作出终止合同或增加保险费的决定。违反此项通知义务,保险人有权按照其实际从事的职业,以未足额保险方式确定具体给付的金额。若变更职业已超出保险人的承保范围,则保险人可以拒付保险金。

第二,指定或变更受益人的通知义务。投保人在事故发生前指定或变更受益人时除应由被保险人书面同意外,还要通知保险人,并将申请书以及被保险人的同意书交给保险人审定,由保险人在保险单上作出批注,该指定或变更才能生效;否则保险人没有义务向被指定者给付保险金。

第三,保险事故发生后的通知义务。投保人、被保险人或受益人在知晓保险人应承担保险责任的事故发生后应及时通知保险人。违反此项义务尤其是被保险人死亡时,投保人或受益人故意不通知保险人,则保险人有权提出免除给付义务的抗辩,或要求投保人或受益人对保险人因此受到的损失负责赔偿。

2. 被保险人或受益人提供有关单证的义务

被保险人在保险单有效期限内因遭受意外事故发生死亡或伤残时,其受益人应在规定的时间内通过投保人向保险人申请领取保险金。申领保险金时应提供下列单证:

意外伤害保险单；被保险人死亡时，应提供给公安部门或县级以上医疗机构出具的死亡证明；被保险人伤残时，应提供给治疗医院出具的残疾程度证明。

3. 保险人的保险金给付义务

保险人经核查有关单证后应按照下列规定予以给付：

其一，死亡保险金的给付责任。被保险人因遭受意外伤害，并且是直接原因导致自伤害之日起至规定的责任期间内（一般为180天）死亡，保险人应支付保险金额的全数给付死亡保险金，保险责任效力终止；因意外事故致被保险人下落不明，经法院宣告死亡的，保险人应按照保险金额全数给付保险金。如果宣告死亡人生还，法院撤销宣告死亡的，受领人则应全部归还保险金额。

其二，残废保险金的给付责任。残废保险金根据残废保险金额和残疾程度两个因素确定。被保险人因遭受意外伤害，并且是直接原因导致自意外伤害之日起至规定的责任期间内（一般为90—180天）身体残废者，保险人应视其伤残程度或永久性丧失部分身体机能的程度给付一定比例的伤残保险金。保险条款中都附有伤残程度给付对照表。一般情况是，被保险人残废状态下完全瘫痪及双目失明等，给付保险金额的100%，其余伤残分别按照保险金额75%—100%的标准给付保险金。当被保险人因同一意外伤害而多项致残，或者发生多次意外伤害致残的情况，保险人可分别或连续支付残疾保险金，但其残疾属于同一器官部位时，仅给付较严重项目的残废保险金，但累计给付的金额以不超过保险金额为限。身故保险金与残疾保险金的给付总额不得超过保险金额。

其三，医疗保险金的给付责任。这是指被保险人因遭受意外伤害，依照合同约定，在指定医疗机构进行诊治而支付的合理费用，由保险人给付。在我国目前的意外伤害保险附医疗给付条款中，有两种给付方法供被保险人选择：一种是规定每次伤害的医疗保险金额，事故发生后在此范围内获得保险金的给付，超过规定保险金额的医疗费用不予给付；另一种情况是按照住院日数来确定给付数额，合同约定医疗保险金日额是多少，另提供伤害医疗病情及保险金日额对照表，这样在合同规定的最多治疗天数内按照实际的住院治疗天数给付保险金，超过最多天数，则不予给付。

4. 保险人的除外责任

在保险单中明确列明的，一些导致被保险人死亡、残废或支付医疗费用的特定情形下，保险人并不承担给付责任的一定范围的意外伤害事故，称为意外伤害保险合同的除外责任或称为责任免除。一般除外责任主要有：被保险人故意犯罪、自杀；被保险人寻衅殴斗；醉酒；等等。但是在团体人身意外伤害保险合同中，若以从事上述运动的职业运动员为被保险人，保险人为此多收了保险费，运动伤害便不能列为除外责任。同时，被保险人的冒险行为若出于履行道德上的义务，则对因此遭受的意外伤害结果也不能列为除外责任。

5. 保险人的特约责任

对于一些特殊风险,保险人考虑到保险责任不易区分或限于承保能力,一般不予承保,但经过投保人与保险人的特别约定,通过额外加费也可予以承保,如战争、核辐射、医疗事故造成的意外伤害,或被保险人在从事登山、潜水、跳伞、滑雪、摔跤、拳击、江河漂流、赛车等高风险运动中遭受的意外伤害。

第四节　健康保险合同

一、健康保险合同的概念和特征

(一)健康保险合同的概念

健康保险合同是指以人的身体为对象,保险人于被保险人疾病、分娩以及由此所致的支出、残废或死亡时,负给付保险金义务的人身保险合同。在疾病未致残致死时,弥补医疗费用的支出;在致残时,则保险给付的目的在于填补医疗费用支出及生活收入减少所致的损失;死亡时,在于丧葬费用与遗属生活费用的支出。健康保险以被保险人因疾病等需要交付医疗费、护理费,因疾病造成残疾以及因生育、疾病或意外伤害暂时或永久不能工作而减少劳动收入为保险事故的一种人身保险。

(二)健康保险合同的特征

与人寿保险合同、意外伤害保险合同相比,健康保险合同一般具有如下特征:

1. 健康保险合同的承保事故具有综合性

健康保险合同承保的保险事故具有综合性,即健康保险不仅承保被保险人在疾病、分娩方面的危险,而且承保被保险人因疾病、分娩所导致的残疾或死亡危险。这一点与人寿保险合同有很大的区别,人寿保险合同仅仅承保被保险人的生存或死亡这两种保险事故产生的风险。

2. 健康保险是定额保险与不定额保险的结合

健康保险合同一般采取定额给付保险金的办法,即在合同中可以事先确定在被保险人因疾病、分娩及因此致残或死亡发生时,保险人应给付的保险金额,即健康保险合同具有定额给付性,故不会发生超额保险的问题。但也有人认为健康保险中保险人给付的保险金不是对被保险人的生命或身体伤害的补偿,而是对被保险人因疾病、分娩进行医疗过程中的费用支出以及由此而生的其他损失的补偿,从而使之具有填补损害的性质,故对部分的健康保险合同也可以采取不定值保险办法,例如,对于疾病、分娩事故发生后,为补偿医疗费用支出、工资收入损失以及丧葬费或遗属生活费等支出,可在事故发生后根据实际发生的费用损失和维持生活的最低数额,作为给付保险金额的基础或标准。因此,健康保险合同又具有损害填补合同的性质,保险人可适用代位求偿权。

3. 健康保险的危险具有变动性和不易预测性

健康保险涉及医学上的技术问题,尤其是危险如何估计、保险费如何测定都比较复杂,即使已经积累了相当长时间的统计资料,也未必能掌握其中的规律并进行准确的核算。加上医学技术日新月异、医疗器械和药品不断更新,导致整体医疗费用支出水平不断上升。同时,日益增长的医疗费用中有很多人为因素不易控制,既有合理因素,也有不合理因素,且二者很难区分清楚,从而使健康保险的承保危险具有不易预测性。正因为如此,大部分健康保险采用短期契约的形式,通常保险期间是1年,这使它与长期性质的人寿保险合同明显不同。

4. 健康保险一般不指定受益人

健康保险是为被保险人本人提供医疗费用以便使其获得治疗或在生活上有一定的保障。因此,被保险人得到的保险金基本上是以被保险人的存在为条件的,无须指定受益人。除非在疾病保险中约定有死亡照付责任的,才需要指定受益人。这一点与人寿保险合同和意外伤害保险合同有很大的不同。

二、健康保险合同的种类

根据健康保险承保的危险事故不同,可做如下分类:

(一)医疗费用保险合同

医疗费用保险合同,是指被保险人因患有严重疾病或分娩而支出大额医疗费用,在扣除约定的免赔额之后,由保险人承担赔偿责任的一种健康保险合同。这里的"大额医疗费用",不包括轻微疾病所花费的小额医疗费用支出,如支出感冒发热的医药费可视为正常的生活费用。

医疗费用保险合同通常又分为住院费用保险合同、医院医疗费用保险合同、高额医疗费用保险合同、癌症医疗费用保险合同、外科手术费用保险合同等。

(二)收入保险合同

收入保险合同,是指被保险人因疾病或分娩而不能正常工作时丧失的工作收入,由保险人按约定给付保险金的一种健康保险。

收入保险合同通常又分为工资收入保险合同、业务收入保险合同。

(三)残废和死亡保险合同

残废和死亡保险合同,是指投保人缴纳保险费,被保险人因疾病或分娩而导致残废或死亡时,由保险人按约定向受益人给付保险金,用于生活费、教育费、婚嫁费、抚养费、赡养费、丧葬费等方面的健康保险合同。因疾病、分娩所造成的残废、死亡,给被保险人及其家属带来许多生活问题,如生计、教育、婚嫁、抚养等所需的费用无力负担,因此投保人可以投保健康保险合同中的死亡与残废保险。

三、健康保险合同的内容和效力

(一)健康保险合同的内容

1. 保险金额

健康保险合同的保险金额有两种确定方式:一种是事先确定,即事先确定一个总的保险金额,如特殊疾病保险,目前确定的最低保险金额为 1 000 元,最高保险金额为 50 000 元;另一种是事后确定,即在保险事故发生后,根据被保险人伤害的程度、疾病治疗所支付的医疗和医药费用多少,但保险合同多规定有最高限额,在其限额内给付。

2. 保险期间

健康保险合同的保险期限一般限定为 1 年,期限届满,经投保人申请,保险人同意可以续保,但续保对保险人的年龄有限定,最高 65 岁为截止,因为在这一时间以后被保险人的患病概率会极高。

对于健康保险的保险期间,保险合同一般约定有"等待期间",即自投保人和保险人订立保险合同之日起保险人对于被保险人所患疾病不承担保险责任的延缓期。等待期长短不一,一般最长达 180 日。

3. 保险费

健康保险的保险费采用分期支付的,若未交付当期保险费达 60 日,则效力中止,其保险费的计算不仅与保险金额成正比,也与年龄高低等成正比。健康保险的保险费不同于长期人寿保险的保险费,可以通过诉讼方式请求投保人支付;而长期人寿保险是资本性保险,该险种收取的保险费具有长期储蓄的性质,保险人对人寿保险的保险费不得用诉讼方式要求投保人支付。[①]而健康保险并不是资本性保险,故而健康保险的保险人对投保人应交付的保险费具有债权请求权,可以通过诉讼方式请求。

4. 保险事故

(1)疾病,系指发自身体本身内部或外部的、逐渐形成的反生理或反心理的客观状态。疾病的原因来自身体内部或来自身体外部,须经过致病因素的相当时间酝酿而逐渐形成。如果保险事故来自自身身体以外,则不属于健康保险合同所承保的疾病。疾病以后天发生的为限,若先天性的盲、聋或哑等则非在承保之列。疾病具有偶然性,人随年龄增长,身体器官自然老化为规律所必然,非健康保险合同所能承保。

---

① 《保险法》第 38 条。

(2)分娩系指胎儿脱离母体的状态。分娩作为健康保险的保险事故,只有女性才能作为被保险人。分娩不以活产为限,死产或流产亦属之。

(3)因疾病、分娩致残、致死,即包括因疾病致残、因疾病致死、因分娩致残以及因分娩致死。

(二)健康保险合同的效力

1. 对投保人的效力

健康保险合同对投保人产生的主要义务是缴纳保险费,这里需要强调的是,投保人的此项义务并非其专属义务,因而利害关系人均可代投保人缴纳保险费。

关于投保人的其他权利和义务,准用保险法的一般规定,这里不再赘述。

2. 对保险人的效力

(1)保险金的给付责任。

保险人对于被保险人因疾病、分娩以及因疾病、分娩所致残废或死亡遭受的损害,负给付保险金的责任。具体而言,保险人的保险金给付义务表现在以下方面:

第一,疾病给付。保险人应按照合同关于保险金额的限定,在实际支出医疗费范围内承担合理费用。所谓合理费用,是以现有医疗条件采用的治疗疾病或挽救生命的最低标准支出的费用。追求高标准病房,进口药品和第一流医院的著名教授医师诊治等费用,都是保险人无力承担的。在审定具体费用时,应根据险种来确定哪些属于责任范围。若合同规定有减扣额(即自负额),则应在给付时扣除应由被保险人本人承担的部分。

第二,分娩给付。健康保险合同一般将分娩看作妇女身体健康状况发生的不良变化,其本身在性质上虽然不是疾病,但可以诱发多种妇女疾病,因此视为疾病。健康保险合同中是否设有分娩给付条款,由当事人之间协商确定。给付范围包括身体检查、保胎、生产、婴儿护理等有关费用,但被保险人在故意堕胎情形下发生的危险及费用应由其自己承担。

第三,不能工作给付。收入保险合同是针对被保险人因疾病导致无法正常工作而设定的。工资收入损失的给付,因考虑到工作能力在某种情况下难以鉴定的事实,为防止被保险人获取不当得利,合同中通常就给付的金额在两个方面作出限定,即主要表现为给付金额占原工资额的适当比例限定,以及对给付的最长期限加以限定。对超过限定比例和期限的工资损失,保险人不再支付。

第四,残废给付。因疾病而导致被保险人的残废,保险人应负给付责任。残废一般包括因疾病或因分娩所致残废。通常确诊为残废的事实,除须有医疗诊断外尚须有无法从事工作的结论,证明已在一定时间内基本丧失生活来源。该种给付也有工资比例和时间限制,一般比工资收入给付时间为长。

第五,死亡给付。这里的死亡,主要是指由疾病或分娩而导致的死亡,排除由于意外伤害而发生的死亡,但实践中在伤害健康混合保险合同中,保险公司也把由伤害所致死亡列为责任范围。这种条件下的给付,是支付给被保险人的配偶、子女等亲属,给付的范围包括生活费、教育费、婚嫁费、丧葬费等项支出。保险人应按照人寿保险有关的法律规则,要求受益人在规定期限内提出给付请求,超过时限则视为其自动弃权。同时受益人对于被保险人的死亡必须没有法律责任,否则将丧失请求权。

(2)保险人的责任免除。

法律规定,健康保险合同的保险人一般对于下列原因所致疾病不承担保险责任:

第一,保险合同订立时,被保险人已患有疾病或在怀孕中的,保险人对该项疾病或分娩不负给付责任。因为订约时保险标的危险已经发生,该合同无效,如在订约时仅投保人知道危险已发生,则保险人不受合同效力的约束。但如因订约时已存在的疾病或怀孕导致被保险人死亡或残废,保险人是否可主张免责,法律无明文规定的,应由合同约定。

第二,被保险人故意自杀或者企图自杀所致的疾病、残废、流产或者死亡,保险人也不负给付的责任。此为被保险人故意制造保险事故,属于道德危险。依《保险法》第27条第2款,保险人有权解除保险合同,不承担给付保险金的责任。

第三,被保险人因怀孕而故意堕胎所致疾病、残废或者死亡,保险人不负给付责任,但是,若医师为抢救孕妇生命而采取的堕胎措施除外。为维护社会秩序和善良风俗,怀孕妇女不得实行故意堕胎手术,因故意堕胎存在着无法控制的风险,保险人对此不承担责任。

第四,战争或类似战争行为所致疾病。

第五,从事不法行为所致疾病。

第六,醉酒、吸食麻醉剂而引起的病变。

根据保险业的惯例,一般健康保险合同中会约定以下情形,保险人不负义务:法定传染病,美容手术以及整形手术,牙医的治疗、镶补或装设义齿,合同等待期内所患的疾病,未按医生指定适用药品致疾病、伤残、死亡等。

本章关键词

人身保险合同　　　人寿保险合同　　　生存保险合同　　　死亡保险合同　　　生死两全保险合同
健康保险合同　　　疾病保险合同　　　医疗保险合同　　　意外伤害保险合同　　　不可争辩条款
年龄误告条款　　　宽限期条款　　　中止与复效条款　　　自动垫付保险费条款　　　自杀条款
不丧失现金价值条款　　　保单转让条款　　　战争条款

思考题

1. 什么是人身保险？人身保险合同与财产保险合同相比有哪些特点？
2. 人身保险合同有哪些特别条款？
3. 试述人寿保险合同的含义、特点和种类。
4. 试述意外伤害保险合同的含义、特点和适用范围。
5. 试述健康保险合同的含义、特点和适用范围。

第三篇

保险业法

第三篇

保险业法

第六章 保险组织制度

内容提要

大多数国家对经营保险的组织实施许可制度管理,规定保险组织的形式、设立、变更、终止等制度。我国保险法规定了保险公司的设立实体要件和程序要件,保险组织合并、分立等变更,以及保险组织的解散、破产和清算的条件与法律程序。

第一节 保险组织的形式

保险组织的形式是指保险人经营保险业务的机构类型。大多数国家一般实行保险组织类型法定主义,股份有限公司和保险合作社是立法中最普遍存在的两种基本形式。目前,除英国等极少数国家和地区外,各国均禁止个人经营保险业务,公司制的保险组织成为各国保险组织的基本形态。

我国也实行保险组织类型法定主义。我国《保险法》第 6 条规定:"保险业务由依照本法设立的保险公司以及法律、行政法规规定的其他保险组织经营,其他单位和个人不得经营保险业务。"

结合国内外保险立法实践,保险组织的形式主要有以下几类:

一、国有独资保险公司

国有保险公司是由政府投资设立、经营的保险公司。国有公司形式的保险公司在国内外都广泛存在。由于国有保险公司资金力量雄厚,经营规模大且信誉稳定,而且能够兼顾经济效益和社会效益,因此,国有保险公司能够在大多数国家和地区存在。

根据我国公司法相关规定,国有独资保险公司,是指由国家单独出资、由国务院或者地方人民政府授权本级人民政府国有资产监督管理机构履行出资人职责的经营保险业务的有限责任公司。

由于历史发展原因,国有独资保险公司是我国保险公司的主要组织形式之一。国有独资保险公司具有以下特征:(1)国有独资保险公司是有限责任公司。(2)国家是其唯一出资人,由国家授权投资的机构或部门代表国家投资。(3)公司不设立股东会,由国有资产监督管理机构行使股东会职权。(4)公司设立董事会,董事会成员由国有资产监督管理机构委派、更换,并且必须有职工董事。(5)公司董事会经授权可行使股东会的部分职权,但公司的合并、分立、解散、增加或者减少注册资本和发行公司债券的事项除外。(6)公司设监事会,且职工代表占全体监事会成员的比例不得低于1/3。(7)监事会由保险监督管理机构、有关专家和保险公司的工作人员的代表组成。

二、股份有限保险公司

股份有限保险公司,又称保险股份有限公司,是世界各国保险业最主要也是最佳的组织形式。目前尚存的最悠久的保险股份公司,是成立于1720年的英国皇家交易保险公司和伦敦保险公司。

股份有限公司也是我国保险业经营的重要组织形式之一。太平洋保险(集团)股份有限公司、平安保险(集团)有限公司、新华保险股份有限公司、华泰财产保险股份有限公司等都属于股份有限保险公司。

股份保险公司非常适合保险经营,这一组织形式的优点主要有:

1. 财力雄厚

股份有限保险公司以股票形式集资,容易募集巨额资本,这一点是其他形式的保险组织所无法企及的。

2. 责任有限

股份有限保险公司股东仅以所持股份为限对公司承担有限责任,承担的风险较小。

3. 管理规范

由于股份有限保险公司的组织制度健全、经营透明度高、管理规范性好,因此经营效果良好。

4. 经营稳定

股份有限保险公司不仅经营规模大、业务效率高,而且能有实力改进保险技术,增加保险业务品种,因此能够持续稳定发展。

当然,股份有限保险公司也有其自身难以克服的缺点,例如,股东片面追求利润最大化,往往忽略了被保险人的利益,而且股份有限保险公司管理成本较高,间接加重了被保险人的费率负担。股份有限保险公司往往忽视社会效益,对于风险较大、利润不高的险种不愿承保,如农业保险。

[典型案例分析]

2019年2月,北京市的大街小巷充斥着一种介绍"喜福运"健康卡的宣传广告,该宣传广告称花699元购买"喜福运"健康金卡,便可以在发生意外伤害时获得2万元的赔付,并可以报销住院医疗费用1万元;花399元购买"喜福运"健康银卡,便可以在发生意外伤害时获得6 000元赔付,并可以报销住院医疗费用4 000元。除此之外,金卡和银卡的持卡人还享有包括免费送药上门、免费体检、上门看病、陪诊陪床、代挂门诊及专家号、全年免费健康咨询、就诊接送等服务。买卡人无年龄限制，如果持卡人既买了健康卡，又发展了下家，还能得到丰厚的回报。这份广告所承诺的优厚回报，一时间吸引了许多人的兴趣。由于"喜福运"公司声称与多家保险公司及医院、药店等300多家企事业单位具有合作关系，持卡人只要交纳购卡费，就可以享受保险公司和多家医疗服务机构的医疗保险和医疗服务。于是，有人向几家保险公司核实此事，几家保险公司均予以否认。当有关人员向银保监会核实"喜福运"健康卡是否经过审批时银保监会有关部门答复对此事毫不知情，如果确属借保险之名欺诈，他们将予以查办。

经查，"喜福运"公司于2018年12月2日成立，其注册名称为喜福运健康服务有限公司，注册住所在北京市东城区东四二条某号，法定代表人莫某，注册资本59万元，企业性质为有限责任公司，经营范围包括咨询服务、技术转让、技术服务、技术培训、技术开发、医疗器械销售等。该公司根本没有经营保险产品的权限，其宣传广告中所称意外伤害赔付和住院医疗报销责任也属子虚乌有。

2019年3月，喜福运公司因超范围经营并具有虚假广告、欺骗消费者的行为被有关部门查处。

分析提示：

从商业保险业务的法定经营范围和保险公司的组织形式两个方面进行分析。"喜福运"健康卡实际上是一种保险产品，喜福运公司不是合法的保险公司组织形式。

三、其他保险组织形式

结合国外立法实践，其他国家存在的其他保险组织形式，如相互保险公司、相互保险社等相互保险组织和个人保险组织。

（一）相互保险组织

1. 相互保险社

相互保险社是保险组织的原始形态，最早产生于美国，目前在世界上许多国家或地区仍然存在。其成员既是保险人又是被保险人。其经营和组织都十分简单，成员在投保时仅须缴付极少的保险费，保险费的收取或计算并无相应的数理基础，主要采取赋课方式筹集，在保险事故发生时，再依照保险金给付的多少由各成员分摊。如果保险金给付大于保险费收入，则每一成员还需补交；若保险费有剩余，则在参保社员中进行分配。

2. 相互保险公司

相互保险公司是一种特殊的公司法人组织形态。在向公司投保和交纳保险费后，一方面，保单持有人成为相互保险公司的投保人，在保险事故发生后享有保险金请求权；另一方面，保单持有人又成为社员，享有公司盈余分配权，保单持有人具有与股份保险公司中股东相似的权利和义务。相互保险公司适合经营保险合同期限长、投保人变动不大的人身保险。目前世界上较大的人寿保险公司有许多是相互保险公司。

相互保险公司与股份保险公司的主要区别是相互保险公司的投保人是公司的所有者。但是,随着相互保险公司所有权与经营权的逐步分离,股份保险公司也引进了寿险分红保险、变额保险等新品种,将经营利润按照约定返还被保险人,两者差异正在减小。

(二)个人保险组织

保险业最初都是由个人经营的。随着保险市场的发展,个人保险难以满足保险规模要求,除了英国伦敦的劳合社保险商之外,个人保险组织在保险市场的影响甚小。

伦敦劳合社是世界上最大的个人保险组织。劳合社本身不承接保险业务,而是个人保险商的集合组织,为其提供保险交易场所和服务。个人保险商在通过严格的审查条件后成为劳合社成员,在劳合社市场内以个人名义承接业务。个人保险商一般组成若干个成员参加的承保小组,其业务一般由劳合社保险经纪人介绍而来。

第二节 保险组织的设立

一、保险组织设立的概述

保险组织的设立是指为使保险公司成立而依法定条件和程序进行的一系列法律行为的总称。保险组织的设立表现的是一种过程,是公司成立的前提,而公司的成立则是一系列设立行为的结果。

世界各国在保险组织的设立上采取的处理原则大体上包括两种:一种是准则制,又可称为登记制,法律预先规定有关保险组织设立的一般条件,符合设立条件的申请人,只需到有关部门办理登记手续,即可进入保险市场;另一种是审批制,又称为核准主义,申请人不仅需要符合法律规定的条件,而且还需要得到政府有关部门的审查批准,才能进入保险市场。这是一种更为严格的管理制度。

我国《保险法》第67条规定:"设立保险公司应当经国务院保险监督管理机构批准。"中国银行保险监督管理委员会发布的《保险公司管理规定》第4条规定"设立保险机构应当经中国保监会批准。未经中国保监会批准,任何单位、个人不得在中华人民共和国境内经营或者变相经营商业保险业务"。可见,我国保险公司的设立采用审批制,审批机关为中国银行和保险监督管理委员会,这符合我国目前保险市场的发育状况。

二、保险公司设立的条件

保险公司的设立条件可分为实体要件和程序要件。下面主要根据我国《保险法》以及《保险公司管理规定》的规定具体阐述。

(一)实体要件

1. 具有符合《保险法》和《公司法》要求的公司章程

公司章程是公司的"自治性宪法",设立保险公司必须具有符合法律要求的公司章程。按照我国公司法,公司章程应当包括公司的名称和住所;公司经营范围;公司设立方式;公司股份总数、每股金额和注册资本;发起人的名称、认购的股份数、出资方式和出资时间;股东的权利和义务;董事会的组成、任期、职权和议事规则;公司法定代表人;监事会的组成、职权、任期和议事规则;公司利润分配办法;公司解散事由与清算办法;公司通知与公告办法;股东大会认为需要规定的其他事项等内容。

2. 有符合法律规定的注册资本最低限额

我国《保险法》第69条明确规定:"设立保险公司,其注册资本的最低限额为人民币两亿元。保险公司的注册资本最低限额必须为实缴货币资本。保险监督管理机构根据保险公司业务范围、经营规模,可以调整其注册资本的最低限额,但不得低于第一款规定的限额。"

3. 有具备任职专业知识和业务工作经验的高级管理人员

保险公司是高风险性的金融企业,其业务具有技术性和专业性的特点,这就要求保险公司从业人员尤其是高级管理人员具有深厚的专业知识和丰富的业务经验。根据中国保监会于2006年6月12日发布的《保险公司董事和高级管理人员任职资格管理规定》,关于保险公司高级管理人员的任职资格的主要规定有:

(1)总经理、副总经理、总经理助理应当具备大学本科以上学历,从事金融工作5年以上或者从事经济工作8年以上,具有在企事业单位或者国家机关担任领导或者管理职务的任职经历等条件。

(2)保险公司分公司、中心支公司总经理、副总经理、总经理助理应当具备大学本科以上学历;从事金融工作3年以上或者从事经济工作5年以上等条件。

(3)担任保险公司支公司或者营业部经理,应当从事经济工作3年以上。

(4)拟任高级管理人员具有保险、金融、经济管理、投资、法律、财会类专业硕士以上学位的,从事经济工作的年限可以适当放宽。

拟任高级管理人员从事保险工作8年以上或者在保险行业内有突出贡献的,学历可以由大学本科放宽至大学专科。

另外,《保险公司董事和高级管理人员任职资格管理规定》还对不得担任保险公司高级管理人员的消极条件作出了详细规定。

4. 有健全的组织机构和管理制度

按照《公司法》和《保险法》的规定,保险公司的股东大会是公司的最高权力机构,依法行使股东会的职权;国有独资保险公司不设股东会,由国有资产监督管理机构行使股东会的职权,并授权董事会代行股东会的部分职权,决定公司的重大事项。董事会是股东会的执行机构,对股东会负责,是公司的经营决策机构。监事会是公司的内部监督机构,由股东和公司职工代表组成,其中职工代表的比例不得低于1/3。

5.有符合要求的营业场所和与业务有关的其他设施

为保证业务的正常开展和公司的有效运转,保险公司必须具有符合要求的营业场所,同时,还必须拥有与其经营范围、业务规模和人员数量相适应的其他设施,如必要的办公设备、交通通信设备、信息技术设备和安全保卫设施等。

此外,《保险公司管理规定》第6条还规定,设立保险公司,还应当遵循以下原则:(1)遵守法律、行政法规;(2)符合国家宏观经济政策和保险业发展战略;(3)有利于保险业的公平竞争和健康发展。

(二)程序要件

1.申请筹建

设立保险公司应首先向国务院保险监督管理机构提出初步申请,并提交下列文件和资料:

(1)设立申请书,申请书应当载明拟设立的保险公司的名称、注册资本、业务范围等;

(2)可行性研究报告,其中应当包括业务发展规划、公司章程草案和经营管理策略等;

(3)筹建方案;

(4)投资人股份认购协议书及其董事会或者主管机关同意其投资的证明材料;

(5)投资人的营业执照或者其他背景资料,上一年度经注册会计师审计的资产负债表、损益表;

(6)投资人认可的筹备组负责人和拟任公司董事长、总经理名单及本人认可证明;

(7)中国银保监会规定提交的其他材料。

国务院保险监督管理机构应当对设立保险公司的申请进行审查,自受理之日起6个月内作出批准或者不批准筹建的决定,并书面通知申请人。决定不批准的,应当书面说明理由。①

2.筹建

在获得国务院保险监督管理机构筹建保险公司的批准文件后,申请人应当依照保险法和公司法的规定进行保险公司的筹建。筹建工作应当在1年内完成。筹建机构不得从事任何保险业务经营活动。②

3.申请开业

经过筹建工作后,申请人向保险监督管理机构申请开业,并提交正式申请表和下列有关文件、资料:

(1)开业申请书;

---

① 《保险法》第71条。
② 《保险法》第72条。

(2)创立大会的会议记录;

(3)公司章程;

(4)股东名称及其所持股份比例、资信良好的验资机构出具的验资证明、资本金入账原始凭证复印件;

(5)股东的营业执照或者其他背景资料,上一年度的资产负债表、损益表;

(6)拟任该公司高级管理人员简历及有关证明材料、公司部门设置及人员基本构成情况、公司精算师的简历及有关证明材料;

(7)营业场所所有权或者使用权的证明文件;

(8)3年经营规划和再保险计划;

(9)拟经营保险险种的计划书;

(10)计算机设备配置和网络建设情况的报告。

保险监督管理机构自收到设立保险公司的正式申请文件之日起60日内应当作出批准或者不批准的决定。经批准设立的保险公司,由批准部门颁发经营保险业务许可证;决定不批准的,应当书面通知申请人并说明理由。①

4.登记

经核准设立保险公司的,应当持保险监督管理部门批准的经营保险业务许可证向工商行政管理机关办理登记,领取营业执照后,保险公司方可营业。保险公司自取得经营保险业务许可证之日起6个月内无正当理由未办理公司设立登记的,其经营保险业务许可证自动失效。②

保险公司依法成立的,由国务院保险监督管理机构进行公告。

中外合资保险公司、外商独资保险公司、外国保险公司分公司的设立与我国保险公司的设立略有不同。我国制定了《中华人民共和国外资保险公司管理条例》予以专门规定,由于篇幅所限,本书不予详述。

三、保险公司分支机构的设立

(1)保险公司分支机构,是指由保险公司依法设立的、以保险公司的名义进行保险业务活动、其经营后果由保险公司承担的非法人机构,主要有保险公司的分公司、中心支公司、支公司营业部等形式。

(2)保险公司分支机构没有独立的法人地位,其法律责任由总公司承担。

(3)根据我国保险法和保险公司管理的规定,应当向国务院保险监督管理机构提出申请,且设立分支机构的保险公司应具备下列条件:

①偿付能力额度符合国务院保险监督管理机构的有关规定;

---

① 《保险法》第73条。
② 《保险法》第78条。

②独资企业内控制度健全,无受处罚的记录;经营期限超过2年的,最近2年内无受处罚的记录;

③具有符合国务院保险监督管理机构规定任职资格条件的分支机构高级管理人员。

(4)保险公司申请设立分支机构,须经过筹建申请、筹建、开业申请、登记注册等法定程序。因篇幅所限,这里不再详述。

不过,保险公司在中华人民共和国境外设立子公司、分支机构,应当经国务院保险监督管理机构批准。[①]

(5)外国保险机构在中华人民共和国境内设立代表机构,应当经国务院保险监督管理机构批准。代表机构不得从事保险经营活动。[②]

第三节 保险组织的变更

一、保险组织变更的概述

保险组织的变更是指根据经营管理的需要,保险组织进行的分立、合并、组织形式变换等改变主体资格的法律行为。公司组织变更往往基于公司经营管理的需要。

依照我国《保险法》第84条的规定,保险公司有下列变更事项之一的,须经保险监督管理机构批准:

(1)变更名称;

(2)变更注册资本;

(3)变更公司或者分支机构的营业场所;

(4)撤销分支机构;

(5)公司分立或者合并;

(6)修改公司章程;

(7)变更出资或者持有公司股份5%以上的股东;

(8)保险监督管理机构规定的其他变更事项。

二、保险组织的合并与分立

(一)保险组织的合并

保险组织的合并是指两个或两个以上的保险组织依照法律规定或合同约定,合并成立一个新的保险组织的行为。保险组织的合并有吸收合并和新设合并两种方式。

---

① 《保险法》第79条。
② 《保险法》第80条。

吸收合并是指两个或两个以上的保险组织合并,其中一个保险组织吸收了其他的保险组织而存续,其他保险组织消灭了原有的主体资格而不复存在。合并前各保险组织的权利义务由合并后继续存在的保险组织承继。

新设合并是指两个或两个以上的保险组织合并成立了一个新的保险组织,原有的保险组织均消灭法律主体资格,办理注销登记。合并前各保险组织的权利义务由新成立的保险组织一并承继。

(二)保险组织的分立

保险组织的分立是指一个保险组织出于经营管理的需要,依法分成两个或两个以上的保险组织。保险组织的分立包括派生分立和新设分立两种方式。

派生分立,是指一个保险组织依法分成两个或两个以上保险组织,原保险组织继续存在。原保险组织的权利和义务可以由原保险组织和新设立的保险组织分别享有和承担,也可由原保险组织单独承担。

新设分立,是指一个保险组织依法分成两个或两个以上的保险组织,原保险组织不再存在。原保险组织的权利和义务由分立后新设立的各保险组织享有和承担。

(三)保险组织合并、分立的相关规定

保险组织的合并或分立会对股东、经营管理人员和其他从业人员产生重大影响,也会对公司债权人产生重大影响,更会对被保险人和受益人产生重大影响。因此,我国相关法律法规对其作出了严格规定。

(1)董事会拟订方案。保险公司的合并与分立方案应由参与的保险公司的董事会商议并制定方案。

(2)股东大会作出特别决议。合并或分立方案应经出席股东大会2/3以上股东的多数通过。国有独资保险公司的合并与分立,由国有资产监督管理机构作出决议。

(3)报经国家相关监督管理机构批准。保险组织的合并与分立必须经中国银行保险监督管理委员会批准,如涉及发行或变更股份的,还必须报国务院证券管理部门批准。

(4)签订合并或分立合同。参与合并或分立的保险公司各方应签订书面协议,对重要事项、各方的权利和义务作出规定。

(5)编制资产负债表及财产清单。

(6)通知债权人。保险公司分立、合并要在作出分立、合并决议之日起十日内通知债权人,并于三十日内在报纸上公告。债权人在法定期限内有权要求公司清偿债务或提供相应的担保,不清偿债务或提供相应担保的,公司不得分立、合并。

(7)办理相关手续。保险机构发生涉及保险许可证记载内容的变更事项,应当持有关文件和保险许可证,自获得批准、核准、备案或者报告之日起1个月内到发证机关更换其许可证。

保险组织合并与分立的,应在法律规定的期限内到工商登记管理部门办理登记手续。

三、保险组织其他事项的变更

保险公司的变更,还包括保险组织的名称、法定代表人、注册资本、分支机构等其他登记事项的变更。

(一)依照我国《保险法》第84条和《保险公司管理规定》的有关规定,保险公司的下列变更事项,应报国务院保险监督管理机构批准

(1)改变组织形式;

(2)变更注册资本;

(3)变更出资或者持有公司股份5%以上(含5%)的股东;

(4)撤销分支机构。

(二)需要报经国务院保险监督管理机构核准保险公司的变更事项

(1)变更公司名称;

(2)修改章程;

(3)调整业务范围;

(4)变更住所。

(三)应当报国务院保险监督管理机构备案的变更事项

(1)变更持有公司股份5%以下的股东,上市保险公司的股东变更除外;

(2)分支机构变更营业场所。

(四)应当自发生之日起15日内向国务院保险监督管理机构书面报告的变更事项

(1)保险公司的股东变更名称,上市保险公司的股东除外;

(2)保险公司分支机构合并、变更名称。

第四节 保险组织的终止

一、保险公司的解散

(一)保险公司解散概述

保险公司解散,是指已经成立的保险公司,因公司章程规定的事由或法定事由出现而停止其业务经营,清理债权债务,消灭其法人资格的法律行为。除了因合并、分立而解散外,其他原因的保险公司解散都必须经过清算和注销程序,其法人资格才最终消灭。

(二)保险公司解散的原因

根据我国《保险法》,保险公司解散可分为任意解散和强制解散两种。

1.任意解散

任意解散,即公司自愿终止公司的经营活动或者消灭公司法人资格,主要包括以

下三种情况：

（1）公司章程的规定。公司章程规定的营业期限届满或者公司章程规定的其他解散事由出现，保险公司可以宣布解散。

（2）股东会或股东大会决议。国有独资公司经国家授权投资的机构或部门决定，股份有限公司经出席股东大会的股东所持表决权的 2/3 以上通过，可以解散公司。

（3）公司分立或合并。

2.强制解散

强制解散是指保险公司因法律规定或保险监督管理机关命令而被迫终止其经营活动和法人资格。保险公司在经营过程中有法定行为时，保险监督管理机关可依法将其撤销，责令其关闭。

（三）保险公司宣告解散后的法律后果

1.公司的权利能力受到限制

保险公司因分立、合并之外的其他原因宣告解散后，只能在清算范围内从事活动，不得对外进行经营活动。

2.公司进入清算阶段

保险公司因分立、合并之外的其他原因宣告解散，按照公司法的规定成立清算组，进行清算。

3.公司清算组成为公司的对外代表机关

公司的清算组对外代表公司行使法定职权。

二、保险公司的破产

（一）保险公司破产的概述

保险公司的破产，是指保险公司经营发生严重亏损，不能清偿到期债务，经保险监督管理机构同意，由保险公司或债权人向法院提出申请，法院经审理依法宣告保险公司破产，公司按法定程序以全部财产清偿其债务的法律行为。

（二）保险公司宣告破产的条件

根据我国《保险法》《企业破产法》和《民事诉讼法》中有关保险公司破产的法律规定，保险公司宣告破产要具备以下条件：

（1）保险公司不能清偿到期债务，这是申请保险公司破产的首要条件。

（2）保险监督管理机构审查批准。保险公司的破产必须经过保险监督管理机构审查同意。

（3）由保险公司自行申请或债权人或清算组申请而由法院宣告。经保险监督管理部门同意，保险公司或债权人可以向法院申请宣告保险公司破产，清算组发现保险公司资不抵债时，应当向保险监督管理部门报告，征得保险监督管理部门同意后，向法院申请宣告破产。

(三)保险公司破产的特别规定

保险公司的破产除了适用《企业破产法》和《民事诉讼法》中有关企业破产的规定之外,还具有以下特殊规定:

1. 关于破产财产清偿顺序

我国《保险法》第 91 条规定,破产财产在优先清偿破产费用和共益债务后,按照下列顺序清偿:(1)所欠职工工资和医疗、伤残补助、抚恤费用,所欠应当划入职工个人账户的基本养老保险、基本医疗保险费用,以及法律、行政法规规定应当支付给职工的补偿金;(2)赔偿或者给付保险金;(3)保险公司欠缴的除第(1)项规定以外的社会保险费用和所欠税款;(4)普通破产债权。破产财产不足以清偿同一顺序的清偿要求的,按照比例分配。破产保险公司的董事、监事和高级管理人员的工资,按照该公司职工的平均工资计算。

2. 关于人寿保险公司破产的特殊规定

《保险法》第 92 条规定:"经营有人寿保险业务的保险公司被依法撤销的或者被依法宣告破产的,其持有的人寿保险合同及准备金,必须转移给其他经营有人寿保险业务的保险公司;不能同其他保险公司达成转让协议的,由保险监督管理机构指定经营有人寿保险业务的保险公司接受。转让或者由保险监督管理机构指定接受前款规定的人寿保险合同及准备金的,应当维护被保险人、受益人的合法权益。"

3. 关于保险合同的转让方案

为了保障被保险人的合法权益,《保险公司管理规定》第 38 条规定,保险公司解散、依法被撤销或者被依法宣告破产,保险合同转让方案应当报国务院保险监督管理机构批准。

三、保险公司的清算

(一)保险公司清算的概述

公司清算,一般是指公司出现了法定解散事由或公司章程规定的解散事由后,根据法定程序清理公司债权债务的法律行为。

公司清算可分为破产清算和非破产清算两种。破产清算,是指在公司被依法宣告破产时对公司的债权债务进行清理的行为。这种清算行为是由法院依法组织清算组进行的。非破产清算,是指公司由于破产之外的其他原因宣告解散,而自行组织清算组进行的清算行为。

(二)保险公司的非破产清算

保险公司的非破产清算一般需要经过如下程序:

1. 成立清算组

保险公司因分立、合并或者公司章程规定的解散事由出现,经保险监督管理机构批准后解散。保险公司应当依法成立清算组。清算组应接受国务院保险监督管理机构的监督指导。保险公司被强制解散的,由保险监督管理机构依法组织清算组。

2. 通知债权人

清算组应当自成立之日起 10 日内通知债权人,并于 60 日内在国务院保险监督管理机构指定的报纸上公告。公告内容应当经国务院保险监督管理机构核准。债权人按规定向清算组申报其债权并登记。

3. 制订清算方案

清算组应编制资产负债表和财产清单,并制订清算方案,报股东大会和保险监督管理机关确认。

4. 处理财产

公司财产应当按照法定顺序清偿公司债务,股东分配剩余财产。

5. 制作清算报告并注销登记

清算组应当制作清算报告,报股东会和有关主管机关确认,并报送公司登记机关,申请注销公司登记,公告公司终止。

(三)保险公司的破产清算

保险公司被宣告破产的,由人民法院组织保险监督管理机构等有关部门和有关人员成立清算组,进行清算。在破产财产清偿顺序上,保险公司也和其他商业组织的破产不同,此处不再赘述。

本章关键词

保险组织形式　　国有独资保险公司　　保险股份有限公司　　相互保险社　　相互保险公司　　保险组织的设立、变更、合并、分立、终止、解散、破产、清算

思考题

1. 常见的保险组织形式有哪些?
2. 试述保险公司设立的实质要件和程序要件。
3. 什么是保险公司的合并与分立?
4. 根据解散原因,保险公司的解散可分为哪些种类?
5. 保险公司的破产和清算程序有哪些特别规定?

第七章 保险中介制度

内容提要

保险中介人是在订立和履行保险合同过程中起辅助和桥梁作用的中介机构,包括保险代理人、保险经纪人和保险公估人三种。国外的保险中介制度已经有了相当的发展,在我国亟待完善。我国的保险中介制度包括各类我国保险中介人的概念、分类、资格条件和执业规则等。

第一节 保险中介制度概述

一、保险中介人概述

保险中介人,是指介于保险合同当事人之间,以专门的知识和技术,为保险合同双方提供业务咨询、经营展业、风险管理和评估、损失勘验等服务的单位或个人。

保险中介人是保险市场的重要组成部分。借助保险中介人,保险人可以扩大展业覆盖面,降低展业成本,减轻理赔工作负担,多方面降低成本和精力耗费,以应对激烈的市场竞争。同时,保险中介人的专业服务,可以使得被保险人的权益等得到更为全面的维护,获得最佳的保险保障。

二、保险中介制度的发展

(一)国外保险中介制度的发展

由于各国的政治、经济、文化背景各异,制度环境不同,保险中介发展状况和模式也各具特色。

英国保险中介制度以保险经纪人为中心。保险经纪人在中介市场份额中占财产险业务量的 2/3 以上,占一般寿险业务的 20%,而保险代理人相对集中在寿险业务。非寿险市场的保险代理则只在个人和家庭的汽车保险和住宅保险两个方面。英国的保险公估制度也是世界上最悠久的,其成立于 1941 年的公估师学会(后升格为特许公估师学会),在全世界都具有重要影响。

美国保险中介市场以保险代理人为主。美国法律规定了保险代理人的严格的从业资格和业务水平及职业道德。保险经纪人的法律地位则不明确,一些州在法律上不承认寿险经纪人,另一些州允许保险经纪人同时作为保险代理人,只有少数州的保险经纪人是纯粹的经纪人。

日本保险市场采取的是保险代理人为主体的保险中介人模式,而保险经纪人的作用非常有限。在财产保险领域主要采用损害保险代理店制度,保险经纪人制度则在逐步建立中,经纪人主要采取登记制度。

(二)我国保险中介制度的发展

在20世纪20—30年代,外商控制的保险经纪人颇具规模,保险公估人也有所发展。新中国成立后,中国人民保险公司在各地设立了数已千计的保险代理处,而保险经纪人和保险公估人在中国保险市场上消失。

改革开放后,随着保险市场的发展,各类保险中介人再次出现,并形成了保险代理人为主体的保险中介制度。同时,保险经纪人和保险公估人又从无到有逐步发展壮大。

目前,规范保险中介人行为的法规主要有:2002年1月施行的《保险代理机构管理规定》《保险经纪公司管理规定》《保险公估机构管理规定》。这些法规标志着我国保险中介法律制度的进一步完善,保险中介市场进入了全新的发展时期。

第二节 保险代理人

一、保险代理人概述

(一)保险代理人的概念和特征

1. 保险代理人的概念

保险代理人是根据保险人的委托,向保险人收取代理手续费,并在保险人授权的范围内代为办理保险业务的单位或者个人。

2. 保险代理人的特征

保险代理是一种特殊的民事代理,具有下述法律特征:

(1)保险代理人与保险人在法律上视为同一人。保险代理人以保险人的名义与投保人签订保险合同,产生的一切权利和义务都由保险人承受,即使保险代理人未经保险人同意而签订了保险合同,保险人也不得以代理人越权而否认合同的效力。

(2)保险代理人所知道的事情都假定为保险人所知,保险人不得以投保人未履行如实告知义务而拒绝保险赔偿。

(3)保险代理必须采用书面授权委托形式。授权委托书中应当载明代理人的姓名、代理事项、授权范围等,并由委托人签名或者盖章。

(4)保险人对保险代理人权限的限制,非经通知,不得对抗善意第三人。

(二)保险代理中的表见代理

在保险实务中,经常发生保险代理人没有代理权、超越代理权或者代理权终止后仍以保险公司的名义与投保人签订保险合同。为维护保险市场经营秩序,保险代理制度引入民法代理中的"表见代理"。我国《民法典》第171条规定:"行为人没有代理权、超越代理权或者代理权终止后,仍然实施代理行为,未经被代理人追认的,对被代理人不发生效力。相对人可以催告被代理人自收到通知之日起三十日内予以追认。被代理人未作表示的,视为拒绝追认。行为人实施的行为被追认前,善意相对人有撤销的权利。撤销应当以通知的方式作出。行为人实施的行为未被追认的,善意相对人有权请求行为人履行债务或者就其受到的损害请求行为人赔偿。但是,赔偿的范围不得超过被代理人追认时相对人所能获得的利益。相对人知道或者应当知道行为人无权代理的,相对人和行为人按照各自的过错承担责任。"但是,保险代理人为保险人代为办理保险业务,有超越代理权限行为,投保人有理由相信其有代理权,并已订立保险合同的,保险人应当承担保险责任,而不得以保险代理人无权代理而提出自身不承担法律责任的抗辩。

投保人或被保险人根据保险代理人持有的保险人的印章、投保单或其他文件资料,而有理由相信保险代理人具有保险代理权,从而与之签订保险合同。此时,保险合同仍然有效,保险公司应当承担该项保险业务的法律后果。

二、保险代理人的分类

(一)专业保险代理人、兼业保险代理人和个人保险代理人

专业保险代理人是指专门从事保险代理业务,具有独立主体资格的保险代理机构。其组织形式为合伙企业、有限责任公司和股份有限公司。

兼业保险代理人是指接受保险公司的委托,在从事自身业务的同时指定专人为保险人代办保险业务的单位。其特点是只代理与本行业有关的保险业务,操作简单,易于开展。它一般常见于特定行业范围内的单位组织,如交通运输部门的铁路、民航、公路客运单位办理的旅客意外险、货运险。

个人保险代理人是指根据保险人的委托,在保险人的授权范围内代为办理保险业务,并向保险人收取代理手续费的个人。个人保险代理人的特点是展业方式灵活,经营成本低廉,从业范围广泛。

(二)专用代理人和独立代理人

专用代理人是指仅为一个保险公司或一个保险集团代理保险业务,并且由保险人保留占有、使用和控制保险单记录的权利。独立代理人是指同时独立为多个保险代理人代理保险业务的代理人。专用代理人与独立代理人的主要区别在于独立代理人拥有保险续保的权利。

(三)承保代理人、理赔代理人和追偿代理人

承保代理人代为办理承保业务。理赔代理人专业从事保险事故现场的查验、索赔计算、追偿和处理损余等理赔业务。追偿代理人专门向对被保险人的损失负有赔偿责任的第三人或其他责任方进行追偿。

(四)总代理人、营业代理人、特别代理人、保险再代理人和劳合社代理人

总代理人是指保险人或保险集团授权其在一定的地域范围内全面负责开展保险代理业务的保险代理人。

营业代理人是指根据代理合同或授权书,代表保险人经营保险业务并收取酬金的保险代理人,主要从事招徕保险业务、出具暂保单、收取保险费等活动。

特别代理人是指保险人授权委托其就特别事项或某项保险业务从事代理业务的保险代理人,如理赔代理人、海损代理人等。

保险再代理人是指根据保险代理人的转委托而进行保险代理活动的第三人。在紧急情况下,为了保护或实现被代理的保险人的利益,保险代理人可以转委托给第三人再代理。

劳合社代理人是一种社团代理人,它并非都是保险代理人,主要是及时向劳合社报告各类信息,也常常接受委托而从事受损船舶的查验、估损或代为处理索赔事项。

三、保险代理人的资格条件

为保障保险代理人具有较高的业务素质、保障保险代理机构的良性运转,各国都对保险代理人的资格条件设立不同规定,我国也不例外。

(一)保险代理人的从业资格

根据《保险代理机构管理规定》,凡从事保险代理业务的人员,必须报名参加由国务院保险监督管理机构统一组织的保险代理从业人员资格考试,应试者应当具有初中以上文化程度,资格考试成绩合格,且符合下列条件者:具有完全民事行为能力;品行良好,可以获得国务院保险监督管理机构颁发的《资格证书》。具有下列情形者,不予颁发《资格证书》:(1)因故意犯罪被判处刑罚,执行期满未逾5年的;(2)因欺诈等不诚信行为受行政处罚未逾3年的;(3)被金融监管机构宣布在一定期限内为行业禁入者,禁入期限仍未届满的。

保险代理机构按照国务院保险监督管理机构的规定,向其从业人员发放执业证书。

(二)保险代理机构的设立条件

申请设立保险代理机构必须报经国务院保险监督管理机构审批,并应当具备如下条件:

(1)注册资本或者出资达到规定的最低金额,即保险代理机构以合伙企业或者有限责任公司形式设立的,其注册资本或者出资不得少于人民币50万元,以股份有限公司形式设立的,其注册资本不得少于人民币1 000万元,且均为实缴资本;

(2)具有符合法律规定的公司章程或者合伙协议;

(3)高级管理人员符合规定的任职资格条件;

(4)持有《保险代理从业人员资格证书》的员工人数在2人以上,并不得低于员工总数的1/2;

(5)具备健全的组织机构和管理制度;

(6)有固定的、与业务规模相适应的住所或者经营场所;

(7)有与开展业务相适应的计算机软、硬件设施;

(8)至少取得一家保险公司出具的委托代理意向书。

四、保险代理人的执业规则

我国保险法和《保险代理机构管理规定》为保险代理人的主要业务活动设定了义务规则。

(1)业务范围。保险代理人应当按照保险监督管理部门批准的业务范围,根据委托合同的授权,从事业务活动,不得超越被代理保险公司的业务范围经营。

(2)经营区域。保险代理机构的经营区域为其住所地所在的省、自治区或者直辖市。保险代理机构及其分支机构从事保险代理业务不得超出被代理保险公司的经营区域。

(3)保险费妥善管理义务。保险代理机构应当开设独立的代收保险费账户,不得挪用代收保险费账户的资金或者坐扣保险代理手续费。

(4)告知和保密义务。保险代理人负有向投保人告知义务,《保险代理机构管理规定》规定制作的客户告知书应当包括保险代理机构及其分支机构的名称、住所、业务范围、代理权限、联系方式、法律责任,以及被代理保险公司的名称、住所、联系方式、投保提示等事项。

保险代理机构不得泄露在经营过程中所知悉的被代理保险公司、投保人、被保险人或者受益人的业务和财产情况及个人隐私。

(5)缴存保证金或投保职业责任保险。保险代理机构应当按照其注册资本或者出资的20%缴存保证金,或者按照国务院保险监督管理机构的规定投保职业责任保险。

(6)对从业人员的管理和培训义务。保险代理机构对保险代理业务人员上岗培训时间不得少于80小时,上岗后每人每年接受培训和教育的时间累计不得少于36小时。

(7)按期归还展业资料和保险费义务。在代理关系终止之日起30日内,保险代理机构应将被代理保险公司提供或者委托制作的各种单证、材料及未交付的代收保险费交付被代理保险公司,以免造成市场秩序的混乱和诚信缺失。

(8)保险代理机构、保险代理分支机构及其业务人员在开展保险代理业务过程中不得有隐瞒与保险合同有关的重要情况;以本机构名义销售保险产品或者进行保险产品宣传等欺骗保险公司、投保人、被保险人或者受益人的行为。

(9)保险代理人不得有虚假广告、虚假宣传;捏造、散布虚假事实,损害其他保险中介机构的商业信誉等七类不正当竞争行为。

五、保险代理人的欺诈犯罪及其防范

(一)保险代理人(机构)欺诈犯罪的主要形式

1.蓄意截取保户的保险费,携款潜逃

个别心术不正的行内人员,利用管理漏洞骗取保险咨询、顾问代理的营业执照后,代理多家保险公司,待截取一定数量的还本式保险储金,且还本期将到的时候,突然停业,携款潜逃。

2.寿险代理营销员上门行骗

一些心怀不轨的营销员在应聘时提供虚假身份证明文件,取得保险公司并不严格的资格认定被录用后,以保险公司的代理人身份,上门承保,当其承揽到数额较大的保费后,便携保费逃去无踪。

3.对于同一保险标的,开两张不同的险种保单,从中诈骗

这种手法较为隐蔽,不易察觉。其手法是:代理商及其业务人员伪造保单,以向被保险人承保人身险、企业财产险等风险较小的险种为名,开出保单正本交予保户,副本扣下,随后要求保户将保费直接划入保险公司,以示无欺,又伪造另一张同一保户投保低额企业财产险保单副本交予保险公司,作记账凭证,从中骗取两个险种或保单之间的巨大差额。

4.伪造客户公章,申请提前退保,骗取全额保费

保险代理商中个别图谋不轨的业务员在介绍客户办理投保手续过程中暗中将保户的印鉴等资料复印起来,伺机行骗。

5. 伪造保险公司保险单(以货运险等短期险种为主),向客户兜售,直接行骗

骗徒用先进的印刷技术仿制保险公司的正式保单,盖上伪刻的公章,开出假保单,收取保费。一旦出险,或私下作小额赔偿,掩盖真相,继续诈骗,或逃之夭夭。

6. 代理商串通投保人,先投保再退保,骗取代办手续费

个别代理商与投保人预先约定,由投保人在代理点投保,代理商向保险公司索要高额代理手续费后,就指使投保人撤保,代理点从高额手续费中补偿被保险公司扣除的部分保费给投保人外,仍有利可图。

7. 拖延结付保费,谋取保费或利息收入

一些代理商开出保单、代收保费后,把低风险险种保单和保费压下,暂不上缴,假如标的物在保险期内不出事故,代理商就全部侵吞了该项保费,而一旦标的物在保险期内出险,代理商马上将保单副本交给保险公司的单证员,同时交付保费,编造一个延交保单和保费的理由搪塞保险公司。

8. 预留保单空号,倒签单,伺机骗赔

一些保户为了节省保费,与代理点私下约定,由代理点预先将某个险种的保单及流水号码留空,而暂不办理投保手续。一旦有出险对象,代理点便在空号保单上填上保险内容,倒签投保日期,补交保险费,共同谋骗保险公司的理赔保险金。

(二)对保险代理人欺诈犯罪的治理

作为反保险欺诈工作的一个组成部分,对代理机构及行内人员的欺诈行为,必须进行综合治理,从方方面面堵住漏洞:

1. 清理、整顿保险业市场

金融监督管理部门要严格按《保险法》和《保险代理人管理规定》等法律法规,加强对保险代理机构及其从业人员的检查监督,严把审查关。

2. 加大对保险诈骗犯罪的打击力度

司法机关要加大对保险诈骗犯罪的打击力度。保险公司内部要落实层级负责制,对出现问题的单位有关责任人,实行一票否决或给予适当的经济赔偿处罚。

3. 保险公司与公安经保部门建立专门的反保险诈骗组织

在英、美等国家都成立专门的反欺诈组织,对保险欺诈进行严厉打击。

4. 强化保险公司"三防一保"机构的组织建设

应选调熟悉业务、有一定办案能力的人员充实到各级保卫部门。

5. 抓好业务人员的政治思想教育,增强法治观念,树立牢固的职业道德

6. 加强防骗教育,提高防骗意识和能力

一方面,各级领导要把防诈骗列为风险管理的一个重要内容;另一方面,要在内部职工中普遍开展防诈骗教育,提高警惕性。

7. 在公众中普及保险知识的宣传教育

传播媒介应多介绍商业保险的功能、投保要领和索赔条件等知识,可考虑设立专项奖励基金,鼓励公众及时举报保险欺诈活动。

8. 完善各项规章制度,加强对规章制度执行情况的检查监督

重点抓好单证、批单发放、登记、销号和报批流程环节的监控。

9. 建立信息监测网络,应用电子化管理

各保险公司应用电子通信技术,建立信息监测网络系统,互享信息,互相查询可疑资料,建立保险人、代理人、同业公会、人民银行保险管理部门、警方一体化防骗监测体系。

第三节 保险经纪人

一、保险经纪人的概念

根据我国《保险法》,保险经纪人是基于投保人的利益,为投保人与保险人订立保险合同提供中介服务,并依法向保险人收取佣金的单位。保险经纪人提供中介服务的目的在于收取服务佣金。保险经纪人以自己的名义独立开展业务,独立承担民事责任。我国《保险法》第128条规定:"保险经纪人因过错给投保人、被保险人造成损失的,依法承担赔偿责任。"

在现代保险市场上,经纪人的作用越发重要。在英国海上和航空保险市场,保险经纪人促成的业务量占国内同类保险市场份额的94%。

我国《保险法》也确立了保险经纪人的地位。国务院保险监督管理机构于2004年12月15日重新修订并颁布了《保险经纪机构管理规定》,进一步规范了保险经纪人的从业规则,我国的保险经纪人处于逐步壮大阶段。

二、保险经纪人的分类

(一)原保险经纪人与再保险经纪人

原保险经纪人是指接受投保人(被保险人)的委托,直接为投保人和保险人签订保险合同提供中间服务的人,又称狭义的保险经纪人。再保险经纪人是指促成再保险分出公司与接受公司建立再保险关系的中介人。再保险经纪人接受原保险公司的委托,在为原保险公司争取较优惠条件的前提下选择接受公司并收取由后者支付的佣金。事实上,许多巨额的再保险业务是通过再保险经纪人之手促成的。

(二)寿险经纪人与财险经纪人

寿险经纪人是指在人身保险市场上代表投保人选择保险人、代办保险手续并为此从保险人处收取佣金的保险经纪人。

财险经纪人是指安排各种财产、责任保险业务,在保险合同订约双方间斡旋,促使保险合同成立并为此从保险人处收取佣金的中间人。

三、保险经纪人的资格条件

《保险法》与《保险经纪机构管理规定》都对保险经纪人的从业资格和设立条件作出了规定。

(一)保险经纪人的从业资格

我国对保险经纪机构从业人员实行从业资格和执业证书管理。凡从事保险经纪业务的人员,必须报名参加由国务院保险监督管理机构统一组织的保险经纪从业人员资格考试,应试者应当具有高中以上文化程度。资格考试成绩合格,且符合下列条件者:具有完全民事行为能力,品行良好,可以获得国务院保险监督管理机构颁发的《资格证书》。具有下列情形者,不予颁发《资格证书》:(1)因故意犯罪被判处刑罚,执行期满未逾5年的;(2)因欺诈等不诚信行为受行政处罚未逾3年的;(3)被金融监管机构宣布在一定期限内为行业禁入者,禁入期限仍未届满的。

保险经纪机构按照国务院保险监督管理机构的规定,向其从业人员发放执业证书并管理。

(二)保险经纪机构的设立条件

保险经纪机构可以采取的组织形式有合伙企业、有限责任公司、股份有限公司。申请设立保险经纪机构必须报经国务院保险监督管理机构审批,并须具备如下条件:

(1)注册资本或者出资达到本规定的最低金额,其中以合伙企业或者有限责任公司形式设立的保险经纪机构,注册资本或者出资不得少于人民币500万元,以股份有限公司形式设立的,注册资本不得少于人民币1 000万元,以上均为实缴资本;

(2)有符合法律规定的公司章程或者合伙协议;

(3)高级管理人员符合规定的任职资格条件;

(4)持有《保险经纪从业人员资格证书》的员工人数在2人以上,并不得低于员工总数的1/2;

(5)具备健全的组织机构和管理制度;

(6)有固定的、与业务规模相适应的住所或者经营场所;

(7)有与开展业务相适应的计算机、软硬件设施。

四、保险经纪人的执业规则

《保险经纪机构管理规定》设定了保险经纪人活动的义务规则。

(1) 业务范围和经营区域。保险经纪应按照委托合同在受托权限内从事经纪业务活动,不得接受客户的全权委托。保险经纪人从事经纪业务不得超出承保公司的业务范围和经营区域。

(2) 妥善管理业务往来款项。保险经纪机构应当开设客户资金专用账户,用于存放代收的保险费、代领的保险金或者保险赔款,并在约定期限内将款项交付保险公司或受益人,不得挪用。

(3) 告知义务和保密义务。《保险经纪机构管理规定》规定,保险经纪人在开展业务中应制作规范的客户告知书,说明其名称、住所、业务范围、法律责任等事项,并按客户要求说明佣金的收取方式和比例。

保险经纪机构应当保守对在经营过程中知悉的保险公司、投保人、被保险人或者受益人的业务和财产情况及个人隐私等秘密。

(4) 责任自负。保险经纪机构在办理保险业务中由于过错给投保人、被保险人、保险公司造成损失的,应当承担赔偿责任。

(5) 财产保证义务。保险经纪机构应当按照其注册资本或者出资的 20% 缴存保证金,或者按照国务院保险监督管理机构的规定投保职业责任保险。

(6) 保险经纪机构、保险经纪分支机构及其业务人员在开展保险经纪业务过程中不得有隐瞒与保险合同有关的重要情况;以本机构名义销售保险产品或者进行保险产品宣传等欺骗保险公司、投保人、被保险人或者受益人的行为。

(7) 保险经纪人不得有虚假广告、虚假宣传;捏造、散布虚假事实,损害其他保险中介机构的商业信誉等七类不正当竞争行为。

(8) 管理和培训义务。保险经纪机构应当加强对从业人员的管理和培训,建立业务人员管理档案,全面反映业务人员的执业情况。

第四节 保险公估人

一、保险公估人的概念

对于保险公估人,目前还没有一个统一而权威的定义,其称呼在各国也有所不同,有的国家称作"理算局"或"公估人""公估行""理算人"等。一般认为,保险公估人是指接受他人委托,以独立的第三方的身份专门从事保险标的的评估、勘验、鉴定、估损、理算,并出具公信证明的专门机构。

保险公估人能够超然于保险合同当事人双方并具有技术权威,能够客观、公正、准确地认定保险事故,因此,保险公估人现已成为保险市场中不可缺少的重要一环。

二、保险公估人的分类

(一)核保公估人和理赔公估人

核保公估人是指主要从事保险标的的价值评估和风险评估,出具查勘报告的公估人。理赔公估人是指在出险后处理保险标的检验、估损和理算的公估人。进一步地,理赔公估人又可以细分为损失理算师、损失鉴定人和损失评估人三种。

(二)保险型公估人、技术型保险公估人及综合型保险公估人

保险型公估人侧重于解决保险方面的问题,英国的保险公估人多属此类;技术型公估人侧重于解决技术方面的问题,德国的保险公估人多属此类;综合型公估人同时解决保险方面和技术问题,欧洲其他国家的保险公估人多属此类。

(三)雇佣保险公估人与独立保险公估人

雇佣保险公估人一般与某一家保险公司签订长期委托合同,而不能再接受其他保险公司的委托业务。而独立保险公估人可以同时接受数家保险公司的委托,且委托关系一般是短暂的,随着业务处理完毕而相应结束。

(四)海上保险公估人、特种保险公估人、汽车保险公估人

海上保险公估人是指处理海上运输保险等方面业务的公估人;特种保险公估人是指主要处理火灾及特种保险等方面的业务公估人;汽车保险公估人是指主要处理与汽车保险有关业务的公估人。

三、保险公估人的资格条件

我国《保险公估机构管理规定》对各种保险公估人的资格条件作了较详细的规定。

(一)保险公估人的从业资格

凡从事保险公估业务的人员,必须报名参加由国务院保险监督管理机构统一组织的保险公估从业人员资格考试,应试者应当具有大学本科以上文化程度。资格考试成绩合格,且符合下列条件者:年满18周岁且具有完全的民事行为能力;品行良好、正直诚实,具有良好的职业道德;在申请前五年未受过刑事处罚或严重的行政处罚,可以获得国务院保险监督管理机构颁发的资格证书。保险公估机构按照国务院保险监督管理机构的规定,对其从业人员实行执业资格管理。

(二)保险公估机构的设立条件

保险公估机构可以采取的组织形式有合伙企业、有限责任公司、股份有限公司。

设立保险公估机构应同时具备的条件有：

(1)有符合法律规定的合伙人或股东；

(2)有符合法律规定的合伙协议或公司章程；

(3)合伙企业和有限责任公司出资不得低于人民币50万元的实收货币；股份有限公司注册资本不得少于人民币1 000万元的实收货币；

(4)有符合法律规定的名称、组织机构和住所；

(5)具有符合国务院保险监督管理机构任职资格管理规定的高级管理人员；

(6)持有《保险公估从业人员资格证书》(以下简称《资格证书》)的保险公估从业人员不得低于员工人数的2/3；

(7)法律、行政法规要求具备的其他条件。

四、保险公估人的执业规则

我国保险法对于保险公估机构未作规定，中国保险业监督管理委员会于2001年11月发布的《保险公估机构管理规定》对于保险公估机构的展业规则曾作出过规定。随着我国保险公估业的发展，相关的监管制度将得到进一步的完善。

(1)业务范围。保险公估人应按照委托合同的约定，从事公估业务活动。

(2)经营区域。保险公估机构应在国务院保险监督管理机构核定的经营区域进行业务活动，不得超出经营区域活动。在保险公估机构注册地以外从事保险公估业务的常驻人员，应按有关规定办理备案手续。

(3)财产保证义务。保险公估机构应按其注册资本或出资额的5%缴存营业保证金，或按国务院保险监督管理机构的规定购买职业责任保险。

(4)告知义务和保密义务。保险公估机构应明确告知客户有关保险公估机构的名称、住址、业务范围、法律责任等事项。同时，保险公估人不得泄露在经营过程中知悉的当事人的商业秘密，负有保密义务。

(5)责任自负义务。保险公估机构应对因自身过错给保险当事人造成损害的，应当依法承担相应的法律责任。

(6)保险公估机构的禁止性执业行为。《保险公估机构管理规定》列举了与非法从事保险业务或保险中介业务的机构或个人发生保险公估业务往来等八项保险公估机构的行为禁止规定。

本章关键词

保险中介人　　保险中介制度　　保险代理人　　保险代理权　　保险代理欺诈　　保险经纪

人　保险公估人　资格条件　执业规则

思考题

1. 如何理解保险中介人的作用和地位？
2. 试述保险代理人的资格条件和执业规则。
3. 如何理解保险代理关系和保险代理人的表见代理问题？
4. 试述保险代理人的欺诈犯罪的表现形式及其治理方法。
5. 试述保险经纪人的资格条件和执业规则。
6. 试述保险公估人的种类、法律地位和作用。

第八章 保险经营规则

内容提要

保险业是经营风险的行业,其经营活动直接关系到保险活动当事人的利益以及整个社会正常的秩序,为此,各国保险法均制定了严格的保险经营规则,包括:人身和财产保险分业经营规则、保险经营范围限制性规定,以及最低偿付能力、保险准备金、保险保障基金、保险资金的运用、再保险经营等风险防范规则。

第一节 保险经营规则

一、保险经营范围的限制

保险经营的范围,可划分为财产保险、人身保险以及再保险业务三大类。保险公司应当在保险监督管理委员会核准的业务范围内从事营业。

(一)财产保险业务

财产保险业务是指保险公司以物或其他财产利益作为保险标的而从事的保险业务,又包括财产损失保险、责任保险、信用保险、保证保险等财产保险业务。

1. 财产损失保险业务

财产损失保险业务是指保险公司以有形财产为保险标的而从事的保险经营活动,包括企业财产损失保险、家庭财产损失保险、机动车辆保险、货物运输保险等。

2. 责任保险业务

责任保险业务是指保险公司以被保险人依法应当对第三人承担的赔偿责任为保险标的而从事的保险业务,包括法定责任保险、一般责任保险等。

3. 信用保险业务

信用保险业务是指保险公司以被保险人的信用为保险标的而从事的保险经营活动,包括保证保险、信用保险等。

(二)人身保险业务

人身保险业务是指以人的生命、身体或健康等作为保险标的而开展的保险业务,它又包括人寿保险、健康保险、意外伤害保险等其他人身保险。

1. 人寿保险业务

人寿保险业务是指保险公司以被保险人的生死为给付保险金条件而从事的保险经营活动,包括死亡保险、生存保险、生死两合险以及年金保险等。

2. 健康保险业务

健康保险业务是指保险公司以被保险人因疾病不能工作或者因为疾病致残为给付保险金条件而从事的保险经营活动,包括短期健康保险、长期健康保险等。

3. 意外伤害保险业务

意外伤害保险业务是指保险公司以被保险人因遭受意外事故死亡、残疾、支出医疗费或者暂时丧失劳动能力为给付保险金条件而从事的保险经营活动,包括个人意外伤害保险、团体意外伤害保险等。

(三)再保险业务

再保险业务是指再保险公司从事的再保险经营活动。我国《保险法》第96条规定:"经保险监督管理机构核定,保险公司可以经营前条规定的保险业务的下列再保险业务:分出保险;分入保险。"分出保险,是指保险公司将自己直接承保的业务部分转让给其他保险公司承保而开展的保险业务。分入保险,是指保险公司接受其他保险公司承保的部分业务而开展的保险业务。

二、保险分业经营规则

(一)禁止兼营

所谓禁止兼营,就是指同一保险人不得同时经营财产保险业务和人身保险业务。

实行分业经营原则的目的在于保护被保险人的合法权益。其理论依据有:第一,因为财产保险与人身保险在经营技术和合同期限上存在重大差别。第二,若同一保险机构同时经营财产保险和人身保险,在业务和资金上容易交叉,从而损害具有长期储蓄性质的人身被保险人的利益。

但值得注意的是,对于某些特定的人身保险业务也允许财产保险公司经营。这些保险业务主要包括健康保险和意外事故伤害保险等,这主要是由于这些保险既具有人身保险的特性,同时又具有财产保险的共性特征。世界上大多数国家,如美国、英国、德国、法国等,也允许财产保险公司经营此两项业务。我国《保险法》第95条第2款规定:"经营财产保险业务的保险公司经保险监督管理机构核定,可以经营短期健康保险业务和意外伤害保险业务。"

(二)禁止兼业

所谓禁止兼业,就是指保险公司不得经营保险业以外的其他业务和非保险业者不得经营任何保险业务。

1. 保险业者不得经营保险业以外的业务

保险公司业务经营不得涉及保险业以外的营业,不得经营银行业和证券业等业务,保险公司只能在保险监督管理机构核定的业务范围内开展保险业务活动。

2. 非保险业者不得经营保险业务

未经许可,任何单位和个人均不得涉及属于保险范围内的业务活动。我国《保险法》第 6 条规定:"保险业务由依照本法设立的保险公司以及法律、行政法规规定的其他保险组织经营,其他单位和个人不得经营保险业务。"

[典型案例分析]

中国人保辽宁分公司保发基金案

2013 年 1 月,在未经中国人民银行批准的情况下,某保险公司辽宁省分公司组建了保发基金会。保发基金会下设董事会,其成员由省、市分公司领导组成。根据董事会的要求,各市分公司分别召开职工大会,公布《保发基金会章程》,动员职工自愿集资。全省系统共集资 5 316.90 万元。经董事会成员在海南实地考察审定后,保发基金会通过辽宁省分公司的"三产"企业海南保发实业贸易公司向海南三家房地产公司投资 4 933 万元。由于海南投资热于 2022 年降温,投资至今无法收回。

分析提示:

根据现行保险法的规定,某保险公司辽宁省分公司的行为是否合法?通过本案,可以提高我们对保险资金运用限制规则的重要性的认识。

第二节 保险经营风险防范规则

一、最低偿付能力

(一)最低偿付能力的概念

保险公司的偿付能力,是指保险公司承担保险责任所应当具有的经济补偿或者支付能力,即保险公司有足够的或者充分的现金或流动资产、当负债到期时能够如期清偿债务的能力。如果保险组织偿付能力不足,不仅损害了被保险人的利益,而且也会影响社会生产的稳定和人民生活的安定。

(二)影响保险公司偿付能力的主要因素

1. 保险公司的承保能力

保险公司应当考虑自己的承保能力,不能为了追求多收保险费而盲目招揽业务,造成自己承担的风险超过自己的承保能力。

2. 保险公司提取的准备金规模

准备金提取的多寡直接影响到保险公司的偿付能力。对准备金提取的规模大小应当与保险公司的支付能力相一致。一旦准备金的提取不能满足保险公司进行赔付和经营的需要，就会造成保险公司偿付能力不足。

3. 保险公司的资金运用状况

如何实际有效地运用保险公司的资金，成为确保和增强保险公司的偿付能力的重要环节。

(三)最低偿付能力标准

我国《保险法》第101条规定："保险公司应当具有与其业务规模和风险程度相适应的最低偿付能力。保险公司的认可资产减去认可负债的差额不得低于国务院保险监督管理机构规定的数额；低于规定数额的，应当按照国务院保险监督管理机构的要求采取相应措施达到规定的数额。"

保险公司实际偿付能力低于规定标准的，按下列方式处理：

(1)实际偿付能力额度低于最低偿付能力额度的，保险公司应当采取有效措施，使其偿付能力达到最低能力标准，并向国务院保险监督管理机构作出说明。

(2)实际偿付能力额度低于最低偿付能力额度的50%的，或实际偿付能力额度连续3年低于最低偿付能力额度的，国务院保险监督管理机构可将公司列为重点监督检查对象。保险公司被列为重点监督检查对象期间不得申请设立分支机构或支付任何红利、分红。国务院保险监督管理机构可以责令其采取措施办理再保险、业务转让、停止接受新业务、增资扩股、调整资产结构等改善其偿付能力状况。

(3)实际偿付能力额度低于最低偿付能力额度的30%的，或被列为重点监督检查对象的保险公司财务状况继续恶化，可能或已经危及被保险人和社会公众利益的，国务院保险监督管理机构可以对该保险公司实行接管。

二、保险准备金

(一)保险责任准备金的概念

所谓保险责任准备金，是指保险组织为了承担未到期责任和处理未决赔款而从保险费收入中提存的一种资金准备，包括未到期责任准备金和未决赔款准备金。

我国《保险法》第98条规定："保险公司应当根据保障被保险人利益、保证偿付能力的原则，提取各项责任准备金。保险公司提取和结转责任准备金的具体办法，由国务院保险监督管理机构制定。"

(二)保险准备金的提取规则

1.未到期责任准备金

未到期责任准备金又称未满期保险准备金,是在会计年度决算时对未满期保单提存的一种资金准备,这是由会计年度与保险业务年度不一致引起的。

2.未决赔款准备金

未决赔款准备金是指保险人在会计年度决算以前发生保险责任应付而未付赔款,在当年收入的保险费中提存的资金。

未到期责任准备金与未决赔款准备金的提取有以下不同之处:

(1)提取原因不同。提取未决赔款准备金的原因是已经发生保险事故,被保险人或者受益人已经提出赔偿要求或者尚未提出赔偿要求,但保险金赔付的可能性已经存在。而未到期责任准备金的提取则只存在将来赔付的可能性,此时所保危险尚未发生。

(2)提取方法不同。未决赔款准备金不区分财产保险和人身保险,在提取方法上都是相同的,而未到期责任准备金则在财产保险与人身保险上提取方法不同。

(3)转化结果不同。如果发生所保危险需要支付保险赔偿金,则未到期责任准备金部分或全部转化为保险金,而未决赔款准备金一般都是全部转化为保险金。

(三)保险公积金

公积金又称储备金,是保险公司按照法律或公司章程规定从公司税后利润中提取的部分资金积累,其用途一般是用于弥补亏损和转增公司资本。根据我国《保险法》第99条的规定,保险公司应当依法提取公积金。按照我国公司法的规定,保险公司应当从当年税后利润中以10%的比例提取公积金,但提取此项公积金的累积金额达到公司注册资本的50%时可不再提取。

三、保险保障基金

(一)保险保障基金的概念

保险保障基金是指保险组织为了有足够的能力应付可能发生的巨额赔款,从年终结余中专门提存的后备基金。

保险保障基金主要是应付巨大灾害事故的特大赔款,只有在当年业务收入和其他准备金不足以赔付时方能运用。

(二)保险保障基金的提取规则

从目前世界各国保险法的规定来看,保险保障基金主要采用事前和事后两种提取方式。

1.事前提取

事前提取指在尚未出现赔付不能时,要求保险公司按照法律规定从其保险费收入中提取一部分资金作为保险保障基金的方式。

2. 事后提取

事后提取指在出现赔付不能时,根据法律规定的程序和办法由保险公司提交保险保障基金的办法。

我国《保险法》第 100 条第 1 款规定,保险公司应当缴纳保险保障基金。另外,按照《保险公司财务制度》第 47 条的规定,"保险公司应按当年自留保费收入的 1% 提取保险保障基金,达到总资产的 6% 时,停止提取"。可见,我国采用的是事前方式提取保险保障基金,这也是世界上大多数国家或地区普遍采用的做法。

(三)保险保障基金的统筹使用

根据我国《保险法》第 100 条第 2 款的规定,保险保障基金应当集中管理,并在下列情形下统筹使用:

(1)在保险公司被撤销或者被宣告破产时,向投保人、被保险人或者受益人提供救济;

(2)在保险公司被撤销或者被宣告破产时,向依法接受其人寿保险合同的保险公司提供救济;

(3)国务院规定的其他情形。

保险保障基金筹集、管理和使用的具体办法由国务院制定。

四、保险资金的运用

(一)保险资金运用的概念

保险资金的运用,是指保险组织在经营过程中将积聚的部分保险资金用于投资或融资,使资金增值的活动。

保险公司可以据此得到高于银行存款利息的收入,从而增强偿付能力和竞争能力。

(二)保险资金运用的原则

1. 安全原则

安全原则是保险资金运用的首要原则,它要求保险组织在运用资金时不能盲目投资,对投资项目必须进行可行性研究和分析,选择最佳的资金运用方案,使风险系数降到最低点,保证保险资金在运用过程中免遭损失,并能按时收回。

2. 效益原则

效益原则是指保险资金的运用必须讲求经济效益,讲求提高偿付能力,不断地发展和壮大。

安全原则与效益原则在很多情况下会发生冲突,保险组织必须处理好安全原则与效益原则的关系,坚持在遵循安全原则的前提基础上努力追求保险资金运用的效益,以确保保险组织资产的增值。

(三)保险资金运用的规则

我国《保险法》对保险资金的运用规定了较为严格的限制,主要限于银行存款、买卖政府债券、金融债券、股票、证券投资基金份额等有价证券、投资不动产和国务院规定的其他资金运用形式。[①] 如果要从事证券投资,可以通过设立保险资产管理公司的形式,从事证券投资活动。[②]

五、再保险经营

(一)再保险的概念

再保险,即"保险之保险",在保险经营中占有极为重要的地位。它广泛应用于国际保险市场,是分散危险、保障保险组织稳定经营的重要手段。

按照我国《保险法》的规定,再保险业务主要包括分出保险和分入保险两项,均由国务院保险监督管理机构核定。

1. 分出保险

分出保险是指保险公司以自己所承保的保险业务为基础,将其可能负担的保险责任的一部分或者全部由其他保险人承担的业务活动。

与分出保险相对应的是风险自留责任,即自留额,是指每一危险单位或一系列危险单位的责任或损失。所谓危险单位,是指保险标的发生一次危险事故可能波及的损失范围。保险公司确定自留额的多少直接关系到保险公司将来承担的保险责任的大小,而确定保险分出额的多少又直接关系到保险公司的盈利水平。

按照我国《保险法》第 102 条的规定:"经营财产保险业务的保险公司当年自留保险费,不得超过其实有资本金加公积金总和的四倍。"由于人身保险的保险事故发生较为规则,对其危险概率的测算较为精确,因而其自留保险费的数额可以较高一些。

[①] 《保险法》第 106 条规定:"保险公司的资金运用必须稳健,遵循安全性原则。保险公司的资金运用限于下列形式:
(1)银行存款;
(2)买卖债券、股票、证券投资基金份额等有价证券;
(3)投资不动产;
(4)国务院规定的其他资金运用形式。
保险公司资金运用的具体管理办法,由国务院保险监督管理机构依照前两款的规定制定。"

[②] 《保险法》第 107 条规定:"经国务院保险监督管理机构会同国务院证券监督管理机构批准,保险公司可以设立保险资产管理公司。保险资产管理公司从事证券投资活动,应当遵守《中华人民共和国证券法》等法律、行政法规的规定。保险资产管理公司的管理办法,由国务院保险监督管理机构会同国务院有关部门制定。"

2. 分入保险

分入保险是指保险公司接受原保险人的分出保险，并愿意为原保险人提供再保险，在发生原保险所承保危险时依据再保险合同对原保险人承担经济补偿的保险活动。其实质是再保险人与原保险人订立再保险合同，在发生原保险所承保危险时由再保险人向原保险人提供经济补偿，而不是由再保险人向被保险人或受益人承担保险责任。

(二)再保险的经营规则

我国《保险法》明确规定了必须办理再保险的情形。

1. 法定分保规则

我国《保险法》第103条规定："保险公司对每一危险单位，即对一次保险事故可能造成的最大损失范围所承担的责任，不得超过其实有资本金加公积金总和的10%；超过的部分应当办理再保险。保险公司对危险单位的划分应当符合国务院保险监督管理机构的规定。"

2. 审慎选择再保险接受人

我国《保险法》第105条规定："保险公司应当按照国务院保险监督管理机构的规定办理再保险，并审慎选择再保险接受人。"

依照国际惯例，我国保险公司办理再保险分出业务时应当优先向中国境内的保险公司办理。但是当境内保险公司不接受或境外保险公司的分保条件明显优于境内保险公司时，保险公司也可以向境外保险公司办理分出再保险业务。但这种分出业务应受到保险监督管理机构的监督。

六、保险公司及其从业人员的禁止行为

(一)保险公司及其从业人员禁止行为的概念

保险公司及其从业人员禁止行为是指保险公司及其从业人员在保险业经营的过程中必须坚持最大诚实信用原则，不得从事法律禁止的行为，以损害其他保险人或者被保险人的利益。

我国《保险法》结合我国保险业的实际状况，在总结各国保险法关于保险公司从业人员管理制度的基础上明确规定了保险公司及其工作人员在保险执业、展业的过程中不得从事法律禁止的行为。

(二)保险公司及其从业人员禁止行为的范围

1. 不得欺骗投保人、被保险人或者受益人

保险人不得利用其优势地位，与投保人订立显失公平的保险合同，加重投保人、被保险人的义务，更不能允许保险公司及其工作人员采用欺诈、诱骗等手段骗取投保人

与其订立保险合同,骗取保险费;在发生保险事故时,保险人应在查明有关事实的基础上按时、足额地进行保险理赔,不得推诿、虚构事实或寻找借口逃避应承担的赔偿责任。

2. 不得对投保人隐瞒与保险合同有关的重要情况

由于保险业特有的技术性、专业性特点,保险人应对保险合同的主要条款尤其是免责条款进行详细的解释和说明,不得利用投保人或被保险人对保险条款的不了解而过分加重其义务,减轻保险人的责任。

3. 不得阻碍投保人履行本法规定的如实告知义务,或者诱导其不履行本法规定的如实告知义务

禁止保险人采取此种手段,为将来不承担保险责任提供借口,由于保险公司及其工作人员的责任,导致投保人没有履行如实告知义务,保险公司应承担责任。

4. 不得承诺向投保人、被保险人或者受益人给予保险合同规定以外的保险费回扣或者其他利益

这种行为实质上是一种不正当竞争。保险市场的竞争必须是建立在公平的基础上的,在竞争中采取不合法的手段,最终损害的是自身利益,其必将被市场所淘汰。

5. 不得故意编造未曾发生的保险事故进行虚假理赔,骗取保险金

虚假理赔是指以骗取保险公司保险金为目的,保险公司工作人员单独编造或者与投保人恶意串通共同编造虚假事实的行为,这会极大地扰乱保险市场的稳定,损害保险公司的形象和公众对保险经营者的信心。

七、对保险业不正当竞争的限制

(一)保险业不正当竞争的表现形式

(1)侵犯其他保险人的知识产权,使用竞争对手在产品保护期内的保险条款展业。有的保险公司擅自使用竞争对手在保护期内的条款,或者以竞争对手条款为基础,稍微调低保险费率,这种行为违背了公平竞争原则,侵犯了竞争对手的知识产权和合法权益。

(2)行政性手段限制竞争或垄断保险市场。有的保险公司利用行业主管部门的行政权力,通过与行业主管部门联合发文或请行业主管部门发文的形式,明确规定行业内单位必须到指定的保险公司投保,利用行政权力干预保险市场竞争,垄断某些行业内的保险业务。

(3)不当地降低保险费率。保险费率未经中国人民银行批准,不允许随意变更。但是有的保险公司在开展业务时为取得竞争优势,不考虑经营成本和经营风险,擅自降低保险费率,或者采用退还"安全奖"形式变相降低保险费率。

(4)对保户采取商业贿赂行为。保险人收取标准保险费后在账外暗中给予投保人钱物或其他利益的行为。这类行为直接违反了《反不正当竞争法》第8条有关"商业贿赂行为"的规定。

(5)进行诋毁竞争对手的虚假宣传。故意制造和散布有损竞争对手的商业信誉和商业声誉的虚假消息,诋毁其法人人格,使其无法参与正常的市场交易活动,削弱其市场竞争能力。

(6)盗窃竞争对手的商业秘密。有的保险公司采取非正当途径,窃取竞争对手的客户资料,如内部工作计划、财务业务统计数据、业务分析报告等,侵犯竞争对手的商业秘密,违反《反不正当竞争法》第10条第1款的规定。

(二)对保险业不正当竞争行为的执法检查

许多国家为保障竞争法得以有力地贯彻实施,大多设立了专门的竞争法监督检查行政机构。我国《反不正当竞争法》第3条规定:"县级以上人民政府工商管理部门对不正当竞争行为进行监督检查。"

(三)对不正当竞争行为的法律规制

我国《保险法》第115条规定:"保险公司开展业务,应当遵循公平竞争的原则,不得从事不正当竞争。"违反该条规定,依法应当承担的主要是行政责任。而保险业不正当竞争行为的行政责任有:(1)责令停止违法行为;(2)罚款;(3)取消经营资格;(4)通报批评;(5)罚款;(6)吊销保险业务许可证;等等。

此外,少数情况下要承担刑事责任,受到刑事制裁。如我国刑法规定的侵犯商业秘密罪、商业贿赂罪,均可适用于严重的保险业的不正当竞争行为。

[典型案例分析]

2018年春节前夕,上海的有些街道散发一种介绍某保险公司"家家乐健康卡"的宣传广告。该宣传广告称花699元购买"家家乐健康金卡",便可以在发生意外伤害时获得2万元赔付,并可以报销住院医疗费用1万元;花399元购买"家家乐健康银卡",便可以在发生意外伤害时获得6 000元赔付,并可以报销住院医疗费用4 000元。除此之外,金卡和银卡的持卡人还享有包括免费送药上门、免费体检、上门看病、陪诊陪床、代挂门诊及专家号、全年免费健康咨询、就诊接送等服务。买卡人无年龄限制,如果持卡人既买了卡又发展了下家,还能得到丰厚的回报。这份广告所承诺的优厚回报一时间引起许多人的兴趣。

由于某保险公司声称与多家保险公司及医院、药店等300多家企事业单位具有合作关系,持卡人只要交纳购卡费,就可以享受保险公司和多家医疗服务机构的医疗保险和医疗服务。于是,有人向几家保险公司核实此事,几家保险公司异口同声地否认。

当有关人员向银保监会核实"家家乐健康卡"是否经过审批时,银保监会有关部门答复对此事毫不知晓。

2019年3月,家家乐公司因超范围经营并且有虚假广告、欺骗消费者的行为被有关部门查处。

试分析:

本案中的某保险公司销售的所谓健康卡是不是一种保险产品?本案中的某保险公司通过广告形式进行根本不可能兑现的承诺,是否扰乱了保险市场的正常竞争秩序?

本章关键词

保险经营规则　　分业经营　　偿付能力　　保险准备金　　未到期责任准备金　　未决赔款准备金　　保险保障基金　　保险资金运用　　再保险经营　　不正当竞争

思考题

1. 为什么对保险公司的营业实行分业经营?
2. 如何维持保险公司的偿付能力?
3. 试述对保险资金运用限制的必要性。
4. 试述再保险经营的基本规则。
5. 保险公司及其工作人员的禁止行为有哪些?
6. 简述保险经营的主要规则。
7. 试述保险业的不正当竞争行为的常见形式及对其规制措施。

第九章　保险业的监督管理

📅 内容提要

由于保险业的高风险性和保险业健康发展的重要性，各国均加强对保险业的监管。我国《保险法》也建立了完善的保险业监督管理制度，规定了保险监管的目的和基本原则，保险监管的体制、方法和主要内容等。

第一节　保险业监督管理概述

一、保险监管的概念和特点

（一）保险监管的概念

保险监管，是保险监督与保险管理的简称，主要指国家根据保险法律设立保险监督管理机构，对保险公司的保险经营行为进行监督和管理。

（二）保险监管的特点

1. 保险监管主体的特定性

一般来说，各国都是通过一定的国家机构来实施对保险业的监管。在现代社会，这种监管机构主要是各国保险监管机构或者类似的机关。

2. 保险监管内容的全面性

政府保险管理机构对保险业及保险业外务组织的组织、经营、财务、资金运用等各方面进行全面的监督管理。

3. 保险监管对象的广泛性

政府保险管理机构对所有的保险企业及其工作人员，对所有的保险代理人、保险经纪人、保险公证人进行监督管理。

4. 保险监督时间上的持续性

政府保险管理机构的监督管理贯穿保险业从申请设立直至整顿清算的全过程，包括事前监督、事中监督和事后监督。

二、保险业监管的必要性

保险业关系到社会生产、生活的稳定,关系到国民经济的协调发展,因此必须由专门的行政主管机关对其进行监督管理。各国政府对保险市场都必须进行监管,我国也不例外。

具体地说,保险业监管的必要性主要有以下几个原因:

第一,这是由保险业的经营特点决定的。保险业涉及面广,覆盖面大,涉及广大社会成员的利益,涉及社会的方方面面。保险企业的破产倒闭所带来的震动可能波及社会生产和民众生活的各个方面,这决定了监管的必要性。

第二,安全保障是保险的本质。保险公司向公众收取相对少量保费的方式,汇集大量的保险基金,并把这种基金作为资本运用,以便在被保险人发生承保损失时履行赔付责任,这就需要政府对保险业进行严格的监督,以保证保险人的偿付能力和对被保险人承诺的履行。

第三,对保险业的监管是培育、发展、规范保险市场的需要。保险监管既能防止垄断,又能防止盲目竞争和破坏性竞争,有利于培育、发展、规范保险市场。

三、保险监管的目标

(一)保证保险业运营的安全、可靠

保险公司通过对风险的转移、分担,将原本需由个人或者企业承担的风险转为全体参加保险的人来共同分担,从而减轻个人、企业的风险负担,这样的风险转化机制必须正常运行,才能达到参加保险的目的,这也是保险监管实现的首要目的。

(二)保证和强化保险人的偿付能力

通过对保险公司组织形式的管理,对资本和盈余的要求,对责任准备金、财务状况的披露和检查制度,以及投资限制和分保的要求等方式,保证和不断加强保险人的偿付能力,是保险监管的最重要目标之一。

(三)保证保险市场的公平、公开和公正

保险业务中容易造成投保人与保险人在保险交易中的不平等地位,这就要求政府的保险行政管理部门通过对保险人和保险合同的严格日常监督管理来保护广大保户的利益。

保险人不能通过垄断的方式,使被保险人或保单持有人交纳的保费高于保险人承保责任的合理成本。

(四)实现保险市场的健康、有序竞争

保险业自身的经营特点,决定了保险市场既不能是一个垄断市场,也不能是一个

完全竞争的市场。通过监管将保险市场上的竞争限制在一定的范围之内，以保护保户的利益，实现保险市场的稳定、健康、有序发展。

四、保险监管的基本原则

保险监管的原则体现了保险监管的本质和根本价值，对保险监管活动具有根本性的指导意义。

(一)依法监管原则

所谓依法监管原则，是指保险监管必须依据法律，不得违反法律法规的相关规定，不得滥用监管权力。保险监管机构及其工作人员必须依法进行保险监管，保持保险监管的权威性、严肃性、强制性和统一性。

(二)公平原则

公平原则指保险监管机构对保险业加入者的公平和签订保险合同的公平。前者包括申请加入保险业者的资格公平、条件公平以及保险经营过程中的竞争公平，后者包括对被保险人的保险费率公平和保单条款的公平。

(三)效率原则

效率原则是指保险监管应提高保险业的整体效率；同时，保险监管机构应以尽可能少的成本支出达到保险监管的目的。此外，保险监管法律制度的各项规定都是以获取经济效益为出发点和最终目标。保险监管就是要实现经济效益和社会效益的统一。

第二节 保险监管的体制

一、保险监管机构

保险监管机构是指由政府依法设立的专门管理保险经营主体和保险经营活动的机构。

从世界范围来看，各国均设有对保险业进行监督管理的机关，以有效地执行保险法律，加强对保险业的监督管理。关于设立保险监督管理机关的方式，有的国家是设立专门的保险监督管理机关，如美国各州均设有保险监督局；有的国家则在财政部、中央银行或工贸部下设一个保险监督管理部门，例如英国、德国、法国、日本等。

我国《保险法》第9条第1款规定："国务院保险监督管理机构依照本法负责对保险业实施监督管理。"国务院保险监督管理机构的主要职责是：拟定有关商业保险的政策法规和行业发展规划；依法对保险企业的经营活动进行监督管理和业务指导；依法查处违法、违规行为，保护被保险人的利益；建立保险业评价和预警系统，防范和化解保险风险;培育和发展保险市场,推进保险改革,完善保险市场体系;等等。

此外,国务院保险监督管理机构根据履行职责的需要设立派出机构。派出机构按照国务院保险监督管理机构的授权履行监督管理职责。[①]

二、保险监管的模式

(一)集中监管模式

集中监管模式是由中央政府的相关机构依照国家保险法的规定,对在该国进行商业保险业务的本国和外国保险公司进行审批和日常的监督与管理。世界上大多数国家或地区对保险的行政管理是实行集中管理的方式。我国也是实行中央政府集中保险监督管理模式。

(二)分级监管模式

分级监管指对保险业采取由中央政府和州、省地方政府分级进行保险监管的方式。代表的国家主要是美国和加拿大。美国是实行极其严格的保险监管的国家,对保险业的监管职能主要是由州政府保险局执行,在一定条件下联邦政府对保险业也行使行政管理的权利。

三、保险监管的方式

根据学界归纳,保险业的监督形式主要有公示主义、准则主义和批准主义三种形式,现在大多数国家均采用批准主义形式。

(一)公示主义

公示主义又称公告管理,指国家将保险公司的资产负债、财务成果及相关事项公布于众的管理方式。公示主义方式是一种比较宽松的保险监管方式,保险经营的好坏由被保险人自行判断。但其缺陷也是明显的,被保险者很难准确把握评判保险公司优劣的标准,并且对保险公司的不当经营行为也无能为力。因此采用这种监管方式的国家必须是具有一定的经济发展程度和公平竞争的市场环境,保户拥有较高的对保险业经营的判断能力,存在较多的保险公司,以便保户进行选择,并且保险公司具有一定的自律能力和良好的商业道德。然而,世界上能够达到此项标准的国家非常少,单纯采用此项监管方式的国家也非常少。

(二)准则主义

准则主义又称规范主义监管方式,是国家保险管理机关在制定保险法规的基础上,根据保险法规所赋予的权力,对保险业实行的全面、有效的监督管理措施。通常由

---

① 《保险法》第9条第2款。

政府对保险业经营管理制定一些基本准则,一般涉及保险公司的重大事项,如最低资本金的要求、资产负债表的审查、法定公布事项的主要内容、管理当局的制裁方式,但实际上保险公司是否遵守有关保险立法的规定,政府并不进行实质性的审查,因而很难起到严格监管的作用。荷兰曾采用这一管理方式。

(三)批准主义

批准主义又称实体监管,由瑞士在1885年首创,是指国家订立完善的保险监管规则,保险管理机关据此对保险业实行的全面、有效的监督管理措施。其监管内容涉及保险业的设立、经营、财务乃至倒闭清算。其监管的内容具体、实际,有明确的衡量尺度,是保险业监管中最为严格的一种。我国《保险法》确立的方式为批准主义方式监管。

关于保险业的自律管理

保险业的自律管理,是指保险行业组织通过制定行业规章,对保险公司在保险市场中的行为规范进行自我监督与管理。

自律管理是一种自我协调性的管理,组织形式一般为行业会员,它是保险行业自愿组织起来的管理形式。其管理手段主要是行业规章,管理的内容主要仍置于保险经营活动中的技术方面。

国家管理需要有自律管理来加以补充,自律管理也必定会有助于国家管理的加强。发展和完善保险业自律管理制度,将其与国家监管有机结合与运用,对于我国社会主义保险市场的建立和完善,将有十分重要的作用。

第三节 保险监管的主要内容

一、对保险组织的监管

(一)申请设立的条件

我国《保险法》规定了设立保险公司应当具备的条件,详见本书第六章第二节,此处不再赘述。

(二)组织形式的限制

我国保险公司采取股份有限责任公司和国有独资公司的形式。

(三)从业人员的资格认定

保险从业人员包括保险企业的高层管理人员和专门的经营人员。保险企业的专业人员包括核保员、理赔员和精算师。各国保险法均规定保险企业的专业人员必须具有一定的条件,不符合国家规定条件者,不能从事保险业务。

(四)保险中介人员的监管

详见本书第七章保险中介制度,此处不再赘述。

二、对保险经营的监管

(一)经营范围监管

我国《保险法》明确规定,保险组织必须在依法批准的经营范围内从事经营活动,不得超越范围或地域开展业务,不得兼业兼营。当保险人超出核定的业务范围从事保险业务,或者兼营法律法规规定以外的业务,构成犯罪的,依法追究刑事责任;尚不构成犯罪的,由保险监督管理机构责令改正,退还收取的保险费,没收违法所得,并处以一定数量的罚款,逾期不改正或者造成严重后果的,责令停业整顿或者吊销经营保险业务许可证。

外资保险组织依法在我国从事保险业务经营,其业务范围要经国务院保险监督管理机构批准。按照我国的"入世"承诺,在寿险方面,将逐步放宽对外资保险公司业务范围和股权的限制,允许外资保险公司经营养老保险、健康保险和团体保险,同时,外资寿险公司可以拥有50%的股权,但在组织形式上必须采用合资形式;允许外国公司以合资公司、分公司和子公司的形式提供寿险和非寿险的再保险业务,并且没有地域限制或发放营业许可的数量限制;法定分保业务逐年降低5个百分点,"入世"后的4年内,20%的法定分保业务将完全取消;在非寿险方面,对外资保险公司不仅放宽业务经营范围和股权限制,而且逐步取消某些险种的地域限制;外资保险公司可以经营国有企业及乡镇企业的财产保险业务,并可以拥有51%的股权,2年内可以设立全资子公司;对于外资财产险和意外险的保险公司,"入世"后2—3年内开放主要城市,5年后取消地域限制;在再保险领域,对外资保险公司全面开放,取消限制;在数量上,根据审慎的原则授予外资保险公司营业执照,而不再限制其数量。

(二)对保险条款、保险费率监管

1. 保险条款监管

保险条款是保险合同的重要内容,是关于保险合同当事人权利和义务的约定。由于保险合同是一种专业性很强的技术合同,并非所有的投保人都能够完全了解保险合同的全部内容,极易造成对被保险人利益的损害,这就在客观上要求保险监管机构对保险合同及条款进行审定,以维护被保险人的利益。

2. 保险费率监管

保险费率是指单位保险金额的保险费,由纯保险费率和附加保险费率两部分组成。纯保险费率用于补偿保险损失,附加保险费率用于支付营业费用、提供损失准备、预期利润。

保险费率的高低直接关系到保险公司的盈利水平、偿付能力和投保人的负担,保险监管机构必须加强对保险费率的监管。保险监管机构对保险费率的管理主要是通过保险费率审批制度进行的。其审批方式主要有:法定费率、争先批准、备案并使用、使用并备案和无须备案五种。

我国《保险法》第136条规定:"关系社会公众利益的保险险种、依法实行强制保险的险种和新开发的人寿保险险种等的保险条款和保险费率,应当报保险监督管理机构审批。保险监督管理机构审批时应当遵循保护社会公众利益和防止不正当竞争的原则。审批的范围和具体办法,由保险监督管理机构制定。其他保险险种的保险条款和保险费率,应当报保险监督管理机构备案。"

(三)财务状况监管

保险监管机构对保险公司财务状况的监管主要包括资本金的监管、责任准备金的监管、资金运用的监管、偿付能力的监管等方面。保险监督管理机构有权检查保险公司的业务状况、财务状况及资金运用状况,有权要求保险公司在规定的期限内提供有关的书面报告和资料。

1. 资本金的监管

保险企业申请开业必须有一定数量的开业资本金,达不到法定最低资本金限额的,不得开业。按我国《保险公司管理规定》,在全国范围内开办业务的保险公司,实收货币资本金不得低于5亿元;在特定区域内开办保险业务的保险公司,实收货币资本金不得低于2亿元;在省、自治区、直辖市、计划单列市政府所在地的分公司,营运资金不得低于5 000万元。

2. 准备金的监管

准备金也叫责任准备金,是保险公司用以准备支付已经发生或将要发生的保险赔偿或死亡生存给付的基金。

保险监管部门对保险公司准备金的监管主要表现在两个方面:第一,规定不同险种保险公司必须提存的保险准备金数额或比例;第二,规定保险准备金的申报和审计制度。

3. 资金运用的监管

我国《保险法》对于保险企业的资金运用也有具体的规定:保险公司的资金运用必须稳健,遵循安全性原则,并保证资产的保值增值。保险资金的运用方式限于在银行存款、买卖债券、股票和国务院规定的其他资金的运用方式。保险公司设立保险资产管理公司,可以从事证券投资。保险公司运用的资金和具体项目的资金占其资金总额的具体比例由保险监督管理机构规定。

4. 偿付能力的监管

这是国家对保险业监管的核心内容。我国《保险法》规定,保险公司应当具有与其经营规模相适应的最低偿付能力。经营财产保险业务的保险公司当年自留保险费,不得超过其实有资本金加公积金总和的 4 倍。保险公司对每一危险单位,即对一次保险事故可能造成的最大损失范围所承担的责任,不得超过其实有资本金加公积金总和的 10%。

为加强对保险公司偿付能力的监管,国务院保险监督管理机构应当建立健全保险公司偿付能力监管体系,对保险公司的偿付能力实施监控。①

三、对保险人破产的监管

世界许多国家对保险机构的市场退出都作了区别于一般企业市场退出机制的规定。

(一)监督改正

监督改正是在保险监管部门发现保险公司的不良财务状况还不十分严重时通常采取的一种干预措施。保险监管部门可以非正式地要求保险公司提出改善经营管理和财务状况的报告,也可以正式要求其提高再保险比例,减少、暂停或限制某些保险业务或业务数量,增加保险公司的资本和盈余数额;暂停或限制股东、保单持有人的分红;限制保险公司的某些投资方向;等等。正式进行监督改正可以限定保险公司的改正期限,无故逾期未改的,可以处罚。

(二)整顿

整顿是指保险公司不能在限期内执行保险监督管理委员会纠正其不法行为的措施。保险监督管理委员会成立整顿组织,监督保险公司清理整治其业务状况、财务状况或者资金运用状况,以及经营管理状况。

(三)接管

接管保险公司,是指当保险公司的财务可能发生严重危机或者已经发生危机,保险监督管理委员会通过接管组织采取必要措施,直接掌管和支配保险公司的财产和经营事务的活动。②

---

① 《保险法》第 137 条。
② 《保险法》第 145 条规定:"保险公司有下列情形之一的,国务院保险监督管理机构可以对其实行接管:
(1)公司的偿付能力严重不足的;
(2)违反本法规定,损害社会公共利益,可能严重危及或者已经严重危及公司的偿付能力的。
被接管的保险公司的债权债务关系不因接管而变化。"

(四)破产清算

保险监管部门的重要职能就是及时发现保险公司的不良财务状况,并尽快予以纠正,如果保险公司的财务状况严重到无法纠正和恢复的境地,保险监管部门就需要依法对该保险公司进行破产清算。

本章关键词

保险监管　　保险监管体制　　保险监管原则　　公示主义模式　　准则主义模式　　批准主义模式　　破产监管

思考题

1. 为什么要加强对保险业的监管?
2. 我国保险监管机构的主要职能有哪些?
3. 试述保险监管的原则和模式。
4. 试述保险监管的主要方法。
5. 试述我国保险监管的主要内容。

参考文献

1. 丁凤楚:《保险法案例评析》,汉语大词典出版社2003年版。
2. 丁凤楚:《保险中介制度》,中国人民公安大学出版社2004年版。
3. 丁凤楚:《机动车交通事故侵权责任强制保险制度》,中国人民公安大学出版社2007年版。
4. 丁凤楚:《保险法:理论、实务、案例》,立信会计出版社2008年版。
5. 贾林青:《保险法》,中国人民大学出版社2020年版。
6. 李玉泉:《保险法》(第三版),法律出版社2019年版。
7. 范健、王建文、张莉莉:《保险法》,法律出版社2017年版。
8. 樊启荣:《保险法诸问题与新展望》,北京大学出版社2015年版。
9. 任自力:《保险法学》,清华大学出版社2010年版。
10. 温世扬:《保险法》(第二版),法律出版社2007年版。
11. 方乐华:《保险法论》(第二版),立信会计出版社2006年版。
12. 许崇苗、李利:《中国保险法原理与适用》,法律出版社2006年版。
13. 徐卫东:《保险法论》,吉林大学出版社2000年版。
14. 陈欣:《保险法》,北京大学出版社2000年版。
15. 邹海林:《责任保险论》,法律出版社1999年版。
16. 王静:《保险案件司法观点集成》,法律出版社2016年版。
17. 孙宏涛:《保险合同法精解》,法律出版社2014年版。
18. 曹兴权:《保险缔约信息义务研究》,中国检察出版社2004年版。
19. 沙银华:《日本经典保险判例评释》,法律出版社2002年版。
20. 马永伟:《各国保险法规制度对比研究》,中国金融出版社2001年版。
21. 王泽鉴:《侵权行为法》,中国政法大学出版社2001年版。
22. 刘士国:《现代侵权损害赔偿研究》,法律出版社1998年版。
23. 傅静坤:《二十世纪契约法》,法律出版社1997年版。
24. 张文显:《二十世纪西方法哲学思潮研究》,法律出版社1996年版。
25. 徐国栋:《民法基本原则研究》,中国政法大学出版社1992年版。

26. 赵震江:《法律社会学》,北京大学出版社 1998 年版。

27. 沈宗灵:《现代西方法律哲学》,法律出版社 1990 年版。

28. 钟明:《保险学》(第三版),上海财经大学出版社 2015 年版。

29. 张洪涛、郑功成:《保险学》(第二版),中国人民大学出版社 2008 年版。

30. 袁宗蔚:《保险学——危险与保险》,首都经济贸易大学出版社 2002 年版。

31. 刘宗荣:《新保险法:保险契约法的理论与实务》,中国人民大学出版社 2009 年版。

32. 梁宇贤:《保险法新论》,中国人民大学出版社 2004 年版。

33. 梁宇贤:《保险法实例解说》,中国人民大学出版社 2004 年版。

34. 江朝国:《保险法基础理论》,中国政法大学出版社 2002 年版。

35. 林勋发:《保险法论著译作选集》,台北中华书局 1991 年版。

36. 施文森:《保险法论文》第一集,台北五南图书出版公司 1982 年版。

37. Malcolm A. Clarke:《保险合同法》,何美欢、吴志攀等译,北京大学出版社 2002 年版。

38. 小罗伯特·H. 杰瑞、道格拉斯·R. 李士满:《美国保险法精解》(第四版),李之彦译,北京大学出版社 2009 年版。

39. 所罗门·许布纳、小肯尼斯·布莱克、伯纳德·韦布:《财产和责任保险》,陈欣等译,中国人民大学出版社 2002 年版。

40. 克雷斯蒂安·冯·巴尔:《欧洲比较侵权行为法》(下),焦美华译,法律出版社 2004 年版。

41. 科林·史密斯:《责任保险》,陈彩芬译,中国金融出版社 1991 年版。

42. 理查德·波斯纳:《正义/司法的经济学》,苏力译,中国政法大学出版社 2002 年版。

43. 约翰·罗尔斯:《作为公平的正义——正义新论》,姚大志译,上海三联书店出版社 2002 年版。

44. E. 博登海默:《法理学:法律哲学与法律方法》,邓正来译,中国政法大学出版社 1998 年版。

45. 道格拉斯·拜尔、罗伯特·格特纳、兰德尔·皮克:《法律的博弈分析》,严旭阳译,法律出版社 1999 年版。

46. 理查德·波斯纳:《法律的经济分析》,蒋兆康译,中国大百科全书出版社 1997 年版。

47. M. Bayles:《法律的原则——一个规范的分析》,张文显等译,中国大百科全书出版社 1996 年版。

48. 罗伯特·考特、托马斯·尤伦:《法和经济学》,张军等译,上海人民出版社、上海三联书店出版社1994年版。

49. K. 茨威格特、H. 克茨:《比较法总论》,潘汉典等译,贵州人民出版社1992年版。

50. 罗纳德·H. 科斯:《企业、市场与法律》,盛洪译,上海三联书店出版社1990年版。

50. 约翰·罗尔斯:《正义论》,何怀宏译,中国社会科学出版社1988年版。

51.《法国商法典》,罗结珍译,北京大学出版社2015年版。

52.《法国民法典》,罗结珍译,法律出版社2005年版。

53.《意大利民法典》,费安玲等译,中国政法大学出版社2004年版。

54.《德国民法典》,陈卫佐译注,法律出版社2004年版。

55.《瑞士债法典》,吴兆祥等译,法律出版社2002年版。

56.《德国商法典》,景林、卢谌译,中国政法大学出版社2000年版。

57.《日本商法典》,王书江、殷建平译,中国法制出版社2001年版。

58.《韩国商法》,吴日焕译,中国法制出版社2000年版。

59.《俄罗斯联邦民法典》,黄道秀、李永军、鄢一美译,中国大百科全书出版社1999年版。